_____ 님의 소중한 미래를 위해
이 책을 드립니다.

왜 나는 늘 눈치를 보는 걸까

왜 나는 늘 눈치를 보는 걸까

눈치를
많이 보는
사람들을
위한
심리적 해법

박근영(심리학 박사) 지음

소울메이트

소울메이트 우리는 책이 독자를 위한 것임을 잊지 않는다.
우리는 독자의 꿈을 사랑하고,
그 꿈이 실현될 수 있는 도구를 세상에 내놓는다.

왜 나는 늘 눈치를 보는 걸까

초판 1쇄 발행 2013년 8월 14일 | **초판 2쇄 발행** 2013년 9월 10일 | **지은이** 박근영
펴낸곳 ㈜원앤원콘텐츠그룹 | **펴낸이** 강현규 · 박종명 · 정영훈
책임편집 봉선미 | **편집** 최연정 · 이현실 · 김나윤 · 장미연
디자인 윤수경 · 윤지예 · 홍경숙 | **마케팅** 박성수 · 김주범 · 김서영
등록번호 제301-2006-001호 | **등록일자** 2013년 5월 24일
주소 100-826 서울시 중구 다산로22길 10. 4층(신당동. 재덕빌딩) | **전화** (02)2234-7117
팩스 (02)2234-1086 | **홈페이지** www.1n1books.com | **이메일** khg0109@1n1books.com
값 15,000원 | **ISBN** 978-89-6060-295-3 03180

소울메이트는 ㈜원앤원콘텐츠그룹의 인문 · 사회 · 예술 · 실용 브랜드입니다.
잘못 만들어진 책은 구입하신 서점에서 교환해 드립니다.
이 책을 무단 복사, 복제, 전재하는 것은 저작권법에 저촉됩니다.

이 도서의 국립중앙도서관 출판시도서목록(CIP)은 e-CIP홈페이지(http://www.nl.go.kr/ecip)에서
이용하실 수 있습니다.(CIP제어번호 : CIP2013012683)

우리들의 불행은 대부분
남을 의식하는 데서 온다.

• 쇼펜하우어(독일의 철학자) •

프롤로그

눈치에 대한 오해를 걷어내자

　살다 보면 가끔 일의 방향이 급선회하는 때가 있다. 이 책을 시작할 때가 그런 때였다. 왜냐하면 눈치에 대한 책을 쓰기로 결심했을 당시, 영웅에 대한 책을 쓰고 있었기 때문이다. 몇 달간 영웅에 대한 생각에 빠져 있었던 머리를 갑자기 눈치 구조로 바꾸는 일은 쉽지 않았고, 처음 며칠 동안은 정체 모를 페이소스가 나를 슬쩍 건드리곤 했다. 게다가 이리저리 생각해봐도 영웅과 눈치 사이에는 비밀 통로조차 발견할 수 없었다.
　그러나 처음에 느낀 당혹감과는 달리 책을 쓰기 시작하고 오래지 않아 눈치라는 주제에 몰입하게 되었다. 영웅에 대해서 쓸 때와는 정반대의 상황이었다. 영웅에 대한 책을 시작했을 때는 생각만이라도 일상을 떠나서 다른 공간으로 이동할 수 있을 것 같은 두근거림을 느꼈지만, 글을 써갈수록 영웅이 무엇인지 알 수 없었고, 대신 실체 없는 단어와 미로 게임을 하는 느낌이 깊어졌기 때문이다.

이제 와서 생각해보면 영웅과 눈치에 대한 엇갈린 경과는 어쩌면 당연한 일이었다. 나는 영웅이 되어본 적이 없고, 영웅이 되려고 꿈꿔본 적도 없었다. 그러나 눈치는 원하든 원하지 않든 상관없이, 생활에서 매우 익숙한 부분이었다. 원고를 써갈수록 눈치에 대한 말은 생활 곳곳에서 쏟아졌고, 돌아다니며 그 단어들을 주워담는 일이 신나기까지 했다. "맞아, 그때 그랬지."라는 말을 반복하다 보니 어느새 집필이 끝나 있었다. 눈치라는 주제는 마음을 편하게 해주었고, 나는 눈치에 대한 오해를 걷어내고 건강한 눈치에 대해서 말하고 싶었다.

이 책은 크게 세 부분으로 나뉜다. 1부는 사람들이 눈치를 보는 여러 가지 이유에 대한 것이다. 2부는 눈치가 부적응적으로 작용할 때 나타날 수 있는 문제에 대한 것이다. 3부는 눈치가 문제를 일으킬 때 어떻게 해결할 수 있는지 하는 해결 방법에 대한 것이다. 짧게 요약하면 다음과 같다.

1부는 눈치를 보는 일반적 원인과 개인적 원인으로 나뉜다. 일반적 원인으로는 생존, 서열, 친애욕구, 대인관계 지능(감성지능), 실용지식을 다루었다. 개인적 원인으로는 개인의 성격, 부모의 양육 태도, 개인의 과거 경험을 다루었다.

2부는 눈치가 적응을 방해하는 사례를 다루었는데, 부적응적인 눈치와 관련된 증상을 묶어서 '눈치증후군'으로 표현했다. 부적응적인 눈치는 폐쇄적이고, 자기를 지치게 하며, 지나치게 의존적이고, 일관성이 없으며, 균형이 깨져 있고, 자기 생각에 집착하며, 남을 이용하려고 하는 7가지 특징이 있다. 2부에서는 이 7가지 특징이 들어 있는 사례를 각 장별로 볼 수 있다. 각 사례는 각각 하나씩의 콩트conte이기 때문에 각 사례를 일종의 비유로 생각하기를 권한다. 그러므로 문제 자체를 일대일로 자신에게 대입하기보다는 자신과 비슷한 구석이 있는지를 찾아보면 더 흥미 있을 것이다.

3부는 7가지 눈치 문제에 대한 7가지 해결책으로 구성되어 있다. 7가지 해결책은 현실에서 어렵지 않게 활용해볼 수 있는 것들을 구체적으로 쓰려고 노력했다. 또한 이 책에 쓴 해결책에 대해서 더 자세히 알고 싶어할 사람들을 위해서 각각의 해결 방법을 상세히 찾아볼 수 있는 참고 문헌을 함께 제시했다.

이 책의 집필을 시작할 때, 어머니가 나에게 "무슨 책을 쓰느냐?"라고 물은 적이 있다. 나는 "별거 아니에요. 누구나 다 아는 이야기를 써요."라고 대답했다. 그도 그럴 것이, 눈치에 대해서라면 누구나 모를 리가 없고, 내가 일상적으로 만나는 사람들은 대개 정신건강과 관련된 일을 하는 사람들이었기 때문에 주변 사람들은 내가 아는 문제와 해결책을 대부분 알고 있다고 믿었다. 그런데 어머니가 웃으며 이렇게 말했다. "너는 다 아는 말 같아도, 필요한 사람이 보면 절실할 수 있다."

식탁 언저리에 앉아 삶은 밤을 까먹으며 우연히 주고받은 몇 마디였는데, "필요한 사람이 보면 절실할 수 있다."라는 한마디는 글을 쓰는 내내 힘이 되고 동기가 되었다. 이 책 속의 어떤 한마디라도 필요한 누군가의 마음속으로 들어가서 자리 잡을 수 있기를 빈다.

박근영

차례

프롤로그 눈치에 대한 오해를 걷어내자 6

1부

우리는 왜
눈치를 보는가?

1 생존의 도구였던 사냥 기술과 눈치 19
원시인류, 눈치 덕에 살아남다 | 눈치란 무엇인가? | 아주 오래된 눈치의 역사

2 적응하기 위해 눈치 조절하기 27
눈치의 척도는 생존 가능성 | 자발적 복종의 핵심에 있는 눈치 | 눈치를 조절해야 하는 이유

3 사람의 숲에 숨겨진 눈치 푯말 37
스키너 상자와 월든 투 | 스키너 상자 밖에서 친해지다 | 사람의 숲, 생각의 지도 | 눈치는 비겁하거나 음습하지 않다

4 눈치와 융통성이 없는 로봇 인간의 한계 48

초보적 눈치도 없는 인공지능 로봇 | 고지식한 것이 가장 쉬웠어요 | 눈치와 정서지능의 관계

5 이론 달인과 실전 달인의 눈치 57

지식과는 다른 차원인 지혜 | 배운 사람이 그것도 모르나 | 간사한 모사꾼과 지혜로운 지략가 | 똑똑한 걸로는 부족해 | 눈치에서 지혜로

6 성격에 따라 달라지는 눈치의 유형 66

눈치를 물고 태어나다 | 성격에 따라 달라지는 눈치 | 뜻대로 하세요, 전 따르지요

7 변덕스러운 부모, 눈치만 보는 아이 74

의존과 애착을 구별하기 어려운 어린아이들 | 잘못된 눈치를 심어주는 불안정한 양육자 | 눈치, 애착, 양육을 건강하게 유지하기

8 트라우마는 눈치에도 치명상 84

예측가능성과 통제가능성 | 애착외상과 복합성 트라우마 | 안전기지가 무너지면 눈치도 무너진다
special box 1 트라우마와 뇌, 그리고 눈치

9 내 안의 눈치 그림자를 받아들이기 93

눈치를 많이 보는데도 눈치를 못 보는 사람 | 눈치를 많이 보는 사람의 청개구리 심리 | 융이 말하는 그림자, 그리고 눈치 | 남 눈치 보기와 페르조나 | 순한 사람이 화내면 더 무섭다 | 내가 모르던 나의 그림자 돌보기 | 눈치도 꿈이 있다

10 적응적 눈치와 부적응적 눈치의 특징 104

부적응적 눈치의 7가지 특징 | 부적응적인 눈치의 7가지 유형 | 적응적 눈치의 특징

2부

삶을 힘들게 하는
눈치증후군

11 **다른 사람의 시선 때문에 보는 눈치** 117

사회적 불안이 높은 사람의 눈치 특징 | 사회적 불안이 높은 사람이 연애에 실패하는 이유

12 **남과 비교하느라고 보는 눈치** 134

우울에 이르는 눈치 : 비교 | 우울로 인한 눈치 : 비하 | 소진을 막으려면 멈춰야 한다

13 **의존심 때문에 보는 눈치** 148

결혼 기피 대상인 마마보이와 마마걸 | 나의 의존성 알아보기 | 착한 소년·소녀들의 인생 허들 | 자기를 키우는 눈치의 기초 체력 다지기 | 자기 성장에도 미신이 있다
special box 2 의존성과 눈치, 그리고 지혜

14 **관심을 끌려고 보는 눈치** 166

남에게 보여주기 위해 사는 사람들 | 그 여자의 연극성, 그 남자의 연극성 | 연극성 성격과 시장형 성격 | 가장 낯선 것은 나의 내면

15 **어느 편인지 알려고 보는 눈치** 179

당신은 차갑나요, 따뜻한가요? | 냉정과 열정 사이에 있는 다양한 그 무엇 | 너는 누구 편이냐고 따지는 사람들 | 감정 표현이 불안정한 경계선 성격 | 사는 게 전쟁 같아요 | 나는 당신의 부재를 견딜 수 없어요

16 세상이 험해서 보는 눈치 195

도대체 왜 이러는 걸까요 | 인간은 악하다고 믿는 편집성 성격 | 의심과 불화는 나의 힘

17 남을 이용하려고 보는 눈치 205

존중 부족·공감 부족 | 나만 즐거우면 되는 반사회성 개인 | 공감 능력이 떨어지는 반사회성 사회 | 반사회성과 편집성을 붙여놓는 경우

18 눈치 과잉으로 인한 불면증·신체화·핑계 214

개인의 부적응적 눈치, 그리고 사회 | 눈치를 많이 보면 푹 자기 어렵다 | 눈치를 많이 보면 시름시름 앓는다 | 눈치를 많이 보면 핑계가 많다

3부

잘못된 눈치에서 풀려나는
7가지 방법

19 잘못된 눈치, 그 해결의 실마리 229

너무나 맥락적인 눈치 | 눈치 조절하기, 분명 방법은 있다 | 순간순간의 알아차림인 마음챙김 | 언어적 문제 해결과 눈치 | 관계와 눈치의 변증법

20 마음을 열고 현재와 마주하기 241

사회적 불안이 극심해서 불안 자체가 문제가 될 때 | 불안은 덜하지만 부정적 생각이 더 문제일 때

21 비교를 멈추고 휴식하기 253

비교가 사람을 지치게 하는 이유 | 비교를 멈추고 휴식모드에 들어가는 방법 | 아주 작은 방학 | 휴식모드와 추진모드를 교대로 사용하기 | 우울 증상과 우울한 스토리텔링은 위험하다

22 자기 찾기와 주장하기 267

의존심 때문에 마음의 성장판이 닫힌 사람들 | 내가 어떤 사람인지, 뭘 원하는지 모르는 경우 | 자기 찾기의 방법과 함정 | '나는 의존적이다.'라는 생각은 생각일 뿐이다 | 나의 토대는 바로 나

23 피하지 말고 감정에 머무르기 281

관심과 애정을 왜 자꾸 확인하고 싶을까 | 방법1_아는 사람과 친한 사람 구별하기 | 방법2_해결할 일과 견딜 일을 구별하기 | 방법3_해결책이 없는 불편이나 고통 다루기

24 중간지대를 만들어서 균형 잡기 294

내 편이 아니면 적이라는 이분법 | 방법1_생각의 이분법에서 탈출하기 | 방법2_감정의 이분법에서 탈출하기 | 방법3_마음의 균형 잡기 달인에 도전하기
special box 3 MIT 미디어랩과 두뇌 증강, 그리고 눈치

25 인생의 불확실성 수용하기 310

집착하면 관계를 해치는 눈치만 생긴다 | 관계 대신 생각에 집착하고 있음을 알아차리기 | 집착하지 않고 불확실성을 다루는 법

26 삶의 가치에 따라 행동하기 322

됐어, 여기서 그만둬_한계 선택하기 | 눈치에도 나침반이 필요해_가치 선택하기 | 훈수만 두는 눈치는 소용이 없다

27 눈치의 비밀을 풀어내는 3가지 질문 332

질문1_이것은 진화입니까 | 질문2_이것은 지혜입니까 | 질문3_이것은 즐거운 일입니까

에필로그 눈치꾼과 영웅 사이에 균형을 잡자 339
주 341
『**왜 나는 늘 눈치를 보는 걸까**』 저자와의 인터뷰 358

1부

우리는 왜
눈치를 보는가?

1
생존의 도구였던
사냥 기술과 눈치

언어와 풍속을 모르는 곳에 살게 되었다고 가정해보자. 어떻게 그곳에서 살아남을 수 있을까? 만약 그곳에서 사람들과 무사히 어울리고 먹고살 생필품을 얻을 수 있다면 눈치 덕분일 것이다. 특히 거주지의 언어를 익히기 전까지는 전적으로 눈치 아니면 운이 있어야 살아남을 가능성이 높다. 이처럼 눈치는 오랫동안 사람이 생존하는 데 도움이 되어왔다.

오늘 원시 씨는 사냥에 따라나서지 못했다. 이전에 부족이 단체 사냥을 나섰을 때 다른 사람들과 보조를 못 맞추고 단독 행동을 했다가 멧돼지를 놓쳤기 때문이다. 애써 쫓던 사냥감을 놓치자 부족은 눈치 없는 원시 씨를 타박했다.

사실 원시 씨는 그런 실수가 처음이 아니었다. 사냥을 나가서 눈치 없는 행동을 되풀이하자 급기야 원시 씨는 사냥에 따라나설 수 없는 날이 늘어갔다. 사냥에 참여할 수 없으니 영양가 있고 육질 좋은 고기를 먹을 기회가 점점 줄어들었다. 원시 씨는 이 문제를 어떻게 해결해야 할지 고민에 빠졌다.

원시인류, 눈치 덕에 살아남다
▶

원시인류가 식량을 구하는 주요 방법은 사냥이었다. 몽둥이나 창 같은 사냥 도구를 갖춘 원시 사냥꾼은 사냥감에 조용히 다가가서 적당한 순간에 사냥감을 덮쳤다. 만일 사냥감이 접근을 눈치채고 도망가버리면 사냥은 실패로 끝날 것이다. 그러므로 사냥꾼 무리는 비언어적인 신호를 주고받으면서 사냥감에 조심스럽게 접근해야 했다.

사냥을 하려면 사냥감의 움직임, 바람의 방향, 미세한 소리에 신경을 쓰면서 사냥꾼 무리의 전략을 알아차리고 신속하게 움직여야 했다. 때문에 사냥꾼에게는 소리를 내지 않으면서도 융통성 있게 행동하는 능력이 필요했다. 혹시라도 사냥꾼 무리에 눈치 없는 사람이 있어서 혼자 다른 방향에서 움직이고 바스락거리는 날에는 사냥감을 놓치거나 오히려 공격받을 처지에 놓이게 된다.

그러므로 사냥감과 다른 포식자에게 주의를 동시에 기울여야 하는 팽팽한 긴장 속에서 비언어적 의사소통을 알아채고 상황과 분위기를 파악하는 능력은 먹이를 얻느냐 얻지 못하느냐 혹은 사느냐 죽느냐 하는 생존의 문제와 직결되었다. 바로 이와 같은 문제 해결에 필요한 비언어적 의사소통과 분위기 파악 능력이 눈치라고 할 수 있다. 원시 사냥꾼들은 살기 위해서 사냥 기술과 눈치를 갖춘 사람이었다.

원시인류가 사냥 외에 식량을 구하는 또 다른 방법은 채집이었다. 채집은 주변에 열린 열매나 견과류 등을 모아서 먹는 방법이다. 자연이 주는 음식을 공짜로 얻는 방법 같지만 채집에도 어려움이 있었다. 먹을 수 있는 것과 먹을 수 없는 것을 구별하지 못하면 병에 걸리거나 목숨을 잃었기 때문이다. 무리를 따라 장소를 이동하고 변화하는 기후에 적응하면서 다양한 식용식물을 구별하는 것은 복잡하고 시행착오를 거듭해야 하는 일이었고, 개인이 혼자서 경험하고 알아가기에는 너무 위험하기도 했다.

그래서 채집을 통해 음식을 섭취하려면 집단 지식을 활용하고 다른 사람의 경험을 학습하는 능력이 필요했다. 원시인류에게는 언어적으로 체계화된 식물 분류법이 없었다. 그러므로 식용식물에 대한 정보를 부모에게 직접 전달받거나 다른 사람들이 하는 행동을 어깨너머로 보고 배웠을 것이다.

주변 사람이나 동물이 무엇을 먹고 무엇을 먹지 않는지를 정확하고 빠르게 익히는 과정에도 눈치가 필요했다. 예를 들어 눈치 없이 독성 식물을 먹었다가는 단명했을 것이다. 또한 눈치가 없어서 주변 사람과 우호 관계를 유지할 수 없는 사람은 식용식물에 관한 정보를 얻지 못했을 것이다. 적이나 외부의 사람과는 한정된 양의 식량을 공유하지는 않기 때문이다. 그러므로 오늘날 사람들이 눈치를 어떻게 생각하든 현대인은 모두 눈치 있게 사냥하는 기술과 눈치 덕분에 식용식물에 관한 지식을 갖춘 원시인류의 덕을 본 셈이다.

이렇듯 눈치는 원시 때부터 기원한 기제이며 오랫동안 인류와 함께해왔다. 알려진 바와 같이 불안도 눈치처럼 원시부터 기원한 마음의 상태다. 불안이 높아지면 생각이 멈추는 대신 신체 반응이 활발해져서 잠시 동안은 빨리 달리고 강한 근력을 발휘할 수 있다. 때문에 불안은 위험에 처했을 때 생존 가능성을 높이려는 신체적 반응에서 비롯되었다. 위험이 닥쳤을 때 불안에 반응해서 도망친 사람은 살았지만 생각에 빠져서 망설이거나 가만히 있던 사람은 살아남기 어려웠다. 즉 원시인류는 생존을 위협하는 대상으로부터 도망가기 위해 불안이라는 정서를 학습했다.

그러나 눈치와 불안은 차이점이 있다. 불안이 도망쳐서 살아남으려는 정서적 반응인 데 비해, 눈치는 살기 위해 적극적으로 목표물에 접근해서 문제를 해결하려 시도했던 원시적인 인지적 기제였다는 점이다. 이러한 차이가 생긴 이유는 눈치를 발휘해서 식량을 얻으려면 대상을 살피고 전략을 세워서 가까이 접근한 후 목표물을 사냥해야 했기 때문이다. 눈치가 있는 사람은 육류와 과실을 섭취했지만 눈치가 없는 사람은 집단에서 배제되고 식량이 없어서 굶주렸을 가능성이 높다. 이렇듯 눈치와 불안은 아주 오랫동안 인간과 함께해왔지만 기원으로 보면 서로 다른 활용법과 세부 목표를 가진 마음의 상태다.

눈치란 무엇인가?

▶

눈치란 무엇일까? 눈치는 직관적이고 비언어적인 방법으로 의사소통을 하고 문제 해결을 시도하는 능력 중 하나다. 물론 눈치는 논리나 이성만을 사용하는 기제가 아니어서 모호하거나 불확실할 때도 많다. 그러나 한편으로 눈치는 언어적으로 명확하게 표현하기 어려운 순간에 일어나는 심리적 미스터리를 풀 수 있는 기제 중 하나이기도 하다.

눈치는 개인의 과거 경험을 반영하는 동시에 집단과 인류가 옛날부터 적응해온 과정을 반영하기도 한다. 물론 과거의 상황과 현재의 상황이 충분히 비슷하다면 눈치가 주는 신호가 도움이 된다. 그러나 잘못된 유추로 눈치가 엉뚱한 신호를 보내면 적응에는 쓸모가 없거나 방해가 되며 최악의 경우에는 돌이킬 수 없는 낭패를 보기도 한다.

눈치는 문제와 결과가 명확하지 않은 동안에 작동한다. 이때 눈치가 작동하는 시간의 길이는 아주 짧을 수도 있고 비교적 길 수도 있다. 대개 '눈치채다.'는 순간적이고 반사적이다. 반면에 '눈치 보다.'는 상대적으로 지속적이다. 또한 눈치 보기는 습관적일 수도 있고 의도적일 수도 있다. 눈치채기와 눈치 보기는 번갈아 나타나거나 동시에 나타난다. 그러나 눈치채기가 반드시 눈치 보기로 이어지지는 않는다.

눈치채기는 사물이나 생물 모두를 대상으로 하지만 눈치 보기는 대상에 의도가 있다고 여길 때만 나타난다. 예를 들어 '누군가 방에 다녀간 것을 눈치챘다.' 혹은 '어둠 속에서 무언가 움직이는 것을 눈치챘다.'라는 말에서는 '눈치채다.'가 '알아채다.'와 같은 의미다. '눈치채다.'와 '알아채다.'를 바꾸어 쓸 수 있다는 것은 눈치채기가 알고 생각하는 능력의 초기 단계라는 것을 의미한다.

앞의 두 상황에서 사람들은 방이나 어둠의 눈치를 보지 않는다. 만약 방이나 어둠의 눈치를 보는 사람이 있다면 방과 어둠에도 의지가 있다고 여기는 사람일 것이다. 이와 같이 눈치를 보는 대상에 의도와 인격을 부여하는 것이 눈치의 핵심적 특징이다. 이로 인해 전형적인 눈치는 대인관계와 사회적 맥락에서 발생한다.

오래전 인류가 사물을 설명할 수 있는 과학적 지식이 적었던 때는 물건에도 인간과 같은 심성이 있어서 나름의 의도가 있다고 여겼다. '신령스러운 물건'이나 '저주가 깃든 물건'이라는 표현은 물건에 심리적 상태를 부여했던 흔적을 보여준다. 이런 인간의 발달 과정을 보면 '눈치채다.'가 일상생활의 물리物理와 심리心理에 두루 사용되는 이유를 알 수 있다. 눈치는 개인 발달의 초기부터 나타나고 인류 발전에서도 초기부터 나타난다. 언어가 발달하기 이전이나 혹은 언어가 빈약했던 시절에는 사람들이 눈치로 의사소통을 했다.

아주 오래된 눈치의 역사
▶

앞에서 이야기했듯이 근원으로 보자면 불안의 목적과 눈치의 목적은 다르다. 정상적인 불안은 불안의 대상을 피하라는 신호다. 타당한 불안 신호에 반응해서 실제 위험으로부터 도망쳐서 안전해지면 불안반응은 종료된다. 진짜 불안을 일으키는 상대의 영향에서 벗어났다면 긴장이 풀리게 되므로 불안이 지나간 후에는 힘이 빠지고 몸이 이완되는 것이 정상이다. 만약 불안이 사라져도 이완반응이 일어나지 않는다면 불안은 병이 된다.

반면 눈치는 대상에 가까이 접근하고 있기 때문에 나타난다. 대상에 접근해 상황을 살펴서 목표를 달성하려고 하기 때문에 눈치를 보는 사람은 주의가 각성되어 있고 긴장이 지속된다. 만약 아무 이유도 없이 늘 눈치를 보고 있다면 눈치도 병이 된다.

문제는 불안이 필요한 상황과 눈치가 필요한 상황을 마음대로 분리하거나 조절할 수 없다는 점이다. 불안과 눈치가 동시에 활성화되면 쉽게 혼란에 빠진다. 유감스럽게도 현실에서는 불안과 눈치가 실타래처럼 얽혀 있기 때문에 혼란스러운 상황을 피할 수 없다. 원래는 적응을 위한 기제였다고 하더라도 잘못 작동해서 혼란을 일으키면 적응을 방해한다. 때문에 도망가고 싶은 불안 속에서 원하지 않는 눈치를 보면서 과도하게 스트레스를 받는다. 사회가 조직화되고 복잡해질수록 눈치와 불안이 얽혀서 만드는 스트레스가 더욱 높아져서 무기력한 지경에 이르기도 한다.

원시적 정서기제인 불안과 원시적 인지기제인 눈치가 개인과 사회에 문제를 일으키는 방식은 매우 비슷하다. 환경적 요인으로 보면 개인이 상황을 선택할 수 있는 자유가 제한적이라는 점이 문제다. 그러나 비슷한 환경에 처한 사람이라고 해서 똑같은 수준으로 불안해하거나 눈치를 보지는 않는다. 즉 똑같은 환경임에도 더 불안하거나 더 눈치를 보는 것은 개인의 심리적 요인이 문제가 된다는 의미다. 불안과 눈치는 적응을 위해서 필요하지만 불안과 눈치가 오작동하거나 과잉작동하면 심리적 이상이나 부적응을 일으킨다. 물론 작동이 정지되어도 문제가 생긴다.

오래전 아프리카 평원을 가로질러 대륙을 건너며 사냥을 하고 채집을 했던 원시인류는 불안에 빠지기도 하고 눈치를 보기도 했다. 현대인도 마찬가지다. 눈을 뜨면 인터넷에 올라온 세상 소식에 불안해하고 일터와 학교에서 주변 사람들의 눈치를 살핀다. 이렇듯 눈치와 불안은 아주 오랫동안 나날이 반복되고 변형되어온 문제이며 여전히 유효한 일상의 심리적 주제이기도 하다.

② 적응하기 위해 눈치 조절하기

사람들이 스스로 알아서 눈치를 보게 할 수 있는 방법이 있을까? 아마도 감시 카메라를 곳곳에 설치하고 높은 사람이 지켜보고 있다고 하면 대부분의 사람들은 알아서 눈치를 볼 것이다. 그렇다면 눈치를 본 후에 자발적으로 복종하게 하는 방법은 무엇일까? 이렇게 하려면 일을 작게 나누어서 자신이 하는 일의 목적이 무엇인지를 모르게 하고 책임을 분산시키면 된다. 그러면 사람들은 그 일이 무엇이든 별 거리낌 없이 하게 될 것이다.

일가친척과 함께 살던 작은 마을을 떠나 도시로 이사한 근대 씨는 직장에서 열심히 일했다. 근대 씨는 쇠로 만든 부품을 조립하는 일을 했다. 그런데 늘 같은 부품만 조립하는 일이라서 자신이 어떤 일을 하는 것인지 몰랐다.

그러나 조립하는 부품의 개수가 매일 기록되었으므로 눈치 빠른 근대 씨는 될 수 있는 대로 빠르고 정확하게 조립하려고 노력했다. 직장에서 주는 급여가 없으면 도시에서 살 수 없었으므로 근대 씨는 직장에서 필요한 사람이 되려고 눈치껏 처신해왔다. 그런데 며칠 전에 자신이 조립하는 부품이 살상용 무기의 일부라는 사실을 우연히 알게 된 근대 씨는 고민에 빠졌다.

눈치의 척도는 생존 가능성

▶

사람들이 정착해서 생활을 하고 제도가 갖춰지자 눈치의 목적이 개인의 일차적 욕구 충족에서 지배와 복종이라는 집단의 문제로 확대되었다. 농사를 시작하면서 사람들은 쉽게 거주지를 옮길 수 없었다. 식물을 재배하려면 토양과 기후가 좋은 장소를 찾아 땅을 갈고 씨를 뿌려서 물을 대고 수확을 기다려야 했기 때문이다. 동물을 기르려면 새끼를 얻어서 먹이를 주고 키워 교배를 해야 종자를 유지할 수 있었다. 마을, 도시, 국가가 생겼고 사람들은 집단의 질서를 유지해줄 체제를 만들고 정비했다. 그리고 이러한 것들이 실효성을 갖도록 관리할 사람이 필요해졌다. 집단에 원시적 완력이 아닌 사회적 권력의 서열이 생겨났다.

농사로 식량을 얻으려면 계절을 넘기며 기다려야 했다. 때문에 일과 식량의 관계는 즉각적인 보상을 받는 사냥과 달리 매우 지연

된 보상 관계로 변했다. 또한 고정된 집단의 서열과 권위에 순응해야 가뭄이면 자신의 경작지에 물을 끌어와서 치수할 수 있거나 경작지를 보호할 수 있는 경비를 받는 등 이익을 얻을 수 있었다. 이렇게 되자 사람들은 재빨리 집단 내의 서열을 파악하기 시작했다. 상위 서열자가 자신에게 이익이 되는 쪽으로 행동해줄 것이라는 확인이 필요했기 때문이다. 눈치는 사회적 서열을 비교하고 상위 서열자의 의도를 파악해서 그 사람의 의도에 맞게 행동하려는 기능을 빠르게 갖춰갔다.

심리학자 에리히 프롬Erich Fromm은 "생존욕구와 사회제도는 원칙적으로 한 개인이 변경할 수 없으며, 좀더 유연한 다른 특성의 발달을 결정하는 요소가 된다."라고 했다.[1] 생존욕구와 사회제도가 고정적인 것과는 달리 눈치는 개인이 적응하기 위해서 변화시킬 수 있는 가장 유연한 심리적 특성 중 하나다. 프롬은 사회제도와 개인 성격 간의 관계를 설명하기 위해 이렇게 말했지만, 눈치는 성격보다 훨씬 빠르게 변하는 특성이 있다.

눈치는 기원상 도덕률에 따라 고안된 것이 아니다. 눈치는 당초 생존하려는 욕구에 부응해 설계되었기 때문에 무언가 생존에 도움이 되면 올바른 것이고 생존을 위협하면 그른 것이었다. 눈치의 척도는 생존 가능성이었다. 일차적 기능은 이렇게 분명하지만 원시성을 잃은 복잡하고 제도화된 사회 안으로 들어오면 그 기능이 모호해지고 작용이 혼란스러워진다. 눈치는 이제 순응해야 할 권력의 의도에 따라서 작용의 방향이 변화무쌍해지기 시작한다. 복종해야 할 권력이 선하면 선한 눈치가 되었고, 복종해야 할 권력이 악하면

악한 눈치가 되었다. 눈치는 마치 신속하지만 눈이 먼 인지적 에너지 덩어리처럼 폭주했다.

자발적 복종의 핵심에 있는 눈치
▶

관리자가 원칙과 규칙을 지키면 눈치는 큰 문제를 일으키지 않는다. 그러나 시스템이 관리자의 권력에 봉사하면 눈치는 다양한 문제를 만든다. 이러한 환경에서 사람들은 상위 관리자의 의도를 파악하기 위해서 전전긍긍하며 눈치를 살피게 된다.

최악의 결과는 불안과 눈치가 폭력과 결합할 때 나온다. 이 조합은 복종을 유도하는 최적의 상태다. 눈치와 불안이 복종에 이르는 과정은 다음과 같다. 불안과 눈치는 앞으로 일어날 상황을 예상하는 데서 생긴다. 불안한 결과를 예상하는 예기불안이 고조되면 사람의 신체와 생각은 얼어붙는다. 그래서 불안에 떠는 사람은 안전해질 것이라는 암시만 줘도 쉽게 복종한다.

한편 사회적 맥락의 눈치는 관찰학습과 대리학습에 긴밀하게 연결된다. 이러한 종류의 사회적 학습은 다른 사람이 한 행동이나 결과를 보고 자신에게 일어날 일을 배우는 것인데 눈치가 없는 사람에게는 이러한 학습이 일어나지 않는다. "눈치 없이, 보고도 모르냐?"라는 말에는 이런 배경이 있다. 선전이나 일벌백계의 처벌은 눈치 없는 사람에게는 소용이 없다. 그래서 부당한 권력은 불안과 눈치를 높여서 복종하는 사람을 만든다. 눈치를 많이 보는 사람은 강제로 시키지 않아도 권하는 대로 하거나 혹은 권위자의 의도를 지레짐작해서 자발적으로 복종한다.

부당한 권위에 대한 자발적 복종의 문제는 사회심리학자들을 고민에 빠뜨렸다. 미셸 푸코Michel Foucault가 말한 '순종적 신체'[2]나 에리히 프롬이 말한 '복종에 대한 욕망'[3] 등은 비이성적 복종에 대한 심리학적 고민에서 나온 말이다. 푸코의『감시와 처벌』이나 프롬의『자유로부터의 도피』는 자발적 복종에 대해 다뤄 많은 사람들에게 영감을 주었지만, 복종의 문제를 현대심리학의 한복판으로 가져온 사람은 스탠리 밀그램Stanley Milgram이다.

예일대학교와 하버드대학교에서 사회심리학을 가르쳤던 밀그램은 실험실에서 복종의 문제를 다루었다. 이 실험은 후에 밀그램의『권위에 대한 복종』[4]에 담겨 출판되었다. 밀그램의 복종 실험 참가자들은 실험자의 지시에 따라 다른 참가자에게 전기충격을 주는 과제를 수행했다. 전기충격의 강도가 높아질수록 상대 참가자는 고통스러워했다. 전기 고문을 실험실로 옮겨놓은 꼴이었다. 차이가 있다면 전기충격이 실제로 가해진 것은 아니라는 점이다. 상대 참가자는 고통받는 연기를 하는 실험 보조자였다. 그러나 실험 참가자는 실험이 끝날 때까지 이 사실을 몰랐기 때문에 자신이 진짜 전기충격을 주고 있다고 믿었다. 이 실험에서 참가자 2/3가량이 권위자의 부당한 지시에 자발적으로 복종해서 다른 사람에게 고통을 주었다.

이 실험이 특수하다고 여기는 사람이 있을 것이다. 그러나 동일한 절차의 실험을 여러 대학에서 되풀이하면서 수천 명이 실험에 참가했는데, 놀랍게도 그 결과는 모두 밀그램이 한 실험 결과와 비숫했다.

밀그램은 스스로의 행동에 책임을 느끼지 않는 대리자 상태 agentic state가 복종의 핵심이라고 실험 결과를 분석했다. 대리자 상태란 행위자가 자신의 소망이 아니라 타인의 소망을 대신 수행한다고 여기는 것이다. 밀그램에 의하면 이러한 대리자 상태는 위계 시스템 안에서 기능하기 위해 개체가 내적으로 변화할 때 발생한다.[5]

밀그램이 말하는 대리자 상태는 조직 내에서 사람들이 눈치껏 처신하는 상황과 비슷하다. 전기충격을 주는 것처럼 극단적인 수행은 아니지만 조직에 속한 사람들은 일상에서 변형된 여러 '복종 실험'을 경험한다. 조직이 개인에게 복종을 직접 강요할 수도 있다. 그러나 조직에 속해 있기 때문에 개인이 자발적으로 집단에 복종하기도 한다. 자발적 복종은 다양하게 나타날 수 있다. 순응과 동조도 자발적 복종의 한 형태다. 강제적 복종보다 자발적 복종이 눈치를 더욱 강력하게 작동시킨다. 강제적 복종은 반발심과 반항을 일으킬 수 있지만 자발적 복종은 훨씬 복잡하고 미묘하게 작용해서 마음을 변화시키기 때문이다. 자발적 복종의 핵심에 바로 눈치가 있다.

조직은 눈치가 없고 분위기 파악을 못하는 사람을 좋아하지 않는다. 예를 들어 중요한 계약이 걸린 프레젠테이션 장소에 수영복 차림으로 나타난 사람을 좋아할 집단은 없다. 산으로 야유회를 가는데 턱시도 차림으로 나타난 사람을 좋아할 집단도 없다. 적당한 눈치는 구성원이 소속 집단의 기본적 요구를 파악하고 집단적 적응에 필요한 사회적 기술을 익히는 데 필요하다.

그러나 지나친 눈치는 다른 이야기다. 지나치게 눈치를 요구하는 집단은 발전하기 어렵다. 또한 지나치게 눈치를 보는 개인도 집단의 효율성과 개인의 능력을 모두 떨어뜨린다. 눈치를 많이 보는 사람은 집단 내 서열에 자발적으로 복종해서 상위 서열자가 원하는 행동만 하려고 한다. 상위 서열자가 기뻐하고 만족스러워 하는지에만 밝을 뿐 자신의 행동이 무엇을 위한 것인지 혹은 그 행동이 가져올 결과에 대해서 점점 무지해진다. 행위자 자신의 소망과 판단은 사라지고 오직 상위 서열자가 원하거나 원할 것 같아서 행동하게 된다. 결국 어떤 행동이 행위자 자신에게 이익이 되는지 아닌지는 오직 상위 서열자의 의도와 자질에 따라서 결정될 뿐이다.

상위 서열자가 개인적 욕망만 채우는 사람이라면 행위자는 착취당한다. 상위 서열자가 남몰래 경쟁 집단을 위해서 일하고 있다면 행위자는 자신도 모르는 사이에 자기 집단이 망하는 데 일조하게 된다. 심지어 자신이 집단에서 제거되는 과정인 줄도 모르고 복종하는 수도 있다. 살기 위해서 눈치를 보는데 오히려 죽을 길로 가도 모르는 것이 바로 눈치의 함정이다. 또한 열심히 눈치를 보는데도 결과적으로는 자신이 희생되는 것도 모르는 눈치 없는 사람이 되고 마는 것이 눈치의 아이러니기도 하다.

눈치를 조절해야 하는 이유
▶

현대인이 지나친 눈치 보기의 역기능을 즉각적으로 알 수 없는 이유는 시스템이 거대해지고 복잡해지면서 서열에 따른 사회적 역할과 직무 기능이 세분화되었기 때문이다. 밀그램의 복종 실험에서 참가자들이 터무니없이 가장 쉽게 복종한 경우가 전기충격 과정을 분업화한 조건이었다. 참가자의 역할을 세분화해서 한 사람은 전기충격을 결정해서 지시를 하고, 또 한 사람은 결정자의 지시를 중간에서 전달하고, 다른 한 사람은 스위치를 누르는 일만 하도록 분담했더니 복종하는 사람의 비율은 높아지고 각 개인이 느끼는 책임감은 현저히 낮아졌다.

산업화와 분업화의 가속이 사람을 비인격화하고 개인을 부품화했다는 문명 비평은 익숙하다. 그럼에도 밀그램의 실험 결과는 서글프다. 선의를 가진 평범한 사람들이 우물쭈물 눈치를 보다가 자발적으로 악행에 복종하는 구체적인 예이기 때문이다. 유감스럽게도 이 실험은 바로 우리가 처한 현실에 대한 검증이다.

눈치는 적응을 위해서 가장 먼저, 그리고 가장 빨리 움직이는 심리적 기제이므로 눈치를 없앨 수는 없다. 그러나 원시시대와 달리 복잡하게 사회화된 집단에서, 눈치는 심리적 에너지의 사용 방식일 뿐이다. 그래서 사용하는 목적에 따라 방향이 결정된다. 서열화된 복잡한 사회에서는 눈치가 유용하게 쓰일지 혹은 악용될지는 개인이 속한 조직의 건전성에 달려 있다. 개인이 속한 집단, 일터, 사회, 제도가 모두 건전하다면 개인이 조직과 타인의 눈치를 살펴서 잘 학습하기만 해도 심리적으로 건강하게 살 가능성이 높다. 그러나 이런 요구를 충족시킬 만큼 건강하기만 한 사회는 과거 어느 시대에도 실현된 적이 없다.

건전한 눈치를 기르고 싶다면 사회가 최대한 건전해야 한다. 그러나 현실은 단일 가치만으로는 건전성을 판단할 수 없는 혼합적인 곳이다. 또한 직선적인 인과관계만으로 예측할 수 없는 혼란스러운 곳이기도 하다. 이러한 다양성과 불확실성 속에서는 각 개인이 잘못된 눈치와 불필요한 눈치를 조절하고 멈출 수 있어야 비로소 건강한 눈치가 유지된다.

사회가 복잡해질수록 심리적 건강을 지키기 위해서는 '눈치를 어떻게 잘 보느냐.'보다는 '눈치를 어떻게 조절하고 멈추느냐.'가 더 중요하다. 눈치는 상황과 맥락에 따라 변하는데, 맥락은 천 번 만 번 변하는 것이라 눈치 보는 사람이 넘치면 사회의 복잡성이 기하급수적으로 증가한다. 그러나 인간의 심리적 용량은 제한적이어서 끝없이 변화하는 정보를 정확하게 처리할 능력이 애초부터 없었다.

심리학자 스티븐 핑커Steven Pinker는 『마음은 어떻게 작동하는가』에서 도망쳐서 살아남기 위해 필요했던 불안이 왜 반대로 사람의 적응을 위협하게 되었는지를 질문했다. 하버드대학교에서 진화심리학을 강의하는 핑커 교수는 "우리의 몸에는 과거의 흔적들이 남아 있지만, 수정되지 않고 그저 과거의 생물종에게만 필요한 채로 남아 있는 기관은 거의 없으며 감정을 위한 회로 역시 본래대로만 남아 있지 않기 때문."이라고 답했다.6

불안뿐만 아니라 눈치도 마찬가지다. 인간 외에도 다양한 종에서 눈치가 관찰되고 사람들은 동서고금을 막론하고 눈치를 보아왔다. 그러나 핑커 교수의 말대로 진화의 힘은 불변의 기초 위에 층을 쌓지 않았다. 사회가 변해왔고 사람도 변해왔다. 그래서 동굴 속에서 벽화를 그리던 크로마뇽인과 디지털 세계에 거주하고 있는 현대인의 마음은 작동 방식이 비슷하면서도 다르다. 살기 위해서는 눈치와 불안이 분명히 필요하다. 그러나 우리는 적응하기 위해 불안과 눈치를 조절할 수도 있어야 한다.

③
사람의 숲에 숨겨진
눈치 폿말

모르는 사람과 친해지고 싶을 때 어떻게 하는가? 우선 좀 지켜보다가 이런저런 말과 행동을 하면서 상대방도 나와 친해질 마음이 있는지 눈치를 살필 것이다. 그러고 나서 '서로의 요구를 조율하면서 함께 어울리다 보면 차차 서로에 대해 알게 되고 친해지게 된다. 이처럼 타인과 친해지는 과정에는 어느 정도 눈치가 필요하다. 눈치가 너무 없어서 상대방의 감정이나 관점, 처지 등을 알아차리지 못하는 사람은 친구를 사귀기가 어렵다. 물론 연애를 하기는 더욱 어렵다.

친해 씨는 사람 만나는 것을 좋아했다. 마음이 맞는 친구와 함께라면 밤을 새우며 놀아도 피곤하지 않았다. 지치고 일이 안 풀릴 때도 친한 사람들을 만나면 힘이 솟고 에너지를 얻는 기분이었다. 친해 씨는 사귀고 싶은 사람이 있으면 상대가 좋아할 만한 것을 잘 알아서 친구들 사이에서는 눈치 빠른 사람으로 통했다. 다른 사람의 기분도 잘 알아차려서 주변 사람들과 어울리는 데 별 어려움이 없이 지냈다.

이런 친해 씨에게도 어찌해야 할지 모를 상대가 생겼다. 최근 친해 씨의 마음을 끄는 둔감 씨는 일만 열심히 할 뿐 다른 사람의 마음에 대해서는 더없이 둔했다. 사람 만나기를 좋아하는 친해 씨지만 연애는 역시 어렵다는 생각이 들어서 고민에 빠졌다.

눈치를 보는 이유가 생존과 사회적 서열 때문만은 아니다. 친해 씨의 경우처럼 다른 사람들과 어울리고 싶을 때도 눈치를 본다. 같이 있기 싫고 다시 안 볼 생각이라면 대개 눈치를 볼 필요가 없다고 생각한다. 예를 들어 "너하고 무슨 관계가 있다고 눈치를 봐야 해?" 혹은 "다시는 볼 일이 없을 텐데 눈치는 왜 봐?" 같은 표현은 불필요한 눈치를 지적하는 말이다. 자신과 상관없는 사람의 눈치를 보는 행동이 부질없다고 여기는 것은 역으로 다른 사람과 관계를 맺고 그 관계를 유지하고 싶을 때 더 눈치를 본다는 의미이기도 하다.

스키너 상자와 월든 투
▶

사회에 적응할 수 있는 능력을 사회성이라고 한다. 사회성에는 여러 가지 능력이 포함되지만 크게 2가지로 나눌 수 있다. 사회성의 첫 번째 범주는 체계적인 사회시스템이 개인에게 부여하는 기능을 수행하는 능력이다. 사회시스템의 기능은 서열과 역할에 따라서 정해지기 때문에 기능에 충실한 눈치는 정해진 역할에 대한 자발적 복종으로 이어진다. 이런 방식으로 눈치를 이해하면 눈치의 건전성은 '사회가 얼마나 건전한가.'라는 사회적 환경의 문제가 된다.

제1세대 행동주의 심리학자들은 개인을 조종하는 시스템이 심리적 문제의 최고 원인이라고 주장했다. 그중에서도 환경이 변해야 행동이 바뀐다고 적극적으로 제안한 대표적인 인물은 B. F. 스키너 Burrhus Frederic Skinner다. 행동을 강화해서 학습이 이루어지도록 고안된 스키너 상자는 동물의 세상을 실험실에 축소해서 만든 예였다. 스키너 상자 안의 실험 동물들은 실험자가 보상을 줄 것으로 예상되는 행동을 시행착오 끝에 학습했다. 스키너 상자에서 일어나는 학습이란 기본적으로 실험 설계자의 의도에 자발적으로 복종하는 행동을 익히는 과정이기도 했다. 나아가 스키너는 『월든 투』라는 저서를 통해 스키너 상자를 확대한 사회의 설계에 의욕을 보이기도 했다.

텔레비전 프로그램 〈TV 동물농장〉에는 동물의 문제 행동을 교정해주는 코너가 있다. 그 프로그램에서 동물의 행동을 교정하기 위해 훈련사가 주로 사용하는 방법은 문제 행동을 보이는 동물에게 서열을 확실하게 알려주어서 상위 서열자의 눈치를 보도록 만드는 것이다. 그러면 해당 동물은 상위 서열자(대개는 주인이다)의 요구에 복종하게 되어서 동물의 문제 행동은 주인이 바라는 행동으로 바뀐다. 아마도 동물 교정 훈련은 스키너 상자와 월든 투 사이에서 벌어지는 상황의 하나일 것이다.

　스키너식 행동주의가 인간의 심리를 얼마나 설명할 수 있을까? 스키너식 방법으로 정서문제를 연구한 대표적 심리학자는 펜실베이니아대학교 심리학과 교수인 마틴 셀리그만Martin E.P. Seligman이다. 셀리그만은 1975년에 정서적 문제에 대해서 행동주의적인 실험과 설명을 제시한 『학습된 낙관주의』를 통해서 세계적인 명성을 얻었다. 그러나 셀리그만은 2007년에 출판한 『아픈 당신의 심리학 처방전』에서 다른 이야기를 들려준다.

　"우울, 불안, 어리석음, 천박함 같은 마음속의 짐승들은 전적으로 환경의 책임이라는 것이 당시 내 이데올로기였다. 어리석음은 무지가 원인이니까 충분히 교육시키면 해결되고, 우울과 불안은 아픈 경험 때문이니까 안 좋은 경험을 최소화하는 환경을 만들면 (우울이나 불안을) 퇴치할 수 있을 것이라 믿었다. 완전히 틀린 생각은 아니지만 나는 이제 이 생각이 불완전하다는 쪽으로 기울어졌다."[8]

　이는 환경이 중요하기는 하지만 환경이나 체제의 변화를 통해서도 없앨 수 없는 인간의 심성이나 인간의 조건이 존재한다는 것을 인정한다는 말이다. 이 책에서 셀리그만이 독자에게 주는 심리적 처방전이 있다. 세상에는 바뀔 수 있는 것이 있고 바뀔 수 없는 것도 있으며, 바뀔 수 있는 것은 바꾸어야 하지만 바뀔 수 없는 것은 한계를 인정해야 심리적 건강을 유지할 수 있다는 것이다.

　굳이 셀리그만의 말을 빌리지 않더라도 환경이나 심성을 무한정 개량하고 변화시킬 수는 없을 것이다. 설령 변화시킬 수 있다 하더라도 그 변화와 개량이 자신이 살아 있는 동안에 모두 가능하지도 않을 것이다. 개별화와 자유의지 혹은 독립과 합리적 사고 등을 아무리 강조해도 서열에 따라서 눈치를 보는 행위 역시 개인이 사회적 체제에 속해 있는 한 완전히 없애지 못할 심성 중 하나다. 그렇지만 사회와 조직은 시스템인 동시에 유기체이므로 개인은 눈치가 제대로 쓰여지도록 조절하는 것이 중요하다.

스키너 상자 밖에서 친해지다
▶

사회성의 두 번째 범주는 다른 구성원과 어울리고 대인관계를 맺는 능력이다. 이 능력은 타인과 친하게 지내고 정서적인 교류를 하려는 욕구에서 나온다. 친하려는 욕구가 도를 넘으면 애정에 목매거나 타인에게 지나치게 의지해서 문제를 일으키지만, 보통의 사람들이 가지고 있는 친애욕구는 삶을 유지하는 핵심 요소 중 하나다.

다른 사람과 친해지고 싶어하는 욕구가 없는 사람은 지능이 정상이어도 대인관계를 맺기가 어렵다. 예를 들어 심한 자폐증 환자들은 사람과 사물을 똑같이 대하고 가족을 봐도 반응이 없다. 대인관계에 필요한 사회적 상호작용 능력과 의사소통 능력이 아예 없거나 현저하게 낮고 눈치가 없다. 누군가가 옆에서 돌보지 않는다면 심한 자폐증 환자가 생존할 가능성은 높지 않다.

반면에 지지적인 대인관계를 많이 맺으면 스트레스에 덜 민감하고 오랫동안 건강하게 산다는 보고가 많다. 사람들은 대인관계 속에서 소속감과 애정을 느끼고자 하는 욕구를 타고난다. 즉 인간은 사회적 존재로서 다른 사람과 함께 있고 싶어하는 것 자체를 행위의 목적으로 삼기도 한다는 의미다. 사람들은 누군가가 절박하게 필요하다면 옆에 있어줄 사람이 아무도 없는데도 자기 내부에 있는 상상의 인물을 만들기도 한다. 결국 인간은 혼자서 죽을 수밖에 없지만 동시에 죽기 직전까지는 쓸쓸하게 살고 싶어하지 않는다.

시스템 내에서의 사회적 관계는 서열과 권력을 통해서 지배와 복종을 구분하는 힘의 관계다. 이러한 관계에는 늘 이익에 따른 갈등이 있다. 반면에 친애욕구에 근거한 대인관계에서는 협동적 상호작용을 통해 조화를 이루는 것이 중요하다. 현대사회에서는 가족을 제외한 친밀한 관계는 비교적 유동적이며 선택적으로 변하고 있다. 인터넷과 교통의 발달은 촌락과 혈족이 아닌 취향, 성격, 신념, 태도, 가치관 등의 다양한 기준을 적용해서 친해지고 싶은 사람을 선택할 가능성을 높였기 때문이다. 친애적 대인관계를 통해서 사람들은 대개 정서적 지원을 얻는다. 이때 눈치가 관계를 맺고 유지하기 위해서 쓰인다.

사람의 숲, 생각의 지도

▶

대인관계를 맺고 유지하기 위해서 눈치를 보는 것은 동양의 특수한 문화라는 주장이 있다. 과연 그럴까? 미시간대학교 심리학과 교수 리처드 니스벳Richard E. Nisbett의 저서 『생각의 지도』[9]는 이 질문에 대해서 심리적 해답을 제공한다. 이 책에서 니스벳 교수는 주의와

표1 :: 동서양 생각의 차이

구분	동양	서양
에드워드 홀 (Edward T. Hall)	고맥락 사회	저맥락 사회
헤이즐 마커스 (Hazel Markus)와 시노부 기타야마	상호의존적	독립적
허먼 위트킨 (Herman A. Witkin)	장의존적	장독립적
전체 대 부분	종합적 시각 (전체를 보고 맥락과 상호작용을 본다)	분석적 시각 (개별적 사물을 맥락에서 떼어내 본다)
사회 조직	유기체로 작동	시스템으로 작동
세상을 파악하는 방식	상황적, 가변적 관계 파악에 관심 동사 중심의 의사소통	원칙적, 융통성 낮음 범주와 규칙 발견에 관심 명사 중심의 의사소통
행위의 목적	집합주의적 (화합과 조정, 치우치지 않는 중용 강조)	개인주의적 (개인의 탁월함 증명, 모순을 배제하는 논리 강조)
행동의 원인을 추측하는 방향	행위를 상황과 맥락에 귀인	행위를 행위자의 속성에 귀인(기본 귀인 오류)

지각에서부터 인과추리, 지식의 조직화, 추론 과정에 이르기까지 일관되게 나타나는 동서양 간 생각의 차이를 실증적으로 밝힐 수 있다고 했다.[10] 역사와 형이상학적인 신념 부분을 제외하고 이 책에서 제시한 동서양의 생각 차이를 정리하면 〈표1〉과 같다.

니스벳 교수는 눈치라는 단어를 다음의 문장에서 사용했다. "중국인(동양인의 샘플로서의 의미)은 정치·경제·사회적 활동을 하기 위해 한편으로는 밖으로 주의를 기울여서 다른 사람들의 반응을 살펴야 했고, 또 한편으로는 눈을 돌려서 권위자의 눈치를 살펴야 했다."[11] 이런 맥락에서 상대가 권위자든 아니든 다른 사람들의 반응을 살피는 것은 모두 어느 정도 눈치의 속성이다.

동양인은 인간의 행동이 반드시 어떤 맥락에서 발생하기 때문에 맥락과 배경에서 개별적 인물과 사건을 떼어내는 것은 무의미하다고 여기는 경향이 있었다. 동양인은 개인 하나하나가 덩그렇게 떨어진 섬이 아니라고 생각했기 때문에 개인 여럿이 모여서 만든 사람의 숲 속에 들어가야 비로소 개인을 의미 있게 볼 수 있다고 여겼다. 전체적인 상호작용과 관계를 파악해서 조화를 이루는 행동을 한다는 것은 주변의 눈치를 더 살핀다는 의미이기도 하다. 〈표1〉의 내용처럼 동양인과 서양인의 생각은 다르다.

그런데 니스벳 교수가 이런 연구를 한 이유는 동서양의 차이를 부각하려거나 가치와 생각의 우열을 가리려던 것이 아니다. 그보다는 이러한 차이가 문화를 통해서 사회화된 결과이며 각각의 사고는 저마다 유용한 상황이 따로 있다는 것이 니스벳 교수가 연구를 통해서 알리고자 하는 핵심이었다. 즉 눈치 유전자가 따로 있는 것이 아니라 문화가 한 개인에게 어떤 단서를 많이 주고 어떤 생각을 많이 점화시키느냐에 따라서 개인의 사고 특성이 달라지고, 또한 각각의 사고 세트는 어떠한 영역에서 어떻게 활용하느냐에 따라 상대적인 장단점이 있을 뿐이다.

눈치는 비겁하거나 음습하지 않다

▶

실험에서는 서양인도 동양인과 마찬가지로 상호의존적인 생각이 활발하게 떠오를 만한 조건에서는 집합주의적 가치를 선택한다. 예를 들어 '나, 내 것, 내가'와 같이 '나'를 강조하는 단어에는 개인적인 가치를 활성화시키고, '우리, 우리 것, 우리가'와 같이 '우리'를 강조하는 단어에는 집합적인 가치를 활성화시킨다. 서양인도 '우리'를 점화시키면 동양인처럼 집단을 중요하게 여긴다. 여기서 점화란 불꽃이 일어나도록 불을 붙이는 것을 말하는데, 생각에서 점화란 특정 생각을 많이 하도록 유도하고 자극하는 것을 의미한다.[12]

이상에서 보듯이 사람은 상황에 따라서 상호의존적인 생각을 할 수도 있고 독립적인 생각을 할 수도 있다. 관계 자체가 중요하다고 여기면 서양인이든 동양인이든 상황에 맞추어서 행동하려고 하고 상대의 감정과 생각에 주의를 기울일 것이다. 예를 들어 면접시 인사담당자 앞에서나 할 법한 자기 자랑을 친구나 동호회 회원들 앞에서 늘어놓거나 혹은 남이야 어떻게 되든 상관없이 내가 바라는 것만 하려고 한다면 다른 사람들과 친해지기 어렵다.

만약 이러한 대인관계 패턴을 반복한다면 다른 사람과 친해지는 것은 고사하고 주변 사람들에게 기피 대상이 되지 않으면 다행이다. 다른 사람과 친해지고 좋은 관계를 유지하는 첫걸음은 상대의 처지와 상황, 마음을 살피는 것이다.

성과를 강조하는 경영이나 조직에 관한 상담 서적은 설득과 협상을 주로 다루는 반면에 대인관계를 강조하는 상담 서적은 경청과 공감을 주로 다룬다. 그 이유는 각 맥락에서 필요한 심리적 요소가 다르기 때문이다. 설득과 협상은 기본적으로 논리적이고 합리적인 판단이 필요하다. 반면에 경청과 공감은 상대의 행동과 생각, 감정이 옳거나 그르다는 것을 따져서 판단하는 것이 아니다.

그러나 현실에서는 이 2가지 방법 중에서 단 한 가지 방법만을 사용하며 살 수는 없다. 예를 들어 성과가 중요한 상황이더라도 함께 일하는 사람과의 관계가 나쁘면 일을 하기가 어려울 수 있고, 친밀함이 중요한 상황이더라도 고개만 끄덕이고 있으면 관계의 발전이 멈출 수 있다. 그뿐만 아니라 동일한 인물을 대할 때도 일이냐 관계냐에 따라서 마음의 자세를 달리할 필요가 있다.

또한 '성과나 관계에 필요한 심리사회적 기술을 갖췄느냐.'만 중요한 것이 아니라, '자신이 습득한 심리사회적 기술들을 필요에 따라서 사용할 수 있느냐.'를 따져보는 것이 심리적 건강에는 더욱 중요하다. 이러한 유연성은 상황에 적절한 심리적 세트를 점화시킬 수 있는 능력에 영향을 받는데, 확실한 인식이나 합리적 사고가 작동하기 전에 은연중에 일어나는 점화 과정에는 눈치가 중요한 역할을 한다.

점화란 상황에 필요한 마음가짐이 무엇이고 대처 방법이 무엇인지에 대해서 초기에 감을 잡는 것을 말하는데, 대인관계에서 이러한 초기 과정이란 다름 아닌 눈치이기 때문이다. 유연한 눈치의 작동은 성과와 관련 있는 상황보다는 단연 대인관계 맥락에서 중요하다.

성과와 관련 있는 상황에서는 필요할 때 눈치를 멈추는 것이 중요하고, 대인관계 상황에서는 유연하게 눈치를 활용하는 것이 중요하다. 눈치 때문에 생길 수 있는 문제에 대처하려면 '성과 상황 = 적절한 눈치 제어', 반면 '대인관계 = 유연한 눈치 활용' 이 2가지가 중요하다는 것이 이 책의 핵심 메시지 중 하나다.

'왜 나는 피곤하게 남의 눈치나 보면서 기를 못 펴고 살아갈까?' 라고 자책하는 사람이 있다면, 이제부터 눈치의 정체에 대해서 다시 한 번 생각해보기를 권한다. 눈치는 단지 비겁하고 음습한 무엇이 아니다. 당신이 초라한 사람이라서 눈치를 보는 것이 아니라, 사람은 다른 사람들과 함께 어울리며 살아가기 위해 눈치를 타고나서 그렇다.

혹시 눈치를 안 보는 것이 거침없는 대인관계의 특성이라고 생각한다면 오해다. 남의 눈치 따위는 안중에도 없는 사람들 중에서 파렴치하고 반인륜적인 범죄를 저지르는 이가 많기 때문이다. 그러므로 자의 반 타의 반으로 눈치를 보는 '나'는 그저 사람답게 살아보려고 노력하는 것이지 비루하게 살려는 것이 아니다. 다만 생존과 적응에 필요한 눈치를 혹시라도 잘못 사용하고 있는 것은 아닌지 반드시 되짚어볼 필요가 있다. 눈치를 잘못 사용하면 결국에는 '나' 뿐만 아니라 '우리'를 한꺼번에 해치는 부메랑이 되어 돌아올 수도 있기 때문이다.

4

눈치와 융통성이 없는
로봇 인간의 한계

공부를 잘하는 사람이 눈치도 잘 볼까? 그렇지 않다. 왜냐하면 공부를 잘하는 지능과 눈치를 잘 보는 지능은 다르기 때문이다. 공부하는 지능은 지능지수IQ에 속하고 건강하게 눈치를 볼 수 있는 능력은 감성지수EQ 중에서도 대인관계 지능에 속한다.

지능지수가 180인 둔감 씨는 컴퓨터형 수재라는 칭찬을 들으며 학교를 다녔다. 수업 시간에 들은 말은 잊지 않고, 계산 능력이 뛰어났으며, 논리에 밝았고, 알려주면 정해진 대로 일을 척척 처리했다. 우수한 성적으로 회사에 취직했지만 어찌된 일인지 해가 갈수록 둔감 씨에게는 단조로운 일만 맡겨졌다.

둔감 씨에게 일은 쉬웠으나 사람들과 같이 지내는 것은 어려웠다. 다른 사람들이 둔감 씨와 일하는 것을 불편해했고 친한 사람도 없었다. "공부는 잘하는데 눈치가 없다."라는 말을 예전에도 듣고는 했지만 무시하고 넘겼었다. 그러나 사회생활을 시작하고 몇 년이 지나자 둔감 씨는 자신의 대인관계 능력에 대해서 고민에 빠졌다.

둔감 씨는 자신이 기계 같다는 생각마저 들었다. 아니 '차라리 로봇이라면 이렇게 대인관계 때문에 고민하지 않을 텐데.' 하는 생각까지 들기도 했다. 둔감 씨와 마찬가지로 현대인은 여러 가지 이유로 자신을 기계에 비유하고는 한다. 기계 중에서도 특히 인공지능을 갖춘 로봇은 인간성을 비유하는 무대에 등장하는 최고의 마리오네트가 되었다.

초보적 눈치도 없는 인공지능 로봇
▶

인공지능 로봇은 특히 인간의 지능을 이해하기 위해 비유된다. 세계적인 인지심리학자인 앨런 뉴웰Alan Newell과 허버트 사이먼Herbert Simon 교수가 만든 '범용 문제 해결시스템general problem solver' 같은 프로그램이 대표적인 예 중의 하나다.[13] 이러한 접근은 인간의 지적 능력을 컴퓨터로 모사simulate해서 인간의 사고과정을 밝혀보고자 한 노력이었다.

그런데 과연 로봇에게 눈치라는 원시적인 지능을 프로그래밍할 수 있을까? 눈치와 인공지능 간의 관계를 직접 연구한 심리학자는 없었다. 그러나 비슷한 질문을 던졌던 사람은 있었다. 하버드대학교

교육학과의 심리학 교수 하워드 가드너Howard Gardner가 대표적인 인물이다. 가드너 교수는 "인간은 컴퓨터와는 다른 종류의 지능을 가지고 있다."라는 선언으로 저서 『다중지능』[14]의 첫 장을 시작했다.

이보다 앞서 출판된 저서에서 가드너 교수는 다음과 같이 적기도 했다. "인공지능 프로그램이 논리적으로는 인간을 능가할지 모른다. 공간이나 언어와 관련된 부분에서 우리를 능가할 것이다. 하지만 대인지능은 (인공지능에서) 생각할 수조차 없는 개념이다."[15] 가드너는 인간적 지능과 기계적 지능 간의 차이를 만드는 핵심에 대인지능을 놓은 셈이다. 이는 인간의 지능 중에서 대인지능만큼은 컴퓨터가 결코 모방할 수 없을 것이라는 의미이기도 하다. 이러한 주장을 확장하자면 로봇은 대인지능을 가질 수 없고 대인지능의 일부인 눈치 또한 가질 수 없다.

대인지능interpersonal intelligence은 인간친화지능이라고도 번역된다. 인공지능 기계의 다른 이름인 스마트 기계는 대개 인간 친화적이라고 선전한다. 이러한 선전만 보면 스마트 기계는 마치 사용자가 원하는 것을 척척 해낼 수 있거나 심지어 사용자에게 필요한 것을 미리 알아서 처리해줄 것 같은 인상을 준다. 생산자들은 특정 사용자를 인식하고 사용자에게 반응하는 눈치 있는 스마트 기계를 만들고 싶어한다. 그러나 아무리 아날로그적인 감성으로 마케팅해도 논리적 연산에 의해 작동되는 디지털 기계에는 초보적인 눈치조차도 프로그래밍하기가 힘들다.

예를 하나 들어보자. 두 사람이 비밀 임무를 수행하기 위해서 적진에 잠입했다고 가정해보자. 감시당할 수도 있으므로 두 사람은 마주쳐도 서로 아는 체를 하지 않을 것이다. 그러나 컴퓨터는 적군이든 아군이든 접속만 되면 정보를 술술 내준다. 비밀 임무를 수행하고 있더라도 컴퓨터는 일단 동료 요원을 보면 상황은 아랑곳하지 않고 손을 흔들며 인사를 하고 껴안을 기세다. 이처럼 인간이라면 누구나 알아차릴 수 있는 간단한 눈치조차도 생성하지 못하는 것이 스마트한 기계의 지능이다.

아마도 눈치보다는 예절이나 매너, 의전처럼 절차가 언어화되어 있는 고정적 프로토콜을 기계에 프로그래밍하는 쪽이 더 빠를 것이다. 눈치는 맥락에 따라 반응하는 융통성이 필요하다. 융통성이야말로 인공지능 로봇에게 프로그래밍하기 가장 까다로운 요소로 알려져 있다.

고지식한 것이 가장 쉬웠어요
▶

융통성의 반대말은 고지식함이지 일관성이 아니다. 일관성은 기본적으로 방향이기 때문이다. 일관성은 대인관계에서 상당히 중요한 역할을 한다. 예를 들어 일관성이 있어야 서로를 알고 원만한 대인관계를 유지할 수 있는데, "제가 아는 한 그 사람은 그럴 사람이 아닙니다." 혹은 "오랫동안 알고 지냈는데 그 친구는 약속을 꼭 지킵니다." 같은 말은 상대의 일관성을 믿고 하는 말이다. 대인관계에서 이러한 일관성을 파악하는 심리적 최소 단위를 항상성의 지각이라고 한다.

대인관계에서 항상성의 지각은 상대방이 변화해도 동일한 사람임을 아는 것을 포함한다. 우리는 매일 보는 가족을 모를 리 없고, 죽마고우이니 척 보면 안다고 여길 수 있다. 그러나 상대가 동일한 사람임을 파악하는 것은 그리 간단하지 않다. 갓난아이는 하루하루가 다르게 변하다가 어느새 걷고 학교에 가고 성인이 된다. 그래서 자라면서 변화하더라도 자녀는 늘 같은 사람이라는 것을 알아보는 데는 융통성이 필요하다.

오래된 친구도 마찬가지다. 키가 작았던 어릴 적 친구가 몸이 훌쩍 커져 건장했다가 늙어가는 변화 과정을 거치더라도, 여전히 그 친구가 어린 시절부터 알고 지낸 친구라는 것을 아는 데는 융통성이 필요하다. 일생 동안 나도 변하고 상대방도 변하는데, 변화와 변화가 만나서 일관성을 유지하려면 서로의 변화에 보조를 맞추는 융통성이 있어야 한다.

여기에 환경과 상황의 변화까지 더해지면 인간이 대인관계에 적응하기 위해서 평생 동안 보이는 융통성은 놀랍다. 만일 대인관계를 인식하는 틀이 너무 완고해서 변화를 눈치채지 못하면 관계는 갈등에 빠져서 어긋난다. "너는 늘 그 모양이다." 혹은 "당신은 항상 이런 식이다."와 같이 완고하고 단정적인 말로 시작하는 대화는 싸움으로 이어진다. 그래서 대인지능의 일부로서 눈치를 건강하게 유지하려면 융통성이 중요하다. 이러한 융통성은 인공지능 로봇이 결코 흉내 낼 수 없는 능력이기도 하다.

눈치와 정서지능의 관계
▶

가드너 교수는 "대인지능은 개인이 타인을 이해하고 타인과 상호작용을 하는 것을 가능하게 한다. 대인지능은 다른 사람의 기분, 기질, 동기, 의도 등을 알아차리는 능력이며, 이 지능 덕분에 다른 사람이 숨기고 있는 의도와 욕구를 알 수 있다."[16]라고 했다. 대인관계에서 눈치의 주요 역할이 바로 상대방이 명확하게 겉으로 드러내지 않았을지라도 마음에 품고 있는 의도와 욕구, 소망을 직관적으로 알아내는 것이다.

가드너 교수가 경험적인 연구를 통해서 밝힌 대인지능이 대중적으로 널리 알려진 것은 다니엘 골먼Daniel Goleman 박사가 집필한 『감성지능Emotional intelligence』[17]을 통해서였다. 아이가 또래 친구나 어른들과의 사이에서 문제를 일으켰을 때 부모는 "애가 억한 심정에서 그런 것이 아니라 아직 어려서 뭘 모르고 눈치가 없어서 그런 겁니다."라는 말을 자주 한다. 이 말은 아이가 상대방이 어떻게 느끼는지 혹은 상대방이 무엇을 바라는지를 몰라서 엉뚱한 행동을 했다는 의미다. 이 문장에서 눈치는 대인지능이나 감성지능이라는 말로 바꾸어 써도 이해에 어려움이 없다.

나이가 어릴수록 대인지능은 눈치에 크게 좌우된다. 자신이 어떤 사람인지 혹은 타인이 자신에게 바라는 것이 온당한 것인지를 판단할 수 없는 어린아이들은 다른 사람의 눈치를 살펴서 타인과 자신에 대해서 알아간다. 그러나 좀더 나이든 사람에게서 눈치는 대인지능의 초기 상태이거나 혹은 변화를 촉발시키는 요소이지, 대인관계 상호작용의 최종적인 결과가 아니다.

눈치가 곧 대인지능의 전부인 때는 어려서 뭘 모를 때뿐이다. 나이가 들어서 발전된 대인관계를 맺으면 상대방의 기분, 기질, 동기, 의도 등을 알아차리는 데 의식적이고 체계화된 인식이 보태지게 된다. 여러 분야를 거쳐 임상심리학자로 말년을 보낸 조지 켈리[George Kelly] 교수는 "사람은 누구나 개인적인 심리이론을 가지고 있다."라고 했다.[18] 각 개인의 심리적 가정들 중에는 옳은 것도 있고 거짓인 것도 있다. 맞을 때도 있고 틀릴 때도 있지만 사람들은 타인의 마음을 짐작하고 예상하기 위해 저마다 대인지능을 구성하는 사적인 심리이론을 습득한다. 여기에는 개인적 경험뿐만 아니라 교육받은 내용도 더해진다.

그러므로 대인지능이 성숙할수록 눈치와 체계적인 합리성이 함께 작동하고 상호작용하며 피드백을 주고받는다. 대인지능에 포함되어 있는 오류나 편향의 패턴을 알고 실수를 줄이기 위해 노력할 수 있어야 비로소 성인이라고 할 만하다. 만약 더이상 어린아이가 아닌데도 대인지능 전체가 눈치로만 구성된 사람이 있다면 대인지능이 신체 연령에 비해서 미성숙한 상태다. 성인이 되어서도 오직 눈치만 보는 미숙한 대인지능이 지속되면 대인관계에 어려움을 겪거나 이상심리를 경험할 수 있다. 또한 대인지능에서 눈치의 비율이 너무 높으면 대인관계에서 생기는 문제와 스트레스에 취약해진다.

가드너 교수는 『다중지능』에서 지능에 대한 문화심리적 비평을 시도했다. 내용은 다음과 같다. "전통 사회에서 지능이란 공동체의 사회적 결속을 유지하는 능력을 포함하는 것이었다. 그러나 산업사회에서 학교교육은 학교 밖의 일상과는 전혀 달랐다. 전통 사회의 지능은 대인관계와 관련된 반면에 산업사회에서는 지능이 읽기, 쓰기, 셈하기 등과 관련되었다."[19] 이는 지능이 유동적이고 문화의존적인 개념이라는 뜻이다.

가드너 교수가 이야기하는 현대사회에서의 지능은 이제는 널리 알려졌지만 여전히 흥미로운 내용이다. "후기 산업사회에서는 탈맥락적인 학습 능력만을 지능으로 정의할 수 없다(복잡한 현대사회는 다양한 능력을 요구하는데 학습한 바를 활용할). 맥락을 고려하지 않은 교육은 개별 문화가 바람직하게 여기는 최종(지능) 상태를 보여주지 못한다."[20] 우리 사회에 몇 년간 몰아친 멘토 열풍이 이러한 후기 산업사회의 교육적 요구와 관련되어 있음을 짐작하게 하는 대목이다.

원래 멘토는 일과 인생에서 지속적으로 도움을 줄 수 있는 개인의 스승이다. 각 개인이 각자 의미 있게 생각하는 영역에서 자신의 모델이 될 수 있는 사람과 친밀한 관계를 맺어서 개인적으로 배우고, 배운 바를 활용할 수 있도록 돕는 맞춤교육이 멘토와 멘티의 관계다. 멘토와 멘티는 개인적 상호작용을 통해서 가르치고 배워가기 때문에 대인지능이 교육과정을 유지하는 주요 요소로 작용한다. 이처럼 대인지능이 친구 사귀기부터 시작해서 배움과 일에 이르기까지 두루 중요해졌다.

눈치의 현재 위치는 어디일까? 눈치는 대인지능의 그늘 속에서 조용히 주류로 흡수되고 있다. 눈치는 인간이 하는 의사소통의 90% 이상이 비언어적이라는 점을 내세우는 이론들과 실용적 지식 속에 넓게 퍼지고 스며들어 있다.

그렇다면 다양한 눈치 중에서 어떤 것이 건강한 눈치일까? 기준은 여러 가지가 있겠지만, 대인관계에서 내가 닮고 싶은 사람이 보여주는 바가 하나의 모델일 수 있다. 예를 들어 대인관계의 공식에만 따르는 눈치 없는 로봇 인간을 대인관계의 멘토로 삼고 싶은 사람은 없을 것이다. 융통성, 눈치, 감정지능이 없는 고지식한 로봇은 대인관계를 맺을 수 없기 때문이다. 그렇다고 종잡을 수 없는 눈치로 꽉 채워진 야합의 달인을 멘토로 삼고 싶을 리도 없다. 일관성이 없는 야합의 달인은 건강한 대인관계를 지속할 수 없기 때문이다.

그러므로 대인지능의 영역에서 멘토를 찾는다면 상대와 상황에 따라서 융통성을 보일 만큼은 눈치가 있으면서 동시에 눈치를 보지 말아야 할 순간을 아는 사람일 것이다. 그리고 여기에 하나 더해서 멘토는 연령에 맞는 성숙한 눈치를 가진 사람일 것이다. 5세의 눈치와 50세의 눈치는 같지 않다. 5세의 아동은 오직 알기 위해 눈치를 사용하지만 50세의 중년은 모르는 체하기 위해 눈치를 사용하기도 한다. 연령에 따라 성숙해지는 눈치의 변화에 대해서는 다음 장에서 다룰 것이다.

5

이론 달인과 실전 달인의
눈치

> "쓸모 있는 걸 배워야지, 뭘 배웠기에 그것도 모르냐?"라고 말하는 사람은 답답해서 다그치지만 정작 이 말을 듣는 사람은 억울하다. 문제점을 알고 있다고 해도 이론적 지식과 실용적 지식의 차이는 쉽게 좁혀지지 않기 때문이다. 이론적 지식은 언어적이고 논리적인 데 비해서 실용적 지식은 비언어적이고 절차적인 경우가 많다. 눈치는 미성숙한 실용적 지식이 생기는 것을 돕는다.

나이론 씨는 연애 이론의 달인이다. 수많은 연애 지침서를 섭렵했고 나름대로 연애심리 이론도 탄탄하게 갖추고 있다. 나이론 씨는 '연애학'이라는 가명으로 인기 블로그를 운영하고 있으며 연애 칼럼도 쓰고 있다.

나이론 씨가 내려주는 연애 처방은 명료한 해결책으로 입소문을 탔다. 그러나 사실 나이론 씨는 지금까지 한 번도 연애에 성공한 적이 없다. 연애심리 이론에는 박학다식하지만 현실에서의 나이론 씨는 어떻게 하면 애인을 만들 수 있을지 고민하고 있다.

지식과는 다른 차원인 지혜
▶

〈성균관 스캔들〉이라는 텔레비전 드라마가 있다.[21] 정은궐 작가가 쓴 소설 『성균관 유생들의 나날』이 원작이다.[22] 이 드라마에 등장하는 걸오(유아인 분)라는 유생은 아는 건 많은데 품행이 불량하다. 걸오가 차고 다니는 팔찌에 '인, 의, 예, 지, 신'이라는 다섯 글자가 적혀 있는 것으로 보아서 아마도 '어질고, 의롭고, 예의 바르고, 지혜롭고, 믿음직해야 한다.'라는 말을 마음에 새기려고 노력하는 모양이다. 그러나 많은 책을 암기하고 있음에도 늘 주먹이 앞서는 걸오를 지혜롭다고 말하기는 어려울 것이다.

지혜는 다른 종류의 지식과는 다르다. 예를 들어 흔히 지식이라고 하면 학교에서 배우고 대학수능시험에서 평가하는 언어, 수리, 사회, 과학 등을 떠올린다. 학교에서 평가하는 이런 종류의 지식은 논리적인 생각을 바탕으로 한다. 또한 글로 적힌 교과서를 통해서 배우므로 아는 바를 말로 전달하기가 수월하다. 반면에 지혜는 학교교육과는 별도로 살아가면서 체득하는 지식이다. '지혜롭다.'라는 것은 배운 것을 명확하게 설명할 수 있는 능력에 따라서 결정되는 것이 아니라, 아는 것을 실생활에서 적절하게 활용할 수 있는 능력에 따라서 결정된다. 즉 지혜는 말로 배우기 어렵고 말로 설명하기도 어렵다는 의미다.

문화나 상황에 따라 지식에 대한 정의도 달라지므로 지혜와 지식 중에서 어느 한 가지만 중요하다고 말할 수는 없다. 예를 들어 호주에서는 학문적 기술에 도움이 되는 것을 지식이라고 생각하는 반면에 짐바브웨에서는 사려 깊고 조심스럽게 행동하는 데 도움이 되는 것을 지식이라고 여긴다. 두 종류의 지식은 다른데, 호주 사람들이 말하는 지식은 학문적 지식이고, 짐바브웨 사람들이 말하는 지식은 삶의 지혜에 가깝다. 지능과 지식에 대한 연구에 따르면 학식과 지혜는 독립적으로 작용하는 다른 종류의 지식이다. 그래서 많이 배웠다고 해서 꼭 지혜로운 것은 아니다.

배운 사람이 그것도 모르나
▶

실용지능은 실생활과 사회적 맥락에서 가치를 발휘하는 능력이다. 눈치는 대인지능에 속하고, 대인지능은 실용지능의 일부다. 눈치도 실용지능의 일부라는 의미다. 그러나 눈치는 잘 발달된 실용지능이 아니라 아직 성숙하지 못한 실용지능이다. 유아의 실용지능은 눈치에서 출발하지만, 성숙한 실용지능은 지혜로 발전되어야 한다. 눈치와 지혜가 비슷한 종류의 지식이라고 하면 마뜩지 않을 수도 있다. 그러나 급수는 달라도 눈치와 지혜는 둘 다 실용적이고 암묵적인 지식의 특성을 가지고 있다.

실용지능을 연구한 대표적인 심리학자는 예일대학교 심리학 교수 로버트 스턴버그Robert Sternberg다. 인지심리학자인 스턴버그 교수의 저서 『실용지능』[23]은 스턴버그 연구팀이 전 세계에서 15년 동안 연구한 결과를 담고 있다. 연구 결과에 따르면 지혜는 잘 발달된 실용지능의 전형적인 예이며,[24] 지혜의 핵심에 자신과 타인, 그리고 상황적 맥락에 대한 암묵적 지식이 자리 잡고 있다고 한다. 환경적 맥락을 강조한다는 점에서 지혜는 실용지능과 매우 닮았다.[25]

또 다른 심리학자 폴 볼츠Paul B. Baltes의 연구 결과도 스턴버그 교수의 결과와 별반 다르지 않다. 결혼, 임신 등과 같은 여러 가지 인생의 중대사에 관한 질문에 대해 사람들이 답한 내용을 연구해서 지혜의 구성요소를 간추렸더니, '삶에 대한 구체적 지식, 풍부한 절차적 지식, 맥락주의, 상대주의, 불확실성'으로 5가지였다. 볼츠가 말한 지혜의 5가지 요소 중에서 '맥락주의, 상대주의, 불확실성'은 눈치의 특성과 일치한다. 나머지 요소인 '삶에 대한 구체적 지식'과 '풍부한 절차적 지식'은 경험과 성숙이 필요한 요소다.

이렇듯 눈치와 지혜가 같은 문제 상황에서 비슷한 특징을 가지고 작동한다는 점은 눈치와 지혜의 기제가 유사한 목적을 가진 것임을 짐작하게 한다. 또한 볼츠가 말하는 '삶에 대한 구체적 지식'과 '풍부한 절차적 지식'은 스턴버그가 말한 '암묵적 지식'과 겹치는 부분이 많다. 말로 표현하기 어려운 암묵적 지식은 '스스로 획득하며 절차적이며 실용적'이라는 3가지 특징이 있다.[26] 예상하기 어렵고 난처한 상황에 처했을 때 "상황 봐서 눈치껏 해."라는 말을 자주하는

데, 이때 '눈치껏'이라는 말은 지혜와 마찬가지로 말로 조목조목 알려주기는 어렵다. 눈치와 지혜는 모두 비슷한 맥락을 다루는 암묵적 지식이다.

간사한 모사꾼과 지혜로운 지략가
▶

물론 눈치 지식과 지혜 지식에는 차이가 있다. 눈치를 잘 보는 사람과 지혜로운 사람의 차이는 무협 소설이나 무협 영화에 자주 등장하는 '간사한 모사꾼과 지혜로운 지략가'의 설정에서 극단적으로 드러난다. 대개 무협물 속 이야기는 다음과 같다.

한 스승 아래서 동문수학하며 서로 '사형, 사제' 하던 두 사람은 어려서부터 총명하고 재주가 뛰어나서 스승의 관심을 집중적으로 받는다. 그러나 커가면서 모사꾼은 일인자가 되기 위해 수단과 방법을 가리지 않고 다른 사람을 이용한다. 반면에 지략가는 조화와 지속을 위해 타인을 배려하고 위험을 무릅쓰는 것도 마다하지 않는다.

눈치를 잘 보는 모사꾼이든 지혜로운 지략가든 둘 다 문제를 해결하기 위해 전체와 맥락을 고려하고 분위기를 파악하는 데는 고수다. 일단 해결책을 생각하면 실행하는 능력도 고수다.

그러나 두 사람은 문제를 정의하는 방식에서 결정적인 차이가 있다. 똑같은 상황이라도 모사꾼은 '어떻게 하면 다른 사람을 이용해서 권력을 독점할 수 있는가?'를 문제로 정의한다. 반면 지략가는 '어떻게 하면 다른 사람과 함께 어울려 살 수 있는가?'를 문제로 정의한다. 같은 상황이더라도 문제를 다르게 보기 때문에 모략가는 언제나 눈치꾼 수준에 머물 수밖에 없고, 지략가는 지혜로운 현자에 접근할 수 있다. '문제가 무엇인가?'를 정의하는 데 모사꾼은 하수고 지략가는 고수다. 눈치와 지혜가 비슷한 기제이기는 하지만, 출발점이 잘못되면 눈치 지식과 지혜 지식은 아주 멀어진다.

똑똑한 걸로는 부족해
▶

어릴 때는 총명한 것으로 충분했다. 그런데 왜 커갈수록 똑똑한 것만으로는 부족할까? 이는 실용적으로 문제를 해결하기 위해서는 맥락이 중요한데, 발달 단계에 따라서 요구되는 맥락 파악 능력이 달라지기 때문이다. 요구가 달라지면 목표가 달라지고 문제를 바라보는 시각도 달라진다.

　실용지식의 활용은 기본적으로 목표지향적이다. 주로 사춘기 이전의 아이들은 수행력 향상을 목표로 잡고, 문제를 과제지향적으로 해석한다. 그러나 나이가 들어 중년에 이르면 주로 대인적인 목표를 많이 잡고, 같은 문제라도 사람과 관련된 일로 받아들이거나 혹은 사람과 일이 혼합된 것으로 해석하는 경향이 뚜렷해진다.

　그러므로 청소년기나 성인 초기까지는 눈치를 기반으로 지식을 발전시키는 사람도 지혜를 기반으로 지식을 개발하는 사람과 큰 차이를 보이지 않을 수 있다. 그때까지는 머리가 좋고 눈치가 빠르면 충분히 해결할 수 있는 과제만을 요구받기 때문이다. 그러나 성인 중기에 이르면 이야기가 달라진다. 지적 능력 자체도 변화해서 단순 암기나 논리 추리 능력은 줄어들고, 대신 감정적이고 대인적인 사항까지 통합해서 추리하는 능력이 증가한다. 그래서 성인 중기쯤에 이르면 발달적 요구, 사회적 요구, 개인적인 사고 능력이 모두 변화해서 눈치와 지혜는 적응과 기능 수준에서 명백하게 달라진다.

그러므로 "나날이 느는 것은 눈치뿐이구나." 하며 한탄하는 사람이나 혹은 "내 눈치가 어떤 눈치인데, 척하면 삼만 리지."라며 눈치 발을 내세우는 사람은 일단 멈춰서 자신의 목표에 대해 다시 생각해볼 필요가 있다. 연령이 증가할수록, 과연 앞으로도 눈치로만 무사히 살아갈 수 있을지 고민해보기를 권한다. '뛰는 사람 위에 나는 사람'은 눈치를 잘 보는 사람들 사이에 늘 있다. 성장하려면 유아적 눈치가 성숙한 눈치로 바뀌어야 하고, 성숙한 눈치는 다시 지혜로 바뀌어야 한다.

그렇다고 해서 나이가 들면 눈치가 필요 없다는 말은 아니다. 지혜는 지혜대로, 눈치는 눈치대로 할 일이 있다. 다만 나이가 들었는데도 눈치만 있고 지혜가 없다면 문제다. 세월이 흐르고 나이를 먹으면 눈치와 지혜를 사용하는 비율을 재정비하는 것이 좋다.

눈치에서 지혜로
▶

눈치와 지혜에 대해 분명히 해야 할 부분이 있다. 앞에서 말한 대로 눈치와 지혜는 실용적인 절차적 지식이다.[27] 또한 눈치와 지혜는 모두 문제를 인식하고 해결하는 방법이자 도구다. 그래서 목표에 따라서 눈치나 지혜를 사용해 무엇을 하느냐가 달라진다.

일의 효율적인 진행을 위해 지혜를 발휘할 수도 있고, 대인관계를 원만하게 하기 위해 지혜를 발휘할 수도 있다. 예를 들어 '지혜롭게 해결하다. 지혜롭게 대처하다. 지혜롭게 행동하다.'라는 말에서 지혜의 자리에 눈치를 넣을 수도 있다. 눈치로 바꾸어 써보면 '눈치껏 해결하다. 눈치껏 대처하다. 눈치껏 행동하다.'가 된다. 이렇게 보면 지혜와 눈치 모두 수단에 해당하는 심리적 기제라는 것이 좀더 분명해진다. 눈치나 지혜의 자리에 이성이나 논리를 넣어도 작용은 똑같다. 그러므로 원시적 인지기제인 눈치든, 세련되고 통합적인 인지기제인 지혜든 잘 사용해야 건강하고 행복해질 수 있다.

뱃사람이 태풍을 만나서 지혜를 발휘할 수 있고, 농부가 가뭄을 만나서 지혜를 발휘할 수 있으며, CEO가 경영 위기를 맞아 지혜를 발휘할 수 있다. 이때 뱃사람의 지혜, 농부의 지혜, CEO의 지혜는 각각 목표가 다르다. 또한 한 번 지혜를 제대로 사용했다고 해서 다음에도 혹은 다른 문제에서도 지혜를 제대로 사용할 것이라는 보장은 없다. 그러므로 지혜는 목표라기보다는 과정이고, 자기 행동에 대해서 지속적으로 자각할 수 있는 능력을 요구한다.

눈치를 생각했을 때 떠오르는 부정적인 이미지 때문에 눈치를 지나치게 폄하할 필요는 없다. 눈치와 지혜가 결과적으로는 같은 일을 할 수도 있다. 자동차 엔진이 2기통이든 8기통이든 상관없이 목적지가 확실하고 좋은 지도가 있다면 같은 곳에 도착할 수도 있다. 다만 "눈치 보지 마세요."라는 말이 곧 '네 멋대로 하세요.'라는 의미가 아니라는 사실은 기억할 필요가 있다.[28] "눈치 보지 마십시오."라는 말은 '눈치 대신 지혜를 발휘해보십시오.'라는 말이 될 수도 있다.

　지혜는 눈치와 달리 어떤 경우든 자신에 대한 통찰을 전제로 한다. 자신을 알아야만 지혜를 발휘할 수 있다는 의미다. 아무리 지혜로운 해결책 같아 보여도 자신에 대한 무지 때문에 결코 감당할 수 없는 행동을 하겠다고 나서는 것은 허세지 지혜가 아니다. 자신의 강점과 약점, 가능성과 한계, 성격과 특성, 감정, 욕망과 이상 등을 깨닫고 있을 때라야 비로소 자신의 능력을 지혜롭게 사용할 수 있다. 반면 눈치는 자신을 몰라도 작동할 수 있다. 어린 자아와 맥락의 경계에는 눈치가 있고, 성숙한 자아와 맥락의 경계에는 지혜가 있다.

● ● ●

1장부터 5장까지는 일반적인 조건하에서 눈치 기제의 작동을 다루었다. '생존의 문제, 서열의 문제, 친해지는 문제, 다른 사람과 정서적인 상호작용을 하는 문제, 실용적인 지식을 만드는 문제' 이렇게 5가지는 누구나 살아가면서 부딪히는 눈치의 문제지, 개인적인 특수한 이유 때문에 겪게 되는 문제가 아니다. 그러나 눈치가 문제를 일으키는 데는 이러한 일반적인 이유 외에도 개인적인 문제가 있다.
　앞으로 6장에서 8장까지 다룰 내용은 '성격, 가족, 개인의 과거 경험'이다. 이 3가지는 눈치 문제에서 개인적인 차이가 상당히 크게 나타나는 영역이다. 이제부터 '눈치 보기'에 영향을 끼치는 좀더 개인적인 문제로 들어가보자.

6
성격에 따라 달라지는
눈치의 유형

"눈치는 안 봐도 되니까 마음대로 하세요."라는 말을 남보다 많이 듣는 사람이 있다. 대개 자신이 원하는 대로 하면 될 때조차 다른 사람에게 물어보고 스스로 선택하지 못하는 상황에서 이런 말을 듣게 된다. 이처럼 눈치를 안 봐도 되는 상황에서 자주 눈치를 보는 사람은 어떤 사람일까? 눈치를 유난히 많이 보는 사람은 의존적이고 수동적인 성격을 가진 경우가 많다.

수동 씨는 "문제를 어떻게 해결하면 좋을지 의견을 말씀해보세요."라는 말을 들을 때마다 마음이 불편했다. 자신의 의견을 다른 사람들이 어떻게 평가할지 걱정이 되고, 상대가 어떤 의도로 질문을 하는지 몰라서 눈치가 보였기 때문이었다. 이럴 때마다 수동 씨는

'차라리 그냥 시키지, 뭘 물어보나.'라는 생각이 들었다.

수동 씨는 "어떻게 하든 나는 상관없어요." 혹은 "그래요, 당신 말대로 하는 게 좋겠어요." 같은 말을 할 때가 오히려 마음이 편했다. 그러면 싸울 일이 없고, 상대가 기분 나빠하지도 않아서 남들과 잘 지낼 수 있을 거라고 생각했다. 그러나 현실은 수동 씨의 생각과 달랐다. 우유부단하고 남이 하자는 대로 따라 하는 그를 팀원들이 달가워하지 않는 눈치여서 수동 씨는 고민에 빠졌다.

눈치를 물고 태어나다
▶

비슷한 조건임에도 성격에 따라서 눈치를 보는 정도가 달라진다. 예를 들어 민감한 사람은 평범한 상황에서도 주변을 살피느라 자연스레 눈치를 본다. 반면에 둔한 사람은 상대가 일부러 눈치를 주는데도 눈치를 보지 않는다. 더러는 직접 말해줘도 둔감한 사람은 다른 사람의 말에 신경 쓰지 않는다. 옆 사람 물건을 빌려 쓰고 나서 돌려주지 않는 일이 잦아서 친구가 그러지 말라고 하면, 알았다고 하고 나서 또다시 같은 행동을 반복하기도 한다. 혹은 에스컬레이터를 탔을 때 앞사람의 등에 대고 침을 튀기며 기침을 하기도 한다. 그리고 이런 행동을 할 때 다른 사람들의 표정이 어떠한지는 아랑곳하지 않는다.

민감함과 둔감함은 개인의 성격 특징 중 하나다. 이 특징은 타고난 성향과도 관련이 있으므로 민감한 사람과 둔한 사람은 같은 교

표 6-1 :: 눈치를 보는 사람의 성격 특징

눈치를 보는 사람의 성격 특징			
활동적	타인 배려적	기회주의적	소심한
활동적 민첩한 쾌활한 외향적 적극적	원만한 이해심 있는 둥글둥글한 싹싹한	간사한 약삭빠른 이기적 사교적 아부적 이중적 기회주의적	소심한 자신감이 낮은 우유부단한 예민한 세심한 소극적 불안한

• 출처 : 〈한국인의 심리학〉[30]

육을 받고 같은 일을 해도 하루 동안 눈치를 보는 횟수와 강도가 다를 수밖에 없다. 이처럼 성격 특징 중에서 눈치와 관련되어 있다고 알려진 몇 가지가 있다.

중앙대학교 심리학과 최상진 명예교수는 한국인의 문화심리에 대해서 연구했는데, 눈치에 대해서도 연구를 한 적이 있다. 최상진 교수는 눈치를 보는 사람의 성격 특징을 크게 4가지 유형으로 요약했다. 4가지 유형은 '활동적, 타인 배려적, 기회주의적, 소심한'이었다. 〈표 6-1〉은 눈치를 보는 성격의 4가지 유형과 각 유형에 해당하는 성격 특징을 보여준다.[29] 먼저 표를 한번 훑어보자.

이 표를 보고나니 무슨 생각이 드는가? 아마 눈치를 많이 보는 사람의 성격 특징이 단일하지 않다는 생각이 가장 먼저 들 것이다. 두 번째로는 아주 반대되는 성격들이 눈치를 보는 성격 특징에 포함되어 있다는 생각이 들 것이다. 예를 들어 활동적인 것과 소심한 것은 반대되는 특징이다. 타인 배려적인 것과 기회주의적인 것 역시 반대되는 특징이다.

  최상진 교수는 눈치를 보는 성격을 이렇게 4가지 유형으로 나눈 것에 대해 "기회주의적인 사람만 눈치를 잘 본다는 통념과는 다른 결과이며, 성격 유형에 따라서 눈치를 보는 동기가 다르다."라고 했다. 예를 들어 활동적인 사람은 일을 추진하려고 눈치를 본다. 소심한 사람은 자신감이 없어서 눈치를 본다. 기회주의적인 사람은 남을 이용하려고 눈치를 본다. 타인 배려적인 사람은 원만한 관계를 유지하기 위해서 눈치를 본다.[31]

성격에 따라 달라지는 눈치
▶

눈치의 유형은 눈치를 보는 사람의 성격에 따라서 달라진다. 타인 배려적인 사람의 눈치는 온화한 경우가 많다. 반면에 기회주의적인 사람의 눈치는 착취적인 경우가 많다. 그런가 하면 소심한 사람의 눈치는 불안한 경우가 많다.

  이러한 차이를 한눈에 알아볼 수 있도록 눈치를 보는 4가지 성격 유형의 심리적 특징을 정리한 것이 〈표 6-2〉다. 사람마다 성격 유형에 따라서 눈치를 보는 이유가 다를 뿐만 아니라, 스트레스의 원인과 스트레스 처리 능력이 모두 다르다. 일단 70쪽에 있는 표의 내용을 살펴보자.

  표에서 활동적인 것과 타인 배려적인 것은 긍정적인 특성인데 비해, 기회주의적인 것과 소심한 것은 부정적인 특성이다. 그런데 똑

표 6-2 :: 눈치를 보는 성격 유형별 목표, 스트레스 원인, 적응, 감정 처리방식의 특징

유형	활동적	타인 배려적	기회주의적	소심한
과제지향성	높음	중간	높음	낮음
관계지향성	중간	높음	낮음	높음
스트레스의 주요 원인	목표달성의 실패	대인관계의 불화	목표달성 실패 욕구충족 실패	불화와 상실, 타인의 평가
스트레스로 인한 부적응 가능성	보통 혹은 낮음	보통 혹은 낮음	기회가 없다고 느끼면 높음	항상 높음
감정 처리 방식	긍정적 감정을 과장하고 부정적 감정을 축소함	자기 감정을 수용하고 타인에게 공감함	자기중심적이고 필요에 따라서 타인의 감정 무시함	자기 감정을 모두 억누르고 타인의 감정에 영향을 많이 받음

같이 부정적인 특징이라고 해도 기회주의적인 성격과 소심한 성격이 부정적인 영향을 끼치는 대상은 다르다. 기회주의적 성격인 사람의 눈치는 상대에게 부정적 영향을 끼치고, 소심한 성격인 사람의 눈치는 자신에게 부정적 영향을 끼치기 때문이다.

기회주의적 유형의 경우 목적을 달성하기 위해서 다른 사람을 이용하고 조종하려고 하므로 남을 착취하는 눈치가 지나치게 발달한다. 그래서 기회주의적인 눈치는 다른 사람을 피곤하게 한다. 반면에 소심한 사람들은 눈치를 봐서 다른 사람에게 자신을 맞추려고 애를 쓴다. 그래서 소심한 사람들은 자기의 생각과 감정, 욕구를 무시하고 눈치를 보기 때문에 스스로를 피곤하게 한다.

뜻대로 하세요, 전 따르지요

▶

그렇다면 어떨 때 소심한 눈치가 자신에게 가장 부정적인 영향을 미칠까? 자신감 없고 의존적인 경우다. 자신감이 없고 소심하면 결정을 하거나 행동할 때 눈치에 의존할 수밖에 없다. 혼자서 무엇인가를 하려면 겁부터 나서, 다른 사람의 힘과 판단을 빌려야 비로소 안심이 되기 때문이다.

이렇게 되면 자신의 행동이나 태도, 생각은 상대가 옳다고 해야 옳은 것이 되고 그렇지 않으면 틀린 것이 된다. 문제를 해결하는 주체로서의 자신은 사라져버린다. 무엇이든 남들이 바라는 것이 더 좋은 것이라 믿기 때문이다.

이러한 태도가 심해지면 자신의 내면마저도 타인과 같아야 정상이라고 여기고, 자신의 느낌과 바람까지도 다른 사람이 확인해주길 바란다. 다른 사람이 보증해주지 않는 자신의 감정은 불량한 감정 혹은 불량한 욕구라고 여기고 누가 뭐라고 하기도 전에 스스로 폐기한다. 그러다가 자신의 느낌이나 바람이 무엇인지 모르는 상태까지 이를 수도 있다.

이러한 성격을 한마디로 표현하면 수동의존성passive dependent이다. 수동의존적인 사람은 의지하고 따를 만한 상대가 없으면 어떻게 살아야 할지 혼자서는 판단하지 못한다. 의존성 때문에 눈치만 살피다가 생각과 감정의 주체인 나마저 사라져버리는데, 이 상태를 '자아가 없는 의존성selfless dependency'이라고 한다.

'자아가 없는 의존성'은 시어도어 밀론Theodore Millon이 사용한 용어다.[32] 밀론은 의존성을 몇 가지 종류로 나누었는데, 어떤 종류의 의존성이든 다른 사람에게 복종하려는 공통점이 있음을 발견했다. 밀론은 저서 『성격 장애』에서 의존성 성격장애를 복종적 유형이라고 했다.[33] 한편 대표적인 인지심리치료자였던 펜실베이니아대학교의 아론 벡Aaron T. Beck도 의존적 성격을 지닌 사람들의 행동 특징을 "수동적이고, 복종적이며, 눈에 띄지 않고, 유순하다."라고 했다.[34]

자신이 수동의존적인 유형인지를 알아볼 수 있는 의사소통의 특징[35]은 다음과 같다.

- 감정 표현을 안 하고 참는 편이다.
- 내가 원하는 것을 표현하면 다른 사람들이 화를 내거나 싫어할 것 같다.
- 마음에 걸리거나 신경 쓰이는 일이라고 해도 "저는 상관없습니다." 혹은 "저는 신경 쓰지 마십시오." 같은 말을 자주 한다.
- 다른 사람이 화를 내는 것이 싫어서 조용히 있고 평지풍파를 일으키지 않는다.
- 달라 보이기 싫어서 다른 사람의 의견에 따르는 일이 많다.

이와 같이 수동적이고 의존적인 유형의 사람들은 문제를 해결하고 의사결정을 하는 과정에서 자기가 무엇을 느끼고 무엇을 원하는지가 별로 중요하지 않다. 오직 상대방에 맞춰서 문제를 정의하기 때문이다. 이들은 상대방이 자기 대신 결정을 하고 해결해주기를 바란다.

그러나 사람들은 대부분 제 앞가림하기도 바빠서 다른 사람의 문제에 대한 최선의 해결책이 무엇인지는 별 관심이 없고 알지도 못한다. 사실 대다수는 자기 일에서의 최선책이 무엇인지도 모른다. 그럼에도 수동적이고 의존적인 사람은 현재 당면한 문제에 대해서 상대방이 다른 의도나 복안을 가지고 있을 것이라고 여기고 자꾸만 눈치를 본다. 결국 자신감이 없어서 눈치를 보고, 눈치를 봐서 더 자신감이 없어지는 악순환이 거듭된다. 일단 이 악순환의 고리에 들어서면 개인은 더 소심하고 더 의존적으로 변해서 눈치를 더 많이 볼 수밖에 없다.

수동의존형인 사람은 일상생활에서 부딪히는 사소한 일에도 눈치를 살펴야 해서 남들보다 하루하루가 고되고 지친다. 별일이 없어도 이미 지친 상태이기 때문에 조금이라도 큰일이 생기면 다른 사람들보다 더 많은 스트레스를 받는다. 이는 다른 사람에게는 자갈처럼 느껴지는 일이 자신에게는 바위처럼 느껴질 수도 있다는 의미다. 달리기에 비유하자면 1km만큼만 달리면 되는 일도 마치 마라톤 풀코스를 완주하는 것처럼 느낄 수도 있다. 결국 수동의존적인 눈치가 지배적이면 잠깐 동안은 갈등을 피할 수 있을지 몰라도, 장기적으로는 문제 해결 능력이 떨어지고 심리적인 힘이 부족하게 될 가능성이 높다.

7
변덕스러운 부모,
눈치만 보는 아이

부모가 아이를 어떻게 키우면 아이가 눈치를 가장 많이 볼까? 흔히 부모가 엄하면 아이가 눈치를 많이 볼 것이라고 생각하지만 사실 그렇지 않다. 부모가 엄하더라도 일관성이 있다면 아이는 눈치를 살피기보다는 행동의 기준을 지키려고 애쓴다. 아이는 부모가 참을성이 없고 변덕스럽고 관용이 없을 때 부모의 눈치를 가장 많이 본다.

양육 씨는 아이를 당당하고 독립심이 강한 사람으로 키우고 싶었다. 양육 씨는 남들이 뭐라고 하든 자기의 아이는 눈치를 보지 않고 소신 있게 살아가는 사람이 되기를 바랐다. 그래서 양육 씨는 아이가 움츠리거나 자신감이 없는 모습을 보이면 버럭 화를 내거나 큰 소리로 야단을 쳤다.

양육 씨는 아이가 안쓰러워 보이면 때로는 부드럽게 대하려고 노력도 해봤지만, 얼마 지나지 않아 다시 아이를 꾸짖곤 했다. 이런 일이 되풀이되면서 양육 씨의 기대와는 반대로 아이가 점점 눈치를 많이 보는 것 같아서 고민에 빠졌다.

의존과 애착을 구별하기 어려운 어린아이들
▶

"그 사람한테 목매지 마." 한 사람만 죽기 살기로 바라보고 의지할 때 흔히 하는 말이다. 애정 때문이든, 증오 때문이든 타인에게 매달리면 자신의 기분은 상대방의 반응에 따라서 오락가락하게 된다. 예를 들어 자신의 만족감이나 감정과는 상관없이 상대가 기쁘면 자기도 기쁘고, 상대가 슬프면 자기도 슬퍼진다. 이런 행동을 반복하다 보면 타인을 자신의 기준으로 삼게 되어 매 순간 상대방의 눈치를 보느라고 스트레스가 쌓인다. 그럼에도 왜 의존적인 눈치를 보게 되는 것일까?

동물의 세계를 들여다보면 이 질문에 대한 답을 떠올릴 수 있다. 포식자에게 공격을 받은 어미가 필사적으로 도망칠 때 어미 등에 꼭 매달린 새끼는 산다. 하지만 어미 곁에서 떨어진 새끼는 잡아먹힌다. 야생의 세계에서는 새끼들이 위험한 순간에 살아남을 수 있을지 아닐지가 매달리기 능력으로 결정되는 셈이다. 그래서 야생동물에게 '매달리기'는 명백하게 의존하는 행동이다. 마치 다큐멘터리

속 한 장면 같지만 심리학자 존 보울비John Bowlby가 동물의 애착행동을 설명한 예다. 『애착』의 저자인 보울비는 현대 심리학에서 애착 이론의 기틀을 세웠다.[36]

매달리기뿐만 아니라 따라다니기도 동물이 보이는 애착행동의 전형적인 예 중 하나다. 예를 들어 어미 닭을 따라다니던 병아리가 위험에 맞닥뜨렸을 때 재빨리 어미 품 안으로 들어가지 못하면 병아리는 독수리의 먹잇감이 되고 만다. 즉 매달리기와 따라다니기는 포식자로부터 자신의 생명을 보호하기 위해 새끼가 어미 가까이에 있으려는 행동이다.

의존과 애착이 반드시 동의어는 아니지만,[37] 독립해서 살 수 없는 어린아이들은 의존과 애착을 구별하기가 어렵다. 심리학자 해리 할로Harry Harlow는 '젖만 주는 철사 엄마 대 따뜻함만 주는 헝겊 엄마 실험'에서 의존과 애착을 나누었지만, 이 실험은 상당히 인위적인 상황이었다. 그뿐만 아니라 이 실험의 대상이었던 원숭이들은 커갈수록 심각한 심리적 혼란을 보였다.[38] 인위적인 상황이 아니라면 어린아이들에게는 의존과 애착이 연속선상에 있어야 자연스럽다.

잘못된 눈치를 심어주는 불안정한 양육자
▶

어릴 때와 달리 사람은 나이가 들면 의존과 애착을 구별한다. 다만 의존과 애착을 잘 구별할 수 있는 능력은 안정적인 애착관계를 유지할 수 있는 사람에게 한정된다.[39] 나이 든 사람에게 의존은 신체적인 생명 유지에 초점이 맞춰지고, 애착은 심리적인 안정과 관계에 초점이 맞춰진다.

극단적인 예를 들어보면, 심장에 문제가 있어서 호흡하기 어려운 사람이 인공호흡기에 의존할 수는 있지만 인공호흡기에 애착을 갖지는 않는다. 인공호흡기에는 의존을 하고, 사랑하는 사람이나 가족에게는 애착을 갖는다. 안정적 애착유형은 이 2가지를 구별하는 데 별 어려움이 없기 때문에 불필요한 눈치를 보느라고 자신을 괴롭히지 않는다.

반면에 불안정하게 애착을 형성한 사람은 의존과 애착을 구별하는 데 계속 어려움을 겪는다. 이들은 애착과 의존을 따로 떼어서 생각할 수 없고, 일단 상대방에게 애착이 생기면 지나치게 의존한다. 만약 애착과 의존의 대상인 상대방이 자신을 떠난다면 자기의 인생이 완전히 끝날 것이라는 생각에 집착한다. 그 결과 이들은 이별, 상실, 거절에 대해서 지나치게 민감하고 취약하다. 한편 분리를 극도로 고통스러워해서 상대방에게 필사적으로 매달리는 행동을 되풀이하기도 한다.[40]

상대방이 떠나지 못하도록 잡아두기 위해 자신의 나약함을 과장하기도 하고, 상대가 자신을 거절할 것 같은 눈치만 보여도 절망에 빠져서 급격히 우울해하기도 한다. 혹은 상대방이 자신을 받아주지 않으면 지나치게 화를 내는 경우도 있다.

뒤섞인 의존과 애착의 중심에는 자신을 사라지게 하는 눈치라는 블랙홀이 있다. 상대방과 떨어지지 않기 위해 좋아도 눈치를 보고 화가 나도 눈치를 본다. 심지어는 자신이 무엇을 하며 살아가고 어떤 사람이 될지도 눈치를 봐서 결정한다. 이들은 눈치를 멈추거나 조절하기가 몹시 어렵기 때문에 눈치 때문에 심신에 골병이 든다.

이런 골병형 눈치는 왜 생기는 것일까? 이는 부모의 양육과 밀접한 관련이 있다. 골병형 눈치의 주요 원인은 부모와 아동 간의 불안정한 애착관계다. 특히 어머니의 애착유형과 아동의 애착유형은 70~80%가 일치한다고 알려져 있다. 세대 간에 불안정한 애착이 대물림되는 데는 어머니의 불안정한 애착이 강한 영향을 준다.[41] 〈표 7-1〉은 어머니와 아동 간에 애착유형이 연속적으로 나타남을 보여주는 연구 결과다.

그러나 최근에는 가족 각자의 사회적 활동이나 역할이 다양해져서 주요 양육자가 엄마가 아닐 수도 있다. 그러므로 〈표 7-1〉에서 말하는 엄마는 문자 그대로 '엄마'가 아니라, 아이를 많이 돌보는 주요 양육자의 대표적 인물로서 '엄마'라고 보는 것이 오늘날의 사회적 상황에 더 적합하다. 예를 들어 아빠가 전업주부 역할을 하는 집이라면 주 양육자는 아빠가 된다. 상황에 따라서 할머니 혹은 가족 중 다른 누군가가 주 양육자가 되고 엄마가 하위 양육자의 역할을 하는 경우도 있다. 누가 되었든 주 양육자가 불안정한 애착 상태에 있으면 아이도 불안정한 애착을 보일 가능성이 높다.

불안정한 애착 상태에 있는 양육자는 아이에게 변덕을 부리고 아이의 감정과 요구 등을 무시하는 경우가 많다. 때문에 올바른 발달을 방해하는 잘못된 눈치를 아이에게 길러준다. 주 양육자가 지나치게 눈치를 보는 아이에게 어떤 영향을 끼치는지 좀더 자세히 살펴보자.

표 7-1 :: 안정애착과 불안정애착의 연속성

엄마와 아이의 애착 상태		평가 방법
엄마가 안정 애착을 보임 ↓	엄마가 불안정한 애착을 보임 ↓	임신 당시 성인애착 면접
엄마가 아기에게 적절한 반응을 보임 ↓	엄마가 아기에게 반응이 없거나 비일관적으로 반응을 해줌 ↓	엄마와 영아에 대한 관찰
아기가 안정애착을 보임 ↓	아기가 불안정애착을 보임 ↓	낯선 상황 절차
도움이 필요할 때 엄마를 부르고 도구를 사용할 때 자신감을 보임 ↓	도움이 필요해도 도움을 요청하지 못하고 또래에게 적대적인 행동을 보임 ↓	어린이집과 유아원에서 관찰
놀이에 집중하고 사회적으로 탄력적임 ↓	행동을 통제하는 데 어려움을 겪거나 행동을 지나치게 통제함 ↓	직접 관찰과 낯선 상황 반복
자전적 기억에 일관성이 있으며 갈등을 해결할 수 있는 능력을 보임	열악한 자전적 기억과 열악한 자기인식	말로 표현되는 자전적 기술

• 출처 : 〈볼비의 애착이론〉[42]

첫째, 양육자의 변덕이 아이의 눈치에 미치는 영향은 다음과 같다. 양육자가 변덕을 부리면 아이는 양육자가 어떤 반응을 보일지 예상할 수가 없다. 같은 행동을 해도 어떤 때는 칭찬을 받고 어떤 때는 야단을 맞기 때문에 매번 양육자의 눈치를 살핀다. 따라서 아이는 행동의 원칙이나 판단의 기준을 익히는 대신, '언제나 눈치를 보라.'라는 메시지를 주입받는다.

자기기준이 있어야 타인의 반응에 따라서 일희일비하며 불안해하지 않는데, 언제나 눈치를 봐야 하는 아이들은 자기기준을 학습할 기회가 없다. 그나마 자기기준이 생겨서 그 기준에 따라 행동한다고 하더라도 상대방이 화를 내면 금방 쓸모없는 것이 되어버린다. 이렇게 되면 아동은 스스로를 존중하는 마음을 기르기 어렵고 계속해서 눈치를 보게 된다.

둘째, 아이의 감정과 요구를 무시하는 양육자의 행동이 아동의 눈치에 끼치는 영향은 다음과 같다. 아이는 양육자를 통해서 자신의 감정이나 요구를 표현하고 조절하는 법을 배우는데, 불안정한 양육자는 이 역할을 제대로 하지 못한다.

예를 들어 아이가 웃음을 익히는 과정을 살펴보자. 아이가 웃을 때 어른이 여기에 반응해서 같이 웃어주어야 아이는 자신의 웃음이 상황에 맞다는 사실을 배운다. 이것은 자신의 웃음이 타당하며 다른 사람들이 이를 수용해줄 수 있다는 것을 배우는 과정이다. 이런 경험이 쌓이면 아이는 기쁘거나 웃을 때 남의 눈치를 보지 않는다.

반대로 어른이 아이의 웃음을 무시하고 반응하지 않으면 아이는 웃을 상황이 아니라고 여긴다. 웃음에 아무도 반응해 주지 않는 경험이 쌓이면 아이는 자신의 웃음이 부적절하거나 잘못되었다고 여겨서 웃을 때 다른 사람들의 눈치를 살핀다. 슬픔과 분노 등의 감정에서도 마찬가지다. 적절한 반응을 얻지 못한 아이는 자신의 감정을 믿지 못해서 눈치만 살필 뿐, 감정을 어떻게 표현하고 어떻게 조절해야 하는지는 배우지 못한다.

눈치, 애착, 양육을 건강하게 유지하기

▶

 그런데 불안정한 양육자는 일관성이 중요하다는 사실을 안다고 해도 일관성을 보일 힘이 없다. 때문에 문제가 더욱 심각해진다. 아이는 양육자의 눈치를 보는데, 오히려 양육자는 역으로 아이의 눈치를 보는 경우가 많다. 불안정한 양육자일수록 아이가 자기를 싫어하거나 무시하는 것은 아닌지 아이의 눈치를 보고, 아이가 자신의 단점을 닮는 것은 아닌지 걱정하면서 아이의 눈치를 보기도 한다. 그럼에도 정작 아이에게 필요한 보살핌이나 피드백은 주지 못한다.

 예를 들어 불안정한 양육자는 아이가 즐겁게 놀 때는 잔소리를 하다가도, 아이가 우울해지거나 기가 죽어 있으면 아이의 감정을 무시하거나 "아무 문제도 없는데 왜 그러느냐?"라며 오히려 소리를 지르고 야단을 친다. 그러나 아이가 안정적으로 성장하려면 아이가 잘 놀고 있을 때는 지켜보고 힘이 들 때는 도와주어야 한다. 아이와 부모, 아이와 세상 간에 신뢰가 쌓여야 아이의 자기존중감도 생긴다. 그러므로 불안정한 양육자가 아이를 대하는 행동은 아이가 필요한 것과는 반대인 셈이다. 결국 불안정한 양육자의 행동은 일관성, 참을성, 관용이 모두 부족한데, 이 사실을 깨닫고 고치지 못하면 이러한 양육 패턴은 대물림된다.

 그렇다면 왜 불안정한 양육자는 아이의 눈치를 살피면서도 적절한 반응을 못하는 걸까? 그 이유는 불안정한 양육자가 부정적인 감정과 상실을 어떻게 처리해야 할지 모르기 때문이다. 불안정한 양육자가 정말로 모르는 것은 양육에 앞서 바로 자기 자신이다. 자기가 모르는 것을 가르치기는 어렵다. 이런 양육자는 아이의 고민에 대처하지 못하기 때문에 아이가 적응을 못하거나 문제를 일으키면 당황해서 어쩔 줄을 모른다. 즉 여태껏 자신의 고민을 처리하거나 대처할 수 없었기 때문에 자녀의 고통이나 분노에 대해서도 제대로 대처하지 못하는 일이 계속 반복되는 것이다.[43]

양육자가 자기 상태를 깨우치지 못하면, 눈치만 살피던 아이는 양육자를 기쁘게 해주려고 기꺼이 역할 바꾸기를 시도하기도 한다. 아직 어린 자녀가 양육자를 심리적으로 돌보며 보호자의 역할을 하는 역할 역전이 일어나는 것이다.

얼핏 보면 이런 아이들은 또래들이 생각지도 못할 어른스러운 행동을 하는 것처럼 보인다. 예를 들어 준비물과 숙제 챙기기에도 바쁠 초등학교 저학년 아동이 혼자서 자기 일을 알아서 하고, 엄마의 식사나 건강까지 챙긴다. 부모는 무슨 일이 일어나고 있는지도 모르고 아이를 대견하게 생각한다. 그러나 나이에 맞지 않는 성숙한 행동은 기특한 일이 아니라 무엇이 잘못되었는지 생각해보라는 신호인 경우가 많다.

이는 아이의 눈높이에 맞춘 행동이 아니라 성인 양육자의 필요에 맞춘 행동이므로 아이가 깜짝 놀랄 정도로 어른스러워 보일 수밖에 없지만, 아이의 눈치에서 비롯되는 가짜 성숙은 바람직하지 않다. 몇 년간은 기특해보일지 몰라도 아이가 나중에 '자기 찾기'를 시작하면 그동안 못했던 아이 노릇을 한꺼번에 몰아서 하려고 한다. 때문에 의젓해 보이던 자녀가 어느 날 갑자기 지나치게 반항을 하거나 문제 행동을 보이는 경우가 생긴다.

눈치, 애착, 양육 이 3가지는 모두 태생이 독주용이 아니라 앙상블이나 협주용으로 고안된 행동들이다. 서로가 피드백을 주고받으면서 배려하고 반응하고 조율할 수 있어야 제대로 기능할 수 있다는 의미다. 이 3가지를 건강하게 유지하려면 상당한 노력이 필요하다. 하지만 자신의 심리적 건강이 다음 세대까지 전달된다는 사실을 깨닫는다면 노력할 가치는 충분할 것이다.

8
트라우마는 눈치에도 치명상

눈치가 제 기능을 못하고 혼란에 빠지는 최악의 상황은 언제 발생할까? 가장 혼란스러운 눈치는 트라우마에서 비롯된다. 특히 자신이 전혀 통제할 수 없는 외상 사건의 가해자가 가족인 경우에는 사건을 숨기려 할 뿐만 아니라 사건이 반복되면서 생존자를 이중 삼중의 고통에 빠뜨린다. 생존자의 눈치는 과민함이나 멍함, 눈치의 오작동과 혼란, 눈치의 단절 등이 특징이다.

우마 씨는 몇 달 전에 운전을 하다가 사고가 났다. 사고로 차체가 찌그러져서 차에 갇히는 바람에 절단기로 차를 자르고 나서야 구출될 수 있었다. 뼈가 여러 군데 골절되어서 수술을 받았다. 점차 몸은 회복되고 있지만 사고 당시의 기억이 수시로 생생하게 떠올라서 불안한 마음이 가라앉지 않았다.

　설상가상으로 사고가 났을 때 피를 흘리며 차에 갇혀 있었던 기억이 떠오를 때마다 어릴 적 아버지에게 심하게 맞고 캄캄한 방에 몇 시간씩 혼자 갇혀 있던 기억이 떠올라서 더욱 고통을 겪었다. 세월이 흘러 잊은 줄 알았는데 그렇지 않았다. 이제 우마 씨는 치매에 걸려 옛일을 기억하지 못하는 아버지를 바라보며 한숨짓고 있다.

예측가능성과 통제가능성
▶

양육자가 변덕스러우면 아이는 눈치를 많이 보는 사람으로 자라기 쉽다. 양육자의 변덕 때문에 예측가능성predictability이 낮아져서 아이가 원칙을 학습하지 못하고 자신의 생각과 행동을 스스로 존중하지 못하기 때문이다. 떼를 쓰거나 관심을 끄는 행동 등을 통해서 아이가 상황을 가끔 통제할 수는 있지만, 상호작용이 매우 불규칙해서 아이의 행동에는 일관성이 없다.

　아이가 통제가능성controllability까지 잃어버리면 아이의 성장 환경은 최악의 조건에 놓인다. 통제가능성이 자기 안에 있는지 혹은 밖에 있는지를 판단하는 것을 통제 소재locus of control[44]라고 한다. 아이가 상황을 통제할 수 있는 가능성을 완전히 잃어버리면 자신을 조종할 수 있는 통제 소재가 전적으로 자기 밖에 있다고 여긴다. 그 결과 아이는 자신의 신체뿐만 아니라 행위도 타인의 지배하에 있다고 느끼게 되고, 가장 무기력하고 비참한 눈치를 내면화한다.

애착외상과 복합성 트라우마

▶

이와 같이 극단적인 통제가능성 상실은 생명을 위협하는 사고, 자연재해, 전쟁 등과 같은 극단적인 경험을 한 후에 생긴다. 이런 일을 겪고 살아남은 트라우마 생존자들은 예측가능성과 통제가능성을 모두 상실한 듯한 태도를 흔히 보인다.

그런데 트라우마는 가정에서도 생길 수 있다. 부모가 아이를 전혀 돌보지 않거나 학대하고 폭력을 사용하거나 혹은 성폭행을 하는 등의 상황에서 트라우마가 생길 수 있다. 이처럼 가족 내에서 아이들이 겪는 트라우마를 '애착외상'이라고 한다. 그리고 가족 내에서 이런 일은 한 번으로 끝나는 것이 아니라 여러 번 반복된다. 때문에 애착외상은 대개 복합성 트라우마complex trauma에 속한다. 대부분의 애착외상 생존자는 감당할 수 없는 상처에 갇혀서 혼란스러우며 자기파괴적인 눈치를 본다.

안전기지가 무너지면 눈치도 무너진다

▶

트라우마와 애착행동의 관계는 무엇일까? 모든 포유류는 트라우마로 인해서 다치거나 두려움을 느낄 때 애착반응이 강해진다. 왜냐하면 부상당하면 치료가 필요하고, 공포가 엄습하면 안전하다는 확인이 필요하기 때문이다. 그래서 애착관계는 안전과 회복의 장소다. 이는 외부의 공격에 대해 집단적으로 대처해서 생존 가능성을 높이려는 자연스러운 반응이기도 하다. 만약 부상당해서 몸을 가눌 수 없을 때 돌봐줄 타인이 없다면 인간은 극소수만 생존했거나 혹은 이미 전멸했을지도 모를 일이다.

즉 애착관계는 외상을 입은 생존자가 마음 놓고 쉬고 회복할 수 있는 피난처와 안전기지[45] 역할을 한다. 힘들고 외롭고 지쳤을 때 가장 먼저 떠오르는 얼굴이 주요 애착 인물일 가능성이 높다. 예를 들어 집을 떠나서 혼자 생활하는 사람들은 몸이 아플 때 가족이 가장 보고 싶다고 하는데, 이것은 괜한 엄살이 아니라 개인의 건강과 적응을 높이려는 자연스러운 애착행동이다.

그런데 험한 세상에서 안전기지 역할을 해야 할 애착대상이 자신에게 트라우마를 입힌 사람이라면 어떻게 될까? 안전하다고 믿었던 관계가 위험으로 바뀌게 되므로 트라우마를 입은 사람에게는 아무것도 신뢰할 수 없는 혼란만 남는다. 이와 같이 애착대상이 외상을 일으키는 폭력과 학대의 주범일 때 애착외상[46]이 생긴다. 대개는 주범이 가족 중에 있다. 이 경우 생존자에게 가장 받아들이기 힘든 트라우마를 남긴다.

애착외상을 입으면 애착관계는 심한 혼란에 빠진다. 『트라우마의 치유』의 저자 심리학자 존 알렌Jon G. Allen 박사에 따르면 '혼란애착'은 애착대상과 관계를 맺는 안전한 책략이 부재하는 상태로 해결책이 없는 공포를 낳는다.[47] '애착과 트라우마'처럼 모순된 것이 공존하면 딜레마가 생긴다. 즉 함께 있을 수 없는 것이 한 인물에서 포개지면 극단적이고 혼란스러운 심리적 갈등에 빠진다는 의미다. 이렇게 되면 애착관계에서 생기고 자라는 눈치 역시 극단적인 혼란을 일으켜서 과부하와 오류를 반복하게 된다.

눈치 기제는 타고나는 것이지만 어떤 눈치를 보며 살 것인지는 살아가면서 결정된다. 아이들은 자신의 감정, 인식, 행동이 적당한지를 애착이라는 거울을 통해 비춰본다. 예를 들어 자신이 울고 있을 때 애착대상도 슬퍼해주면 자신의 감정이 옳다고 여기고, 자기 행동을 애착대상이 격려하면 자기 행동이 올바르다고 여긴다. 그러므로 아이들은 애착대상의 반응을 보면서 자신의 반응을 표현하거나 감추기도 하고, 지속하거나 멈추기도 한다.

다른 심리적 작용과 마찬가지로 눈치라는 심리적 기제도 애착관계에서 부화한다.[48] 양육자가 잘 품어주고 적절하게 반응해야 타고난 눈치 기제도 건강하게 움트고 자란다. 그러나 폭력과 학대 때문에 애착관계가 극도의 혼란에 빠지면 모든 심리적 기준점은 사라지고, 눈치의 기준점 또한 사라진다. 이렇게 되면 유용한 눈치를 배울 수 없을 뿐만 아니라 눈치를 조절하는 능력도 익히지 못한다. 결국 애착외상은 혼란에 빠진 눈치만 남긴다.

이런 사람들은 외상과 관련된 것이라면 사소한 일에도 소스라치게 놀라거나 반대로 멍하게 아무것도 알아채지 못하기도 한다. 예를 들어 누군가 큰 소리만 내도 깜짝 놀라서 정신없이 눈치를 보거나 상대방의 친절한 행동에도 숨겨진 의도를 의심하면서 눈치를 살핀다. 의례적인 눈인사를 보고도 비웃음이라는 공격 신호로 여기고 방어적으로 눈치를 살피기도 한다. 혹은 위험이 닥쳤는데도 아무것도 느끼지 못하는 듯한 행동을 하기도 한다. 즉 눈치, 생각, 정서 등이 모두 제 기능을 못하는 것이다.

특히 애착외상 생존자는 가장 안전해야 할 상황에 있음에도 오히려 두려워하면서 계속 눈치를 살펴야 하는 처지에 있다. 집 안에서 언제 공격과 폭력이 다시 일어날지 모르므로 경계를 늦출 수 없기 때문이다. 또한 집 밖에서도 늘 긴장하게 된다. 가족 중 누군가가 외부에 사실이 알려지는 것을 꺼리거나 가족 내의 가해자가 다른 사람에게 진실을 알리지 못하게 협박을 해서 피해 사실을 들키지 않으려고 주변 사람들의 눈치를 보기 때문이다. 그러나 이러한 눈치는 문제 해결에 전혀 도움이 되지 않는다.

그뿐만 아니라 애착외상은 '위급한 도피'와 '최단 거리 근접'이라는 모순 반응이 동시에 활성화되는 상태이기 때문에 그 자체가 혼란이다. 불안은 높아지는데 도망갈 수 없고, 오히려 가해자에게 애착을 유지하며 매달려야 하니 심각한 스트레스가 누적될 수 밖에 없다.

애착외상 생존자가 경험하는 사고, 감정, 행동의 핵심은 '모순'이다. 애착대상, 사건 특징, 대처기제, 자기 자신이 모두 모순에 빠지기 때문이다. 이런 이유에서 애착외상은 자기감, 자기개념, 자기동일성 등을 심각하게 공격한다.

예를 들어 자기가 어떤 사람인지 모르겠다는 정체성의 혼란은 흔하게 나타나는 혼란 중 하나다. 의식이나 감정, 느낌 등의 일관성을 유지할 능력이 손상되어 해리 상태에 빠지는 경우도 흔하다. 심한 경우는 통합되지 못한 여러 개의 자아가 여러 개의 인격으로 나타나기도 한다. 이러한 다중인격은 소설과 영화에 자주 등장하지만 임상현장에서 확인하기는 어렵다.

애착외상은 아직 자기가 형성되지 않은 어린 나이에 경험할수록, 그리고 사건의 횟수가 증가할수록 모든 종류의 심리적 발달과 적응에 최악의 영향을 끼친다. 마찬가지로 눈치 기제에도 최악의 영향을 끼친다.

이전까지 다룬 주제들과 달리 애착외상의 치유에는 반드시 전문적인 도움과 개입이 필요하다. 이렇게 권하는 이유는 문제의 심각성 이외에도 애착외상이 있는 사람은 가족 내에서 문제를 다룰 수 있는 능력이 없는 경우가 많고, 또한 그대로 둘 경우에는 같은 사건이 반복되기 때문이다. 심지어는 식구들이 피해 사실을 숨기려고 하는 경우도 있어서 희생자의 고통은 이중, 삼중으로 커진다. 그러므로 가해자 외의 가족과 생존자는 믿을 만한 사람이나 전문가에게 도움을 청하는 등 외부에서 도움을 찾아야 할 필요가 있다.

Special Box
1

트라우마와 뇌, 그리고 눈치

    트라우마는 자가 면역체계나 회복 탄력성만으로는 건강을 되찾기 어려운 심각한 상처인 경우가 많다.

    '외상후스트레스장애'는 전쟁을 계기로 심리적인 이상 상태를 진단하는 체계로 채택될 수 있었다. '전투신경증'이라 불리던 외상후스트레스장애는 1·2차 세계대전과 베트남전쟁을 거치면서 비로소 실제 진단으로 채택되었다.[49]

    심리적 트라우마도 신체적 트라우마처럼 실재하는 것으로 인정받은 과정은 길고도 험했다. 사람이 감내할 수 없는 고통의 심각성을 비교하는 것은 무의미하지만, 가족 내에서 폭력과 학대가 반복되는 애착외상도 전쟁터에서 겪는 심리적 트라우마 못지않게 큰 충격을 준다고 알려져 있다.

    트라우마처럼 극심한 스트레스는 뇌 기능을 손상시켜서 심리적 기제나 신체적 기능을 손상시킨다. 각성 수준을 조절하지 못하게 되거나 신체 감각이 마비되는 등의 증상이 그 예다. 기억을 담당하는 해마의 활동이 위축되고, 언어적 표현을 담당

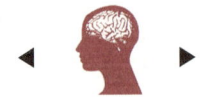

하는 브로카 영역의 활동은 줄어든다. 외상을 입는 순간에 뇌와 신체가 위급 상황에 대처하려고 비상 체제로 들어갔다가 정상 기능으로 돌아오지 못하게 되는 경우도 생긴다.

특히 현실에서 외상 사건이 여러 번 반복되는 애착외상의 경우는 기능이 복합적으로 손상된다. 뇌와 신체 기능 전체가 혼란에 빠져 있으므로 눈치를 담당하는 부위도 똑같이 손상될 수밖에 없다. 트라우마 이후로 과도하게 눈치를 보거나 눈치 때문에 혼란스러워 하는 등은 외상 증상의 일부다.

즉 애착외상의 경우는 눈치를 조절하거나 통제한다고 해결될 문제가 아니다. 눈치를 조절할 능력 자체가 손상된 상태다. 심리적 트라우마를 치료하는 데는 다양한 심리치료 방법들이 사용된다. 그러나 어느 경우든 생존자는 우선 눈치의 과잉이나 마비 혹은 혼란 등을 외상과 관련해서 자각할 수 있어야 한다.

9
내 안의 눈치
그림자를 받아들이기

눈치를 잘 보든 못 보든 간에 눈치를 많이 보는 사람은 평생 동안 눈치를 많이 볼까? 대개는 그렇지 않다. 그런데 눈치를 너무 많이 보거나 눈치를 너무 안 보는 행동 모두 건강한 것은 아니다. 왜냐하면 눈치의 2가지 양극 중에서 한쪽을 완전히 무시해 버리면, 무시당한 반대쪽 마음이 반격을 준비하기 때문이다. 그러므로 눈치를 건강하게 사용하려면 자신의 요구와 타인의 요구를 모두 수용하고 눈치 보기와 눈치 안 보기 사이에서 균형을 잡는 것이 중요하다.

순응 씨는 동네에서 알아줄 정도로 순하고 착한 사람이다. 누가 무슨 말을 하든 "네, 알겠습니다."라고 말하고, 누군가 부탁을 하면

쏜살같이 달려가서 도와주었다. 그다지 주민 수가 많지 않은 동네지만, 순응 씨를 안 좋게 말하는 사람이 한 명도 없을 정도로 순응 씨는 다른 사람들이 필요한 것이 무엇인지 재빨리 눈치채고 먼저 도와주었다. 그러나 이런 순응 씨가 동네에서 유명한 이유가 하나 더 있었다.

순응 씨는 평소에는 의견 한 번 말하는 법 없이 고분고분하지만 한 번 화가 나면 동네에서 당해낼 사람이 없었다. 덕분에 순응 씨는 화를 낼 때마다 평소에 남들에게 잘해줬던 공이 다 수포로 돌아가곤 했다. 순응 씨는 이런 일을 겪고나면 늘 더 조심해야겠다고 다짐하고 더 열심히 주변 사람들의 눈치를 보는데도, 이상하게도 가끔씩 자기 조절이 되지 않았다. 순응 씨가 영화 속 괴물인 '헐크'를 좋아하기는 하지만, 자신에게도 헐크와 같은 행동이 나타나는 것은 반갑지 않아서 고민에 빠졌다.

눈치를 많이 보는데도 눈치를 못 보는 사람
▶

순응 씨처럼 눈치를 많이 보는 사람 중에는 눈치를 잘 보는 사람도 있고 눈치를 못 보는 사람도 있다. 눈치를 많이 보는 사람에도 여러 유형이 있다는 의미다.

우선 눈치를 많이 보면서 눈치를 잘 보는 사람은 판단과 행동이 빠르고 문제에 대한 대처와 해결이 적절하기 때문에 사회성 지능이 높아 보인다. 갈등이 있거나 난처한 상황에 처해도 원만하게 해결하고 다양한 사람들과 두루 친해 보이는 특징이 있다. 이런 사람들은 속을 모르겠다거나 무서운 사람이라는 평가를 받기도 하지만, 원칙과 일관성만 유지할 수 있다면 직장에 오래 남아 있는 경우가 많다.

이와 달리 눈치를 많이 보는데도 불구하고 눈치를 못 보는 사람이 있다. 이들은 대개 다른 사람의 반응이나 태도를 열심히 살피는데도 정작 말과 행동이 어설프고 엉뚱할 때가 많다.

예를 들어 회식 장소를 찾기 위해 열심히 검색하고 수소문해서 싸고 맛있는 고깃집을 찾았는데 정작 과장님이 채식을 즐긴다든지, 혹은 프레젠테이션 준비를 많이 했는데도 긴장을 해서 질문을 잘못 이해하고 엉뚱한 대답을 했다든지 하는 경우가 여기에 속한다. 자기는 열심히 눈치를 보고 잘해보려 노력하는데도 상황에 맞지 않는 행동을 하고 분위기를 깨뜨리는 말을 되풀이하면 당사자는 억울해진다.

이런 일이 반복되면 일을 할 때마다 자신이 없어서 머뭇거린다. 사람들과 잘 어울리지 못해서 친해지기도 어렵다. 그러다 보면 차라리 혼자서 일하는 게 낫겠다는 생각이 들어서 능력에 관계 없이 직장을 그만두는 일도 벌어진다.

그런데 눈치를 보는 정도나 눈치를 보는 유형은 평생 동안 변하지 않는 것일까? 눈치를 많이 보는 사람은 미래에도 계속 눈치를 많이 볼까?

눈치를 많이 보는 사람의 청개구리 심리

▶

얼핏 보기에 눈치를 잘 보면서 눈치를 많이 보는 사람은 눈치를 부리는 사람처럼 보이고, 눈치를 많이 보면서 눈치를 못 보는 사람은 눈치에 끌려다니는 사람처럼 보일 것이다. 그래서 대개는 눈치를 잘 보는 사람은 그냥 살면 될 것 같고, 눈치를 못 보는 사람은 변해야 한다고 여긴다.

그러나 당장에 눈앞에 보이는 행동만으로 마음의 작용을 판단하는 것은 위험하다. 마음은 비록 겉으로는 드러나지 않더라도 한쪽으로 쏠리면 반작용을 준비하기 때문이다. 마음은 보이는 것의 반대쪽도 품고 있다. 예를 들어 아무리 한 방향으로 가도록 몰아붙여도 반대편을 기웃거리거나 방향을 바꾸기도 하는 것이 마음이다. 무작정 누르려고 할수록 튀어 오르는 마음의 작동 방식을 가리켜 '심리적 억제의 역설'이라고 한다.

예를 들어 다이어트를 한다고 굶으면 음식에 대한 생각이 강박적으로 떠오른다. 성적 욕구 자체를 부도덕하다고 여기고 억압하면 오히려 성적 공상이 기승을 부릴 수도 있다. 욕구뿐만 아니라 생활에서 별 의미가 없는 중립적인 자극이나 생각도 억제의 역설을 보인다.

심리학자 대니엘 웨그너Daniel M. Wegner가 했던 실험을 살펴보자. 웨그너는 실험 참가자를 두 집단으로 나눈 후 한쪽 집단에는 백곰에 대해 아무런 말을 하지 않고, 다른 한쪽 집단에는 백곰에 대해 생각하지 말라는 지시를 했다. 이 지시만 제외하면 두 집단은 동일한 절차의 실험 과제를 수행했다. 실험 결과 백곰을 생각하지 말라고 지시했던 집단이 백곰에 대해서 더 많이 생각하는 역설적인 결과를 보였다.[50]

이것이 억압과 봉쇄의 역효과다. 눈치도 마찬가지다. 눈치를 잘 보든 못 보든 눈치를 많이 보면 언젠가는 그 반대쪽이 궁금해진다. 그래서 눈치를 많이 보는 사람의 마음속에는 눈치를 안 보고 싶어 하는 청개구리가 잠들어 있다.

융이 말하는 그림자, 그리고 눈치
▶

마음속에 잠들어 있는 여러 종류의 청개구리들을 다양한 차원의 양극으로 가정하고 개인과 집단, 인류의 심성에 대해서 연구한 대표적인 심리학자는 칼 융$^{\text{Carl Gustav Jung}}$이다. 융은 겉모습과 달리 마음속에 숨어 있는 여러 개의 대극쌍對極雙을 그림자라고 했다.[51] 융이 말하는 그림자는 다음과 같은 특성이 있다.

그림자는 인식에서 배제되어 있는 의식과 자아 상태에 대한 일종의 비유다.[52] 예를 들어 '그림자 없는 사람'은 자신이 원하는 모습만을 취하려는 인간 유형이다.[53] 그림자가 없어진 사람은 입체적인 인물이 아닌 평면적인 인물이 되어버린다. 이러한 평면적인 인격을 가진 사람에게서는 깊이나 변화, 성장, 감동 등을 느낄 수 없으며 그 사람의 언행조차도 설득력이 없어 보인다.

가령 사회에 해악을 끼치는 폭군이나 전쟁광처럼 마음속에 오직 한쪽 특징만이 표면화된 극단적인 사람은 그림자가 없는 사람이다. 파괴와 전쟁 같은 부정적인 특성만이 아니라, 바람직한 특성만 나타내려는 사람도 그림자가 없는 사람이다. 예를 들어 유토피아적인 사회를 내세우고 바람직한 정신만을 강조하는 종교주의자나 사상가 혹은 지식인들도, 반대의 심성을 완전히 무시한다는 점에서는 모두가 그림자 없는 사람이기는 마찬가지다.

눈치도 마찬가지다. 눈치를 많이 봐야 한다는 생각에만 사로잡혀 있으면 눈치의 그림자가 사라진 사람이 되어버린다. 인간의 심성은 상반되는 양극 사이에서 균형을 잡아야 정상인데, 한쪽을 완전히 무시하고 없애려고만 하면 결핍이 생긴다. 이러한 결핍은 언젠가 보상을 요구할 수도 있고 결함을 낳을 수도 있다. 눈치 역시 한 가지만 인정하고 극단으로 치우칠수록 숨겨진 반대편의 욕구가 강렬해지며, 억눌린 눈치 그림자는 결국 대가를 요구하게 된다.[54]

남 눈치 보기와 페르조나
▶

눈치에도 발달 단계가 있다. 낮은 발달 단계인 미숙한 눈치는 다른 사람들이 요구하고 원하는 대로 무조건 자신을 맞추는 태도로 나타난다. 이런 역할을 알아채는 눈치는 대개 타인과 사회의 요구에 응하는 페르조나[55]가 형성되도록 돕는다. 그래서 자각 없이 눈치만 많이 보는 사람은 여러 개의 페르조나가 있을 수는 있어도, 페르조나 이외의 자기를 인식하기 어렵다.

눈치를 잘 보든 못 보든, 눈치만 많이 보는 것은 자기와 페르조나를 동일시하는 지름길이다. 페르조나와 자신을 동일시하면 할수록 자기self는 사회의 요구라는 명목으로 수없이 분화되고 다양한 역할로만 체계화될 뿐 진짜 자기와는 점점 멀어진다.[56]

눈치와 마찬가지로 눈치의 그림자도 발달과 성숙의 단계가 있다. 페르조나에만 봉사하는 미성숙한 눈치의 과잉은 눈치의 유아적 그림자를 부풀린다. 미숙한 눈치발로 만들어진 자기는 외부에 준거한 것이다. 이렇게 만들어진 나는 다른 사람이 요구하는 대로 변한다. 또한 다른 사람이 더이상 아무것도 요구하지 않으면 나도 사라져 버린다. 이런 식으로 눈치를 많이 보는 사람의 유아적 그림자는 현실에서 겉으로 드러나는 모습과는 정반대의 모습을 꿈꾼다. 그래서 눈치를 많이 보는 사람의 그림자는 오히려 눈치를 전혀 안 보고 마음대로 살고 싶어한다.

좀더 현실적으로 보면 "답답하다. 지겹다. 벗어나고 싶다. 홀홀 떠나고 싶다." 등의 표현은 대체로 눈치를 많이 보는 사람들이 스트레스를 받으면 쉽게 하는 말 가운데 하나다. 여기에 감정이 더해져서 마음속의 화가 바깥으로 향하면 이전에 눈치를 보았던 상대를 향해서 "제까짓 게 뭔데 그래! 꼴도 보기 싫어. 나는 자존심도 없는 줄 아나?" 같은 말이 튀어나온다. 좀더 나아가 뒤끝과 억울함까지 더해지면 "모든 것이 너 때문이니 가만두지 않겠다."와 같은 험악한 말을 한다. 그러다가 감정에 압도되고 행동을 통제하는 데 실패하면 마침내 "복수는 나의 것!"을 외치는데, 이쯤에 이르면 욱하고 분노에 찬 파괴적 행동을 보이기도 한다.

순한 사람이 화내면 더 무섭다

▶

고분고분하게 눈치를 많이 보던 사람이 폭발해서 공격적인 행동을 보이면 반전도 이런 반전이 없다. "순한 사람이 화를 내면 더 무섭다."라는 말은 이런 맥락에서 나온 것이다. 미성숙한 눈치의 유아적 그림자가 더 부풀어 오르면 다른 사람들을 꼼짝 못하게 하는 독재자 노릇을 하고 싶어한다.

예를 들어 앞서 6장에서 보았듯이 눈치를 많이 보는 사람의 성격 특징 중의 하나가 소심함인데, 융학파 분석가인 이부영 명예교수에 따르면 소심한 사람은 권력지향적인 그림자를 갖고 있다.[57] 즉 눈치를 많이 보는 사람의 그림자 속에는 자기에게 막강한 힘이 있어서 마음 내키는 대로 하고 다른 사람들이 자기 눈치를 보도록 하고 싶은 욕구가 웅크리고 있다는 의미다. 독재자나 불량배 두목, 사이비 교주는 눈치를 많이 보는 사람의 가장 미성숙한 그림자다.

반전이 재미있는 경우도 있다. 예를 들어 드라마의 반전은 극적 재미를 높이는 한 방이다. 그러나 현실에서 일어나는 감쪽 같은 반전은 재미가 아니라 곤란한 문제이며 공포심을 일으킨다. 우선 내가 무시하고 업신여기던 나를 만나야 하므로 스스로가 고역이다. 한편 주변 사람들은 안다고 생각했던 사람이 낯설어져서 당황스러워한다.

그럼에도 남들이 원하는 대로 바뀌는 자기가 아닌, 진짜 자기를 만나고자 하면 우선 자신이 평소에 잘 몰랐던 자기 그림자를 만나게 된다.[58] 그래서 '내가 눈치나 보며 살아야 하나?'라는 의문이 들

때 마음속에서 가장 먼저 들리는 소리가 '집어치워. 눈치 볼 필요 없어.'라는 속삭임이다. 그림자는 심리적 억제의 역설을 그대로 보여 준다.

눈치의 그림자를 인식하는 것은 자기를 아는 데 중요하다. 그러나 더 중요한 것은 미성숙한 눈치의 유아적 그림자를 어떻게 다루느냐 하는 것이다. 이를 어떻게 다루느냐에 따라서 눈치의 그림자가 펼치는 반전을 살피는 일은 흥미 있고 가치 있는 일이 된다.

내가 모르던 나의 그림자 돌보기
▶

내가 모르던 나의 그림자를 알아가는 과정을 '그림자의 통찰'[59]이라고 한다. 그림자의 통찰은 심리적 일방성을 제거하는 작업이지 우열이나 선악을 가리려는 것이 아니다. 마찬가지로 눈치의 그림자에 대한 통찰도 눈치 보기와 눈치 안 보기 중에서 어느 쪽이 나은지를 양자택일로 가리려는 것이 아니다.

그보다 눈치를 많이 보는 사람에게 중요한 것은 눈치를 보기 싫어하는 그림자가 자기 안에 있다는 것을 인식하고, 그 모습을 자기로 인정하고 통합하는 일이다. 빛과 그림자라는 양극이 있는 이유는 서로 싸워서 한쪽을 전멸시키기 위함이 아니라 보완하고 조율해 함께 공존하기 위함이다.

그러므로 눈치를 많이 보는 사람은 눈치를 안 보는 사람으로 돌변하려고 하기보다는 눈치 보기와 눈치 안 보기 간의 균형을 찾을 필요가 있다. 그러려면 우선 눈치를 안 보려는 자기가 무엇을 원하는지 계속 귀를 기울여야 한다.

눈치를 많이 보는 사람은 남의 요구에 귀를 기울이는 데만 익숙하다. 그래서 눈치를 많이 보아온 사람 속에 눌려 있던 눈치를 안 보는 그림자는 세상에 나와본 경험이 거의 없다. 즉 처음 마주하는 그림자는 유아와 같다는 의미다. 그러므로 세심하게 들여다보고 돌보아줘야 눈치를 안 보는 그림자가 성숙해진다.

눈치의 그림자가 성숙해져서 또렷이 인식 속에 자리 잡을수록 다른 사람의 눈치 살피기와 자기 그림자의 눈치 살피기를 조화롭게 통합할 가능성이 높아진다. 눈치의 부정적 얼굴이 피해와 굴종이라면 눈치의 긍정적 얼굴은 조화와 조율이다. 눈치 그림자를 건강하게 통찰하고 실현할 때 나의 요구와 타인의 요구 사이를 조화하고 조율할 수 있다.

눈치도 꿈이 있다

▶

일에만 몰두하는 사람의 그림자는 쉬고 싶어한다. 게으른 사람의 그림자는 성취하고 싶어한다. 의욕이 없는 사람의 그림자는 열망을 갖고 싶어한다. 사회적 성공을 추구하는 사람의 그림자는 내면의 탐구를 갈망한다. 그리고 눈치를 보면서 시키는 일만 하던 사람의 그림자는 자신이 꿈꾸던 일을 하고 싶어한다.

일뿐만 아니라 관계에서도 마찬가지다. 사랑만 쫓는 사람의 그림자는 무심해지고 싶어한다. 다른 사람과 동떨어져 있는 사람의 그림자는 어울리고 싶어한다. 남에게 의존적인 사람의 그림자는 독립을 바란다. 그리고 부모나 사회가 눈치를 주는 대로 얽매인 관계만 맺어온 사람의 그림자는 자유로운 관계를 소망한다. 그런데 이런 양극성 중 어느 한쪽만이 내가 아니라, 겉모습도 나고 그림자도 나다. 그래서 융의 다음과 같은 말은 삶의 반전에 대한 통찰을 준다.

"오늘날 우리의 물음은 더이상 '내가 어떻게 나의 그림자를 떨쳐 버릴 수 있는가.'에 있지 않다. 오히려 우리는 이렇게 물어야 한다. '그림자로 인한 불행한 사태가 생겨나지 않게 하면서 인간은 어떻게 그림자와 함께 살 수 있는가.'라고. 그림자를 인정하면 겸손해질 수 있는 토대가 마련되며 심지어 헤아릴 수 없는 인간 본질에 대한 두려움을 가질 수 있게 된다."[60]

눈치도 마찬가지다. 눈치를 많이 보는 것도 눈치를 안 보는 것도 어느 쪽이 더 잘나고 자랑할 일이 아니다. 혹은 못나고 창피할 일도 아니다. 우리 속에는 두 모습이 모두 있다. 두 모습을 인식하고 통합해야 우리는 비로소 나와 타인에 대해서 필요할 때는 눈치를 보고 필요 없을 때는 눈치를 거둘 수 있다. 눈치 멈추기나 눈치 보기 사이에서 융통성을 발휘하려면 겉모습과 그림자를 모두 수용할 수 있는 마음에서 출발해야 한다. 일방적인 눈치의 과잉이나 일방적인 눈치의 결핍이 초래하는 결과는 우리가 마땅히 겸손해야 할 만큼 파괴적이다. 어느 쪽이든 눈치가 일방적으로 작동하면 개인과 사회가 모두 대가를 치르게 된다. 그리고 무엇이 되었건 간에 마음에 관한 한 '강 건너 불구경'이란 있을 수 없다.

10

적응적 눈치와
부적응적 눈치의 특징

눈치 보기는 상황에 따라서 적응적인 행동이 되기도 하고 부적응적인 행동이 되기도 한다. 부적응적 눈치는 경험에 대해서 폐쇄적으로 반응하고, 변덕스러우며, 자신의 에너지를 고갈시키고, 지나치게 의존적이며, 균형이 깨져 있고, 타인을 이용하려는 특징이 있다. 반면에 건강한 눈치는 필요한 순간에 멈출 수 있고, 상황에 따라서 융통성 있게 조절할 수 있으며, 성숙한 과정을 밟는다는 특징이 있다.

지금까지 눈치를 보는 일반적인 이유와 개인적인 이유를 이야기했다. 1부를 마치기에 앞서 눈치 보기가 어떤 때는 정상적이고 어떤 때는 이상한지에 대해서 질문해보려고 한다. 우선 두 사람이 쓴 글을 보자. 글을 쓴 사람이 누구인지는 글을 다 읽고나서 확인하기를 바란다.

> **F 씨** 한 개인이 자신을 외부와 연결시킨 탯줄을 완전히 끊어버리지 못한다면 그에게는 바로 그만큼의 자유가 없다. 그러나 이 관계(외부와 연결된 탯줄)는 그에게 안정감과 소속감, 어디인가에 뿌리를 내리고 있다는 느낌을 갖게 해준다. 개체화의 과정에 의해 개인이 완전히 출현되기 이전에 존재하는 이와 같은 관계를 나는 '일차적 관계'라 이름 짓고자 한다. … 일단 개체화가 완전한 단계에 도달해 개인들이 이들 일차적 관계로부터 자유롭게 되면 새로운 과제, … 전前개인주의적 존재의 특징이었던 방식과는 다른 방식으로 안전을 찾는 새로운 과제에 직면하게 된다. … 일단 이 세상에 태어난 어린아이가 육체적으로 다시 모태 안으로 돌아갈 수 없는 것처럼 정신적으로도 개체화 과정을 역행할 수는 없다.[61]

> **L 씨** 무릇 누군가의 주장이 지지를 얻게 되면 전진을 촉구하게 되고 반대에 부딪히면 분발심을 촉구하게 된다. 그런데 낯선 이들 속에서 혼자 소리를 질렀는데도 아무런 반응이 없다면, 다시 말해 찬성도 반대도 하지 않는다면, 아득한 황야에 놓인 것처럼 어떻게 손을 써볼 수가 없다. 이는 얼마나 슬픈 일인가. 그리하여 내가 느낀 바를 적막이라 이름했다. 이 적막은 나날이 자라 큰 독사처럼 내 영혼을 칭칭 감았다. … 다만 나 자신의 적막만은 떨

처버리지 않으면 안 되었다. 내겐 너무도 고통스러웠기 때문이다. 그리하여 나는 온갖 방법을 써서 내 영혼을 마취시켰다. … 아직도 지난날 그 적막 어린 슬픔은 잊을 수가 없다. 그래서 어떤 때는 어쩔 수 없이 몇 마디 고함을 내지르게 된다.[62]

첫 번째 F씨는 에리히 프롬이고, 두 번째 L씨는 루쉰魯迅이다. 프롬이 독립과 개별화를 말한다면 루쉰은 고립과 외로움을 말한다. 그런데 두 사람의 글을 읽고 이런 질문이 떠오를 수도 있다.

"집단과 분리된 개인의 힘을 강조한 프롬은 독립적인 사람이고, 집단을 갈망한 루쉰은 의존적인 사람인가? 혹은 개인만 강조한 프롬은 이기적인 사람이고, 집단을 위해 고함이라도 질러보겠다는 루쉰은 이타적인 사람인가?"

이렇게 질문한다면 사람들은 웃으며 다음과 같이 대답할 것이다. "에이, 프롬하고 루쉰은 상황이 다르잖아요." 그렇다. 유태계 독일 출신으로 미국의 사회심리학자인 프롬과 중국인 루쉰의 생각을 한 개의 저울에 올려 경중을 달거나 혹은 하나의 차원에서 성숙이나 미숙을 재는 것은 우스꽝스러운 일이다(이 점에 대해서는 3장에서 다루었으니 참조하자).

눈치에 대한 평가도 이와 다를 바가 없다. 개인을 강조하는 분위기에서는 눈치를 보지 말라고 할 것이고, 집단을 강조하는 분위기에서는 눈치껏 하라고 할 것이다. 한편 집단이 개인의 의지를 말살하고자 하는 사회[63]에서는 문제를 해결하기 위해서 "자각 있는 사람이라면 눈치를 보지 말라."라고 할 것이며, 반대로 집단의 결속력이

와해되어 개인이 저마다의 자유만 주장하는 사회[64]에서는 문제를 해결하기 위해서 "자각 있는 사람이라면 눈치 좀 보라."라고 할 것이다.

부적응적 눈치의 7가지 특징
▶

그러므로 눈치 보기 자체만으로 적응이냐 부적응이냐를 말하는 것은 의미가 없다. 그것보다는 어떤 상황에서 어떻게 눈치를 사용하느냐가 중요하다. 눈치의 건강성은 맥락에서 나온다는 의미다. 그렇다고 하더라도 다음과 같은 눈치 보기는 어떤 경우든 부적응적인 면이 두드러진다.

첫째, 폐쇄적 눈치는 부적응적이다. 폐쇄적 눈치는 반응이 자동화되어서 더이상은 새로운 것을 전혀 받아들이지 않는 상태다. 변화를 무시하고 항상 같은 방식으로 반응하는 눈치는 이미 눈치가 아니다. 눈치는 원래 맥락에 따라서 다르게 반응하는 데 필요한 것이다. 그런데 원래의 성질을 잃고 특정 단서에 대해서 정해진 반응을 하도록 자동화된 눈치는 습관이나 반사에 불과하다. 이런 눈치는 융통성이 없고 외부나 내부의 변화를 전혀 반영하지 못한다. 당연히 오류가 많아지는데, 정작 이런 눈치가 몸에 배면 당사자는 습관적 눈치의 오류를 깨닫지 못한다(4장을 참조하자).

둘째, 변덕스러운 눈치는 부적응적이다. 일관성과 원칙이 없는 눈치는 자신의 인격을 손상시킬 뿐만 아니라 타인과의 관계도 손상시킨다. 융통성은 일정 범위 내에서 일관성을 지키는 것이다. 반면에 변덕은 종잡을 수 없이 오락가락하는 것이다. 변덕을 부리는 이상한 눈치를 따라다니면 눈치에 따라서 자신의 반응이 끝없이 변화하기 때문에 자기가 누군지를 아는 것이 불가능하다. 그러면 무엇보다도 자기개념을 갖거나 통합된 자기의 인격을 유지하기가 어렵다. 그뿐만 아니라 믿을 수 없는 사람이라는 인상을 주어서 주변 사람들과도 관계를 원만하게 유지할 수 없다. 기회와 상황에 따라 변덕스러운 눈치에 휘둘리면 제 꾀에 넘어가서 자기를 잃고 주변 사람들도 잃는다(5장을 참조하자).

셋째, 자기소진적 눈치는 부적응적이다. 눈치를 본다는 것은 일정 수준의 주의력과 긴장을 유지하는 것이다. 그런데 어떤 상황에서든 종일 눈치를 보고 있으면 긴장 때문에 피로해지고 지칠 수밖에 없다. 지속적으로 눈치를 보면 누가 뭐라고 하지 않아도 오래지 않아 자기 소진 상태에 빠진다. 자기 소진은 심리적 무력감으로 드러날 뿐만 아니라 신체적 증상으로 나타날 수도 있다. 특히 극심하게 스트레스를 받는데도 단지 피할 수 없기 때문에 계속 눈치를 봐야 하는 상황이라면 눈치 에너지가 과부화되고 눈치 기제에 혼란이 일어난다. 멈추는 방법을 모르면 눈치는 갈수록 무기력해지고 쓸모없어진다(8장에서 다루었으니 참조하자).

넷째, 자기부재의 눈치는 부적응적이다. 자기부재의 눈치는 대개 애착의 대상이 되는 특정 인물의 인정을 받기 위해서 그 사람의 눈치만 살피고 매달리는 경우다. 애착관계는 심리적 거울과 안전기지의 역할을 해서 눈치 보기에 중요한 영향을 끼친다. 애착이 불안정하면 애착대상의 행동거지만 바라보면서 눈치를 보게 된다. 애착대상을 즐겁게 해주려고 비위를 맞추기 위해 눈치를 보기도 하고, 애착대상을 화나게 하기 위해 눈치 본 것과는 반대로 행동하기도 한다. 그러면서도 자신의 감정이나 생각, 판단, 행동은 믿지 못한다. 자신의 존재나 가치 자체가 상대에게 의존하고 있는 상태다. 이렇듯 스스로를 존중할 틈이 없는 눈치는 자기파괴적이다(6장과 7장을 참조하자).

다섯째, 불균형한 눈치는 부적응적이다. 긍정적 눈치는 일과 관계를 두루 조율하기 위해 작동한다. 눈치가 조율해야 할 대상은 여러 가지일 수 있다. 그러나 건강한 눈치는 무엇보다도 나와 나 자신과의 관계를 조율할 수 있어야 한다. 눈치에서 맥락은 외부에만 있는 것이 아니라 자기 내부에도 있다. 겉으로는 똑같은 눈치 보기일지라도 자신의 요구나 감정, 개인적 의미 등을 깨닫고 보는 눈치와 그렇지 않은 눈치는 다르다. 자기를 알고 나서 자신과 타인 사이의 균형을 유지할 수 있으면 눈치 보기의 만족과 통제가능성이 달라진다. 나의 요구와 타인의 요구 간에 균형이 깨진 눈치는 언젠가 곤경에 빠진다(9장을 참조하자).

여섯째, 착취적 눈치는 부적응적이다. 권력과 서열이 서로 다른 사람 사이에서 눈치 보기가 일어날 때 착취적 눈치가 생기기 쉽다. 강하고 서열이 높은 사람이 개인적 욕망을 채우기 위해 약하고 서열이 낮은 사람에게 눈치를 줘서 이용하는 경우다. 혹은 타인을 목적 달성의 수단으로만 여겨서 눈치껏 속이고 피해를 주는 경우도 착취적 눈치에 해당한다. 착취하기 위해서 눈치를 이용하는 사람은 자기 자신의 만족 외에는 관심이 없다. 그러나 공감과 배려가 없는 자기중심적 눈치를 보다 보면 결국에는 자신과 똑같은 사람에게 굴종하게 된다. 아니, 남이 어찌하지 않아도 자신처럼 착취적 눈치를 보는 사람에게 당할지 모른다는 불안에서 빠져 나오지 못한다. 무자비한 눈치는 무자비한 세상을 돌려줄 뿐이다. 반대로 건강한 눈치는 친밀과 공존을 위한 것이다(2장과 3장을 참조하자).

일곱째, 집착적 눈치는 부적응적이다. 눈치 작동에서 집착은 2가지가 있다. 우선 특정 주제에 유난히 집착해서 눈치를 보는 경우다. 예를 들어 '나를 무시하지 않을까, 나를 배신하지 않을까.' 같은 생각에 집착하면 눈치에 불신과 의심이 깔린다. 또한 눈치로 해결이 안 될 일도 눈치로 해결하겠다고 방법에 집착하는 경우도 집착적 눈치에 해당한다. 그러나 세상에는 아무리 눈치를 봐도 알 수 없는 일이 있고, 눈치로는 결코 해결할 수 없는 일도 있다. 눈치를 보든 안 보든 피할 수 없는 일이라면 일어나고, 안 일어날 일이라면 일어나지 않는다.

1장에서 다루었듯이 원시인류가 동물을 사냥하고 식용식물을 골라 먹을 때 눈치는 생존에 매우 중요했다. 그러나 이미 사냥감이 사라진 텅 빈 동물 서식지나 식용식물이 다 떨어져버린 지역이라면 포기하고 다른 장소로 이동해야 생존할 수 있었다. 포기는 눈치만큼이나 오래된 원시인류의 유산이다. 포기할 줄 모르고 당치도 않은 꼬투리를 잡거나 사리에 맞지 않는 방법을 찾아 헤매는 눈치는 현실을 왜곡하는 망상이 되고 만다.

부적응적인 눈치의 7가지 유형
▶

눈치가 부적응적으로 작동하는지를 알아볼 수 있는 키워드는 7가지로 '폐쇄성, 변덕, 소진, 자기부재, 불균형, 착취, 집착'이다.

2부에서 다룰 눈치증후군은 이 7가지 부적응적 눈치가 지나치게 나타나는 사례들이다. 어떤 사람은 이 중에 한두 가지 특성을 보일 수도 있고, 어떤 사람은 여러 가지 특성을 복합적으로 보일 수도 있다. 또한 약한 특성을 보일 수도 있고 강한 특성을 보일 수도 있다.

읽다가 '나도 가끔 그런데.'라고 느낀다면 부적응적 눈치를 경계하도록 하자. 한편 '완전히 내 이야기네?'라고 느낀다면 부적응적인 눈치를 적응적인 눈치로 바꾸는 방법을 익히면 된다. 물론 눈치의 유형이나 특성을 바꾼다고 해서 문제가 다 해결되는 것은 아니다.

그러나 건강한 눈치 보기는 효율적으로 문제를 해결하거나 안정적인 대인관계를 맺는 출발점이다. 또한 눈치에 대한 건강한 점검은 자신에게 깨달음을 주는 피드백 정거장으로서 계속 필요하다. 신체적 건강을 위해 기초 체력이 필요한 것처럼, 건강한 눈치는 심리적 건강을 다지는 기본기라고 할 수 있다.

적응적 눈치의 특징
▶

지금까지 부적응적 눈치의 특성에 대해 살펴봤다. 그렇다면 적응적인 눈치의 특성은 무엇일까? 이 질문에 대한 답은 광범위한 데다 일

일이 말하기 어려운 세세한 부분이 많다. 그러므로 적응적 눈치의 상황별 가이드라인을 모두 제시한다는 것은 불가능하다. 대신 적응적 눈치의 일반적인 원칙 2가지를 살펴보자(이 2가지 원칙은 3장에서 다루었으니 참조하자).

첫째, 일을 하는 경우라면 눈치를 멈춰야 할 순간을 아는 것이 중요하다. 과제지향적인 상황에서 '눈치 멈춤 표지판'을 보지 못하면 지금 하고 있는 일의 결과가 무엇이고 목적이 무엇인지를 모르게 된다. 또한 일을 할 때 눈치만 보고 있으면 오류를 지적하지 못하며, 다른 새로운 방법이나 창의적인 아이디어를 일에 접목할 수도 없다. 결국 일을 하는 자신을 비롯해서 자신이 속해 있는 조직이 모두 발전과 변화를 외면한 채 쇠퇴하게 된다.

둘째, 관계를 유지하거나 발전시키려면 융통성을 발휘해서 눈치를 조절할 수 있어야 한다. 이러한 융통성은 상대의 감정과 필요 등에 민감해야 발휘될 수 있다. 건강한 민감성은 일방적인 관계에서는 발휘될 수 없으며 반드시 상대와의 상호작용을 통해서 생겨난다. 친하고 애정 어린 관계를 지속하고 싶다면 '일방통행 눈치' 혹은 '외통수 눈치' 표지판은 빨리 없애버리자. 자신의 기준에 따라서 엄격한 심판만 일삼는 눈치는 관계의 유지와 발전을 가로막을 수 있다. 냉엄한 판결을 했던 송나라의 정치가 판관 포청천도 부인의 눈치를 살필 때만큼은 이해와 관용이 우선이었을 것이다.

여기에 한 가지 덧붙이자면, 적응적인 눈치는 성숙의 과정을 밟는다. 눈치가 성숙해지면 지혜를 향해 나아간다는 사실을 명심하자(5장과 9장을 참고하자).

• • •

이제 우리는 2부로 들어갈 준비가 되었다. 그런데 지금쯤 이런 생각을 하는 독자가 있을지도 모르겠다. '눈치를 보는 이유를 알았고, 부적응적 눈치 유형을 알았고, 적응적 눈치가 뭔지도 알았으니 다 됐네.' 그러나 지금까지는 원론을 다루었으므로 이제는 이 지식을 실용으로 연결할 수 있어야 한다.

그런데 원론이나 원리에 대한 독서가 어떻게 실용으로 이어질 수 있을까? 여기에 대한 답은 인지심리학자 존 로버트 앤더슨John Robert Anderson의 설명으로 대신하겠다.[65] 앤더슨 교수에 따르면 전문적 기술 습득에는 3단계가 있다.

첫 번째 단계, 원론적 글이나 기초 서적을 읽으면 문제 해결 방법이 선언적 지식으로 코드화된다. 독서한 바가 문장과 말로 기억된다는 의미다. 이 단계에서는 내용을 기억할 수는 있어도 아주 낮은 수준의 응용도 일어나기 어렵다. 두 번째 단계, 선언적 지식을 절차적으로 묘사할 수 있어야 비로소 지식을 임무 수행에 이용할 수 있다. 세 번째 단계, 절차적 지식이 연속적인 정교한 체계로 통합되어야 비로소 복잡한 임무를 수행하는 데 지식을 이용할 수 있다.

세 번째 단계에 이르러야 실용지식을 제대로 활용할 수 있다. 실용 서적을 읽고 습득해서 실행하기란 생각보다 매우 어렵다. 독서의 목적에 따라 다르겠지만, 생활에 녹아든 지식을 얻고 싶다면 2부에서 다루는 사례와 3부에 있는 해결 방법을 읽어보도록 권한다. 눈치 보기에 대해 좀더 풍부한 실용지식을 얻을 수 있을 것이다.

2부

삶을 힘들게 하는
눈치증후군

11
다른 사람의
시선 때문에 보는 눈치

> 사람들과 어울리거나 대중 앞에서 말을 할 때 유난히 불안해하는 사람은 눈치를 많이 보기 때문일까? 흔히 그렇게 생각한다. 하지만 사회적 불안이 높은 사람은 자신의 불안을 줄이고 불안을 회피하는 데만 몰두하기 때문에 제대로 주변 상황을 살피거나 다른 사람의 눈치를 볼 여력이 없는 경우가 많다. 따라서 불안이 높아진 상황에서는 상대방의 실제 반응을 살필 눈치가 거의 정지된 상태이며 경험에 대한 개방성도 매우 낮다. 이런 이유로 사회불안증은 폐쇄적인 눈치에 속한다.

"다른 사람이 보고 있으니까 잘 안 되네."라고 말해본 경험이 있을 것이다. 혼자서는 곧잘 하던 일인데도 다른 사람이 옆에서 보고

표 11-1 :: 사회적 불안을 느끼는 3가지 상황 유형[1]

1. 공적인 수행 및 상호작용이 두렵다
- 청중 앞에서 말하거나 행동을 할 때 두렵다.
  예 : 발표불안, 면접불안, 연주불안, 공연불안 등

2. 사람들과의 비공식적인 대화 및 상호작용이 두렵다
- 다른 사람들과 편히 어울리지 못한다.
  예 : 모임에 참석하기 어렵다.
- 이성이나 높은 지위에 있는 사람 등 다른 사람과 이야기를 하기 어렵다.
  예 : 상대방에게 무슨 말을 해야 할지 몰라서 걱정이다.
  　　　대화 도중에 엉뚱한 말을 할 것 같다.
  　　　이야기할 때 무시당할 것 같다.
  　　　이야깃거리가 생각이 안 난다.
- 길에서 아는 사람을 만나면 긴장된다.
- 잘 모르는 사람에게 전화를 걸 때 긴장된다.

3. 다른 사람이 자신의 행동을 관찰한다고 여길 때 두렵다
- 다른 사람의 관심이나 시선이 두렵다.
  예 : 남들이 쳐다볼까 봐 걱정이다. 남들에게 이상해 보일까 봐 걱정이다.
  　　　눈에 띄는 행동을 할까 봐 걱정된다.
  　　　길을 갈 때 사람들이 나를 주시할까 봐 신경이 쓰인다.
  　　　사람들 앞에서 무얼 먹거나 마실 때 타인의 이목이 의식된다.
  　　　남 앞에서 글씨를 쓰기가 어렵다. 사람들이 많은 장소를 가로질러 가기 어렵다.
  　　　다른 사람이 나를 쳐다보면 거북하고 긴장된다.
  　　　다른 사람과 함께 있을 때 얼굴이 붉어진다.
  　　　버스나 전철 등에서 다른 사람과 마주 앉으면 긴장된다.
  　　　엘리베이터에서 다른 사람이 나를 쳐다보지 않을까 긴장된다.
  　　　잘 모르는 사람을 정면으로 쳐다보기 어렵다. 평소에 다른 사람과 시선을 마주치기 어렵다.
  　　　상점이나 자동차 등에서 거울 속에 비친 다른 사람의 모습을 똑바로 보기 힘들다.

있으면 어색하거나 제대로 되지 않을 때 하는 말이다. 예를 들어 매일 학생들을 가르치는 선생님이라도 여러 사람들 앞에서 공개 수업을 하려면 떨려서 말문이 막힐 수 있다. 또한 평소에는 별다른 생각 없이 말을 잘했는데, 방송카메라 앞에 서면 표정이 굳어지고 발음이 잘되지 않을 수도 있다.

다른 사람의 시선에 신경이 쓰여서 불안해 하는 증상을 사회적 불안social anxiety이라고 한다. 누구나 사회적 불안을 어느 정도 가지고 있지만, 불안해 하는 정도가 지나쳐서 일상생활이나 업무를 하는 데 방해가 되면 사회불안증이라고 부른다. 사회불안증은 불안장애 중에서 가장 흔하다.[2] 한편 사회적 불안은 잘못된 눈치와도 관련이 높다.

사회적 불안을 느끼는 3가지 상황 유형은 〈표 11-1〉과 같다. 자신에게 해당되는 내용이 있다면 이번 장을 주의 깊게 읽어보기를 권한다.

공식적인 상황에서 무언가를 해야 할 때 많은 사람들이 사회적 불안을 겪는다. 예를 들어 제아무리 배짱이 두둑한 사람이라고 해도 많은 사람들이 지켜보는 가운데 연설이나 강의를 하려면 편하지만은 않을 것이다. 그런데 많은 사람들 앞에 서면 보통 사람보다 긴장을 훨씬 심하게 해서 꼼짝달싹도 하지 못할 것 같은 사람도 있다. 다음 쪽에 나오는 30대 중반의 남성 S씨가 이런 경우였다.

발표불안이 있는 S씨의 사례

발표불안이 있는 S씨는 회사에서 인사이동이 있을 때마다 걱정이었다. 혹시 프레젠테이션을 많이 해야 하는 일을 맡으면 어쩌나 하는 두려움 때문이었다. 발표불안은 중학교 1학년 때부터 시작됐다.

학기 초에 선생님이 교과서에 실린 예문을 읽어보라고 했는데, 자기가 낭독하는 내용이 무엇인지 이해가 되지 않았고 목소리도 조그맣게 기어들었다. 더듬더듬 글을 읽고 나서 선생님의 질문에는 횡설수설 대답했다.

그러나 쉬는 시간에 다시 보니, 낭독했던 예문은 자신이 잘 알고 있는 쉬운 내용이었다. 쉬운 질문에도 대답하지 못한 자신의 모습이 다른 사람들에게 어떻게 보였을까 하는 데 생각이 미치자 S씨는 당황스럽고 걱정스러웠다. 틀림없이 한심하게 보였을 것 같았다. 중학교라는 새로운 환경과 낯선 친구들 속에서 놀림감이 될 것이라고 예상했다. 호르몬이 들끓고 있는 아이들이 자기처럼 만만해 보이는 녀석을 가만둘 리가 없을 것이라고 믿었다.

S씨는 놀림감이 되지 않기 위해서 비상경계 태세에 들어갔고, '우습게 보이면 끝장이다.'라는 생각을 매일 되새겼다. 우선 바보 같은 소리를 할까 봐 걱정이 되어서 말수를 줄였다. 또한 학교에 가면 고개를 숙이고 조용히 행동했고 남의 눈에 띄지 않는 것을 철칙으로 삼았다. 침묵이 금인 이유를 알게 되었고, 은닉이야말로 최고의 방어술이라는 것도 중학교 때 터득했다. 만약 더이상 숨을 수 없다면 언제라도 도망칠 수 있도록 준비를 했다.

중학교 시절 S씨는 자신은 적들의 공격을 피하는 생활의 달인이며, 집 안에 있는 자기 방이야말로 은둔자의 대나무 숲이라고 여겼다. 중학교 1학년 학기 초였던 그 해 3월을 잔인한 3월이었다고 해야 할지, 혹은 세상이 무섭다는 것을 깨달은 득도의 3월이었다고 해야 할지는 실은 좀 애매했다.

사춘기 시절 S씨는 질풍노도 대신 자신 속으로 은둔하고 침잠하는 생활을 택했고, 덕분에 학창 시절을 무사히 보냈다. '그러니 3월의 교훈은 잘된 일이었다.'라고 믿고 싶었지만, 사실은 점점 조짐이 좋지 않았다. S씨는 위험한 상황을 피하기 위해서 다른 사람들의 부정적 표현들을 세세하게 연구하기 시작했다. 시간이 흐르면서 S씨의 머리 속에는 타인의 언행과 표정, 미묘한 제스처 등에 포함된 부정적인 피드백을 기록한 방대한 비서秘書가 쌓여갔다.

날이 갈수록 S씨는 세상에 이토록 부정적인 표현이 많을 수 있다는 사실에 점점 더 놀랐다. 이런 세상에서 남들이 자신을 부정적으로 평가할 때 빨리 알아차리고 피하려면 눈치 보기를 게을리하면 안 될 것 같았다. S씨는 계속 눈치를 살펴야 봉변도 피하고 부정적 반응에 대한 지식도 늘어날 것이라고 믿었다.

그러나 얻는 것이 있으면 잃는 것도 있는 것이 세상의 이치다. S씨도 마찬가지였다. S씨는 부정적인 평가와 부정적인 표현에 대한 민감성과 남에게 빠지지 않는 눈치를 얻었지만, 대신 새로운 사람을 만나거나 낯선 상황에 도전할 기회는 잃었다. 결국 사람들을 많이 만나지 않고 남들 앞에서 말을 적게 해도 되는 일을 직업으로 택했다. 왜냐하면 남들 앞에서 말하거나 발표를 할 횟수가 적을수록 자신이 안전하다고 여겼기 때문이다. 물론 여자를 사귀는 일은 너무 긴장되어서 한사코 피했고, 모임, 파티, 회식과 같이 낯선 사람들이 많은 장소도 피했다.

  그런데 이상한 일이었다. 안전을 확보하기 위해서 포기한 것이 이렇게 많은데도 무서운 상황은 점점 많아질 뿐 사회적 불안은 줄어들지 않았다. 끊임없이 노력을 하는데도 자꾸만 궁지에 몰리곤 했다. 이건 모순 아니면 불공평한 일이 틀림없다는 생각이 들었다. 하지만 소심한 S씨는 자신에게 닥친 불공평한 상황에 대해서 대놓고 화를 내지도 못했다. 그렇다고 해서 사회를 떠나서 외딴곳에서 혼자 산다는 것은 엄두도 나지 않았다. 밤길에 S씨는 어둡고 거대한 촌락의 흔적인 도시를 내려다보며 쓸쓸히 되뇌었다. '이렇게 살다 니, 운도 지지리 없지….'

수줍음이 많은 P의 사례

P씨는 사회적 불안이 높은 30대 초반의 이혼녀였다. 어려서부터 수줍음을 많이 탔고 돌아다니는 것도 별로 좋아하지 않았다. 친한 사람 몇몇과는 잘 지냈지만 모르는 사람을 만나는 일은 늘 어려웠다.

  P씨는 어릴 때 낯선 사람을 보면 무서워서 울음을 터뜨리곤 했었다. 조금 자라서는 모르는 사람이 있으면 엄마 뒤에 숨어서 눈치부터 살폈고, 낯선 사람이 많은 곳으로 외출을 하는 것도 싫어했다. 학교에 다니기 시작하면서부터는 사람들이 보는 앞에서 몸을 움직여야 하는 스포츠는 신경이 쓰여서 몹시 싫어했지만, 혼자서 조용히 음악을 듣는 것은 좋아했다. P씨에게 음악은 두려운 세상에서 마음을 달랠 수 있는 안식처와 같았다.

그러나 P씨에게 음악적 소질이 있는 것을 안 어머니가 피아노를 배우게 하는 바람에 안식처는 악몽으로 변했다. 피아노 선생님에게 일대일로 레슨을 받는 것까지는 어찌어찌해 익숙해졌지만, 다른 사람 앞에서 연주를 하는 것은 참을 수 없었다. 피아노 콩쿠르와 연주회에 나가면 몸이 뻣뻣해지면서 손가락이 굳는 것 같았고 머릿속은 하얗게 변해서 암기한 악보가 잘 떠오르지 않는 경험을 여러 번 되풀이했다. P씨는 여전히 음악을 좋아하지만 남들 앞에서 연주를 하는 것은 상상만 해도 두려운 상태다.

연주회가 문제가 아니라, 남들이 자신을 쳐다보기만 해도 몸이 얼어붙는 것 같았다. 그래서 남의 눈에 띄지 않는 것이 P씨의 목표였다. 평범한 옷만 골라 입고, 헤어스타일과 외모는 무난해 보이도록 신경을 썼다. 모르는 사람과 마주 보고 있으면 얼굴이 달아오르고 가슴이 뛰고 진땀이 나서, 대화는 피치 못할 용건만 간단하게 주고받거나 피할 수 있는 한 피했다. 남과 눈을 마주치는 것은 고사하고 전화를 할 때도 해야 할 말을 미리 메모해놓고 통화하지 않으면 말을 더듬었다.

그런 자신이 남들에게 어떻게 보일지를 생각하면 더욱 난감했다. 그래서 P씨는 외출을 하면 남이 자신을 쳐다보지 않는지, 자신이 이상한 행동을 하는 건 아닌지 걱정하면서 주변의 눈치를 살피기에 바빴다.

그런데 그녀의 전남편은 조용하고 조심스러운 P씨를 보고 한눈에 반했다며 구혼을 했다. 대학을 졸업하자마자 자신의 단점을 매력이라고 우기는 남편과 서둘러 결혼한 이유는 사회생활에 자신이 없어서였다.

　사업을 하는 남편은 P씨와 성격이 정반대라서 외향적이고 활달하며 사람 만나기를 좋아했다. 남편은 모임에 나갈 일이 잦았고 모임에 갈 때 P와 동반하기를 원했다. 남편이 외출을 하자고 하거나, 손님을 데려오면 P씨는 불안하고 가슴이 터질 듯이 두려웠다. 남편은 P씨가 수줍고 조용해서 좋다더니 사람들을 피하는 그녀를 날이 갈수록 점점 이해하지 못했다.

　오해는 짧았고, P씨의 봄날도 짧았다. 남편은 처음에는 P씨의 행동을 답답해하는 눈치더니 시간이 흐르자 P씨에게 화를 내면서 윽박지르곤 했다. 겁 많고 소심한 P씨는 점점 과격해지는 남편이 무서웠고, 함께 있는 것이 불안해서 결국 남편과 헤어졌다. 그래도 어찌되었든 음악은 그녀에게 여전히 안식처였다.

　P씨는 친구가 운영하는 피아노 학원에서 학생들을 가르치면서 경제적인 문제를 해결할 수 있었다. 일대일 레슨까지가 그녀가 할 수 있는 사회적 활동의 한계였다. 그러나 입시를 준비하는 학생을 대상으로 한 피아노 학원은 늦게 끝나는 것이 단점이었다. 일을 마치고 혼자 걷는 밤길은 안 그래도 무서운데, 집 근처에 어떤 남자가 어둠 속에서 혼자 서 있는 모습이 눈에 들어왔다. 어두워서 그 남자가 무엇을 하고 있는지는 보이지 않았지만 혹시라도 자신을 보고 있으면 어쩌나 하는 생각이 들자 불안해지고 발걸음이 꼬이기 시작했다. '이렇게 살다니, 운도 지지리 없지….' P씨는 어둠 속에서 혼자 생각에 골몰해 있는 S씨의 그림자를 보며 되뇌었다.

사회적 불안이 높은 사람의 눈치 특징

▶

S씨와 P씨의 머리글자 S와 P는 사회공포증social phobia의 첫 글자에서 따왔다. 두 사람은 자신이 바로 위험한 타인이라는 사실을 알지 못한다. 혹시 영화라면 비슷한 고민을 하는 두 사람이 어둠 속에서 우연히 만나 우여곡절 끝에 사랑에 빠질지도 모른다. 그러나 현실에서는 두 사람이 우연히 만나서 사귈 확률은 매우 낮다. 그 이유는 다음과 같다.

사람들은 보통 자신과 비슷한 사람에게 호감을 느낀다고 알려져 있다.[3] 그러나 사회적 불안이 높은 사람은 자기와 비슷한 사람을 선호하지 않는다. 왜냐하면 사회적 불안이 큰 사람은 자기와 비슷하든 아니든 상관없이 모든 타인이 자기에게 매력을 느끼지 않을 것이라고 예상하기 때문이다. 즉 어차피 매력이 없는 자신을 상대가 좋아하지 않을 것이므로 상대에 대해서 자신이 호감을 갖지 않는 쪽이 마음이 편하다고 여기는 것이다.

그러므로 두 사람은 혹시 만날 기회가 생긴다고 하더라도 서로 피하기 때문에 만남 자체가 이루어지기 어렵다. 어쩌다가 만나게 되어 서로에게 호감이 생기거나 상대방이 매력적으로 보이기 시작하면, S씨와 P씨의 회피행동은 더욱 심해진다. 만나봤자 상대의 기대에 미치지 못하는 한심한 모습만 보여주게 될 것이 뻔하다고 여기기 때문이다.[4]

그런데 두 사람은 다른 사람의 눈치를 보는 걸로는 빠지지 않는 인생을 산 사람들인데도 상대가 자기와 비슷하다는 사실을 눈치채기 어렵고, 호감은 더욱이 눈치채지 못할 가능성이 높다니 이상하지 않은가? 그런데 이런 이상한 상호작용은 사회적 불안이 높은 사람의 심리적 특성 중 하나다. 사회적 불안이 높은 사람들에게는 다음과 같은 심리적 특성이 있다.

사회적 불안의 심리적 특성 1 _ 회피

사회적 불안이 높은 사람은 겉으로 보기에는 주눅이 들어서 정신없이 눈치를 보는 것 같다. 그러나 뜻밖에도 사실은 사회적 불안이 높은 사람의 눈치에는 타인의 반응을 외면하는 폐쇄성self closed[5]이 두드러진다. 왜냐하면 불안을 일으키는 상황을 피하려고 자신의 경험이나 행동 등을 모두 제한하기 때문이다. 발표가 두려운 S는 발표를 해야 할 상황을 피하고, 다른 사람과 이야기하는 것이 두려운 A는 대화해야 할 상황을 피한다. 그러다 보면 결국 폐쇄적인 생활 습관을 고수하게 된다.

그런데 이런 식으로 불안한 상황을 피하려고만 하다 보면 자신이 걱정하는 상황에서 실제로 무슨 일이 일어나는지를 제대로 알 기회가 없어진다. 그러므로 회피하는 사람이 보는 눈치는 현재 상황이나 지금 상호작용을 해야 할 상대와 연결되기가 어렵다. 결국 불안을 유발하는 생각이나 습관적인 행동만이 자동적으로 유지된다. 즉 타인의 시선을 회피하느라고 다른 사람들의 진짜 반응을 똑바로 볼 기회가 없다는 것이 문제라는 의미다.

사회적 불안의 심리적 특성 2 _ 부정적 예상

사회적 불안이 높은 사람은 대개 주변 사람들의 반응을 남보다 정확하게 눈치챈다고 믿는다. 특히 부정적인 예상을 하면 딱 맞아떨어진다고 주장한다. 그러나 부정적인 예상이 정말로 정확한지를 다시 한 번 생각해볼 필요가 있다.

예를 들어 오○, 엑스× 퀴즈를 할 때 언제나 엑스만 들고 있으면 엑스가 정답인 문제는 당연히 다 맞을 수 있다. 반대로 오가 정답일 때는 오답의 비율이 증가한다. 마치 다지선다형 문제에서 한 번호만 선택하는 것과 같다. 이런 경우에는 답과 문제는 아무런 관계가 없으며 대답은 응답자의 고정된 반응에 불과할 뿐이다. 이러한 반응에서 정답이나 오답을 따지는 것은 무의미하다.

사회적 불안이 높은 사람이 부정적 반응을 잘 맞히는 이유는 이와 마찬가지다. 상대의 반응이 항상 부정적일 것이라고 예상했는데 정말로 상대가 부정적으로 반응한다면 예상은 늘 들어맞는다. 그러나 반대로 상대의 반응이 긍정적일 때는 모두 오답이다. 그러니 이것은 정답이 아니라 고정된 반응일 뿐이며, 이런 고정적 반응을 편향bias이라고 한다. 즉 사회적 불안이 높은 사람은 다른 사람의 피드백을 알아채고 눈치를 적용해서 대처 방법을 결정하는 것이 아니라, 단지 예상하는 위험과 부정적 해석을 반복적으로 대입하는 부정적 편향과 습관을 보이는 것이다.

사회적 불안이 높은 사람이 불명확한 사회적 상황에 처하면 우선 부정적 편향을 보인다는 것이 여러 실험에서 밝혀졌다. 예를 들어 감정을 표현하는 얼굴 사진을 보여주는 실험을 한 결과, 사회적 불안이 높은 사람은 부정적 감정(분노, 슬픔, 혐오, 두려움 등)을 매우 잘 맞혔다. 그러나 중립적인 감정은 오히려 잘 맞히지 못했다. 이러한 결과는 실제 표현과 상관없이 감정을 부정적으로 파악하는 편향을 보여준다.[6]

또 다른 예도 있다. 12개의 사진을 동시에 보여주고 표정을 구별하도록 하는 실험을 한 결과, 사회적 불안이 높은 사람은 화가 난 표정을 빨리 찾아냈다. 그러나 중립적 표정을 찾는 데는 다른 사람보다도 느렸다. 이것 역시 사회적 불안이 높은 사람이 사회적 정보를 처리할 때 부정적 편향을 보여주는 결과다.[7]

그뿐만 아니라 실험을 도와주는 가짜 청중 앞에서 실험 참가자가 5분 동안 발표를 하는 실험을 한 결과, 사회적 불안이 높은 사람은 청중의 부정적 반응(하품하기, 시계 보기 등)을 더 많이 탐지했다. 반면에 사회적 불안이 낮은 사람은 청중의 긍정적 반응(미소 짓기, 고개 끄덕이기 등)을 더 많이 탐지했다. 그러나 실험 보조자로 구성된 가짜 청중은 누가 연설을 하든 미리 짜인 각본에 따라서 5분간 동일한 행동을 했을 뿐이다. 그럼에도 불안 수준에 따라서 참가자들이 탐지하는 반응은 달랐다. 이 결과는 사회적 불안이 높은 사람이 자의로 기준을 적용해서 청중의 행동을 부정적인 반응으로 알아채는 편향을 보여준다.[8]

결국 사회적 불안이 높은 사람의 반응은 실제로 다른 사람들의 눈치를 보고 행동을 하는 게 아니라, 자신의 부정적 편향을 견고하게 습관화한 것에 불과하다. 악순환으로 연결되는 자기폐쇄적 눈치의 예다.

보통 사람은 다른 사람이 자신에게 호의적으로 반응한다고 파악하는 경향이 있다. 일반적으로 사람들은 자신이 괜찮다고 여기고 싶어하므로 당연히 남들도 자신을 괜찮게 평가할 것이라고 믿는다. 스스로를 평가할 때 긍정적 편파성이 발휘되는 '자아고양 편파'는 사회심리학에서 잘 알려진 현상이다.[9] 그런데 왜 사회적 불안이 높은 사람은 반대로 자신의 사회적 행동이나 수행에 대해서 부정적인 편향을 나타낼까? 그것은 자신의 언행이 다른 사람들의 기대에 미치지 못할 것이라고 여기기 때문이다.

사회적 불안의 심리적 특성 3 _ 스스로가 청중
자신의 언행이나 수행을 지켜보는 타인을 관찰자라고 한다. 그런데 보통 사람과 달리, 사회적 불안이 높은 사람의 사회적 관찰자는 진짜 타인이 아니라 자기 자신이라는 점 때문에 문제가 생긴다.

여기에 재미있는 실험 결과가 있다. 한 실험에서 실험 참가자에게 자신의 행동을 떠올려서 묘사하도록 했다. 보통 사람은 자신이 한 행동을 말할 때 행위자의 시점에서 "나는 사람들 앞에서 말을 한다." 혹은 "나는 사람들 앞에서 연주를 한다."와 같이 행동의 주체가 되어서 말한다.

그런데 보통 사람들과 달리 사회공포증이 있는 사람은 자신이 다른 사람에게 비춰지는 모습, 즉 관찰자의 시점을 보고했다. 이들은 관찰자의 시점에서 "다른 사람들이 내가 어눌하게 말하는 것을 지켜보고 있다." 혹은 "청중이 형편없는 나의 연주를 듣고 있다."라고 표현했다.[10]

자신의 행동을 관찰자의 시점에서 바라본다고 하면 언뜻 '객관적으로 보고 있구나.'라고 생각할 수도 있다. 그러나 행위자인 내가 진짜 타인이 될 수는 없다. 행위자도 자신이고 관찰자도 자신이므로 눈치를 본다고 해도 진짜 상대방은 없다. 실제 타인과의 연결은 끊기고, 부정적인 판단을 하는 자신과만 연결되어 있는 상태다.

여기까지 보면 사회적 불안이 높은 사람은 보통 사람에게 있는 대인관계 특성 중에서 최소한 3가지가 없다. 자아고양 편파가 없고, 행위자 시점이 없고, 자기와 유사한 사람에 대한 선호가 없다. 그리고 결정적으로 접근해야 할 때 회피가 발생해서 연결이나 접촉이 끊겨버린다.

1장에서 보았듯이 기원으로 보자면 눈치는 경계-접근을 위해 고안된 심리적 기제고, 불안은 경계-회피를 위해 고안된 심리적 기제다. 그런데 불안이 높은데도 멀리 도망가지 못하고 가까이서 눈치만 봐야 한다면, 불편한 상황을 얼른 벗어날 궁리만 할 뿐 상대가 무엇을 하고 있는지는 신경 쓰기 어렵다. 도망가야 한다는 비상-위기 반응이 일어나면 눈치를 볼 겨를마저 없어지고 '도망가기' 외에는 다른 일에 신경 쓸 에너지도 사라져서 상대와 상호작용을 주고받을 수가 없다. 상호작용을 주고받는 눈치 보기는 서로에게 접근해서 살펴봐야 가능한 일이다. 그러나 사회불안증의 경우는 경계 후 회피의 과정만 습관화될 뿐이어서 자신의 두려움이 타당한지 아닌지를 깨달을 기회조차 놓쳐버린다.

사회적 불안이 높은 사람이 연애에 실패하는 이유

▶

이번 장의 주인공인 S와 P가 수도 없이 엇갈린 이후에 한 번의 데이트를 하는 데 성공했다고 가정해보자. 일반적으로 보통 사람들은 만족스러운 데이트를 하고 나면 상대와의 관계가 발전할 것이라고 긍정적인 기대를 하고 좀더 자신감을 갖는다.

그러나 S나 P와 같이 사회적 불안이 높은 사람은 데이트에 성공하고 나면 반대로 걱정이 더 많아진다. 첫 번째 데이트에서 성공했다면 다음번 만남에서는 상대가 자신에게 지금 정도나 혹은 그 이상의 기대를 할 것이라고 여기기 때문이다. 즉 성공으로 인해서 상대의 기대가 상향 조정될 것이라고 예상하는 반면에 자신의 과거 성공은 우연한 것이므로 다시 한 번 잘하는 것은 불가능하다고 짐작한다.[11] 그래서 더 만나면 기대에 미치지 못하는 모습만 보여주어서 상대가 자기를 싫어하게 될 것이라고 굳게 믿는다. 그러므로 데이트가 즐거웠을수록 자신의 결점을 들키지 말아야 한다는 생각에 더욱 골몰한다. 결국 S와 P는 자신의 문제점이 드러나지 않도록 방어적으로 행동을 하게 된다.

예를 들어 다음과 같은 행동을 한다. 우선 식사를 하면 음식을 먹기 위해서 입을 벌리고 오물거리고 씹고 흘리고 묻히게 되어서 지저분해 보일 수 있어서 식사는 절대 같이 하지 않는다. 그리고 함께 카페에 가서 음료수를 마시면 수전증이 나타날 수도 있으므로 같이 있을 때는 물 한 모금도 안 마신다. 또한 극장에 가면 낯선 사람들이 지켜보는 가운데 줄을 서서 표를 끊고, 밖이 훤히 내다보이는 엘리베이터를 타서 주눅이 들거나, 어둑한 상영관 안에서 좌석을 찾아가다가 넘어질 수도 있으므로 영화 관람도 피한다.

그뿐만이 아니다. 함께 길을 걸으면 당황해서 같은 쪽 손과 발이 한꺼번에 나가거나 다른 사람과 부딪힐 수도 있으므로 아무래도 함께 걷는 것도 안 된다. 혹시 전화 통화를 할 때 무슨 말인지 못 알아듣고 엉뚱한 대답을 하거나 목소리를 이상하게 낼 수도 있으므로 통화를 하는 것도 너무 위험하다. 마지막으로 문자를 보낼 때 철자를 틀리거나 상대의 상황에 안 맞는 말을 보낼 수도 있으므로 문자를 보내서도 안 된다. 사회적 불안을 회피하기 위해서 이와 같은 안전행동과 방어전략을 쓰기 시작하면 남는 방법은 연락을 끊고 만나지 않는 것뿐이다.

그러나 유감스럽게도 사회적 불안을 방어하는 행동이 이쯤에 이르면 상대방이 불쾌하게 느껴서 호감이 비호감으로 바뀌게 되고 관계는 끝을 맺는다. 결국 혼자만의 예상에 따라서 불안을 회피하고 안전을 추구하는 방어적 행동 때문에 오히려 비호감을 유발하게 되는 것이다.

이와 같이 자기폐쇄적인 사람은 상호작용하는 눈치를 보는 대신에 자신이 만든 부정적 예상과 편향을 반복하고, 자기만의 안전을 추구하려는 행동을 지속한다. 때문에 사회적 불안이 높은 사람은 연애를 못하거나 연애를 해도 실패할 가능성이 높다. 왜냐하면 연애에서 성공하려면 거절이나 실패의 불안을 이기고 상대방에게 접근해서 상대의 감정과 상태를 눈치채야 하기 때문이다.

비록 연애에 빗대어서 이야기를 했지만 다른 상황에서도 마찬가지다. 사회적 불안이 높은 사람은 자기폐쇄적 방식 때문에 악순환을 거듭하는 경우가 많다. 흔히 사회적 불안이 높은 사람이 사회생활을 하면 눈치를 많이 본다고 여기지만, 실은 눈치를 보는 듯한 행동을 하고 있을 뿐이며 현실을 알아차리는 진짜 눈치는 끊어진 상태다. 게다가 이런 폐쇄적인 순환 속에서 부분적인 눈치가 작동을 한다고 하더라도, 이런 눈치는 탐지와 입력 단계에서부터 부정적으로 편향된 건강하지 않은 눈치가 된다. 이러한 가짜 눈치를 어떻게 조절할지는 21장에서 살펴보자.

12

남과 비교하느라고
보는 눈치

> 자신을 남과 비교하는 사람이나 자신을 비하하는 사람은 다른 사람의 눈치를 많이 본다. 비교하거나 비하해서 보는 눈치는 마음에 어떤 영향을 미칠까? 비교하는 눈치는 자신을 지치고 피곤하게 하고, 비하하는 눈치는 가까운 사람들과의 관계를 해친다. 2가지 눈치는 모두 우울증과 관련 있으며 소진적이다.

우울한 사람들이 겪는 공통된 문제는 기분이 침울해서 매사에 흥미나 즐거움을 잃어버린다는 것이다.[12]

우울은 대개 일 아니면 대인관계에 원인이 있다.[13] 우선 업무 능력을 평가할 때 지나치게 완벽주의적인 기준으로 다른 사람과 성과를 비교하면 우울이 생기기 쉽다. 한편 대인관계 영역에서는 관계

의 결핍, 관계의 상실, 관계의 변화, 관계의 갈등 등이 원인이 되어 우울을 일으키기 쉽다.[14]

우울에 이르는 눈치 : 비교
▶

우울에 이르도록 하는 성과 영역의 눈치를 먼저 보자. 성과란 공부, 연구, 일 등을 통해서 이루어낸 결과물을 말한다. 자신의 성과에 만족하고 의미를 둘 수 있다면 다행이지만 이는 드문 경우다. 대신 대부분의 사람들은 자신의 성과를 타인의 성과와 비교한다. 성과를 비교하고 평가하는 과정은 자의 반 타의 반으로 일어나는데, 최상의 성과를 강조하는 분위기가 높을수록 상향비교를 하는 습관이 강해진다.

상향비교란 자신보다 나은 사람과 비교하는 것이다. 일을 할 때마다 상향비교를 반복하면 자신의 결과물이 늘 실망스럽고 자신의 처지가 불만스럽게 느껴진다. 그래서 상향비교를 하는 습관이 강한 사람은 무슨 일을 하든 자기가 한 일을 하찮고 부족하다고 여긴다.

상향비교 결과에 실망해서 힘이 빠지고, 실력을 향상하려면 더 많이 노력해야 돼서 힘이 빠지는 상황이 반복된다. 이런 일이 반복되면 심리적 에너지가 고갈되고 피로가 누적되어 우울에 빠진다.[15] 그러므로 상향비교를 통해서 성과를 높이려고 눈치를 보다가는 우울증에 걸리기 쉽다.

상향비교를 하다가 우울증에 이르는 자기소진적 눈치는 일상생활에서 다양하고 넓게 퍼져 있다. 상향비교 때문에 점점 지쳐가고 있는 회사원 M씨의 이야기를 들어보자.

비교를 반복하다가 우울에 빠진 M씨의 사례

아침이다. 일어나기 싫다. 눈꺼풀이 천근만근 같다. M씨는 몇 번을 뒤척이다가 겨우 일어난다. 그러나 더 일찍 일어나서 운동을 하든지 자기 계발을 하든지 해야 한다는 생각이 떠올라 눈을 뜨자마자 기분은 별로 좋지 않다.

세면대 거울에 비친 얼굴이 부쩍 나이 들어 보인다. 요즘은 외모와 젊음을 유지하는 것도 자기관리라고 하는데, 꺼칠한 얼굴을 보자 어깨가 내려 앉는다. 잘 나가는 회사 선배의 활기차고 윤기 있는 얼굴이 떠올라서 저절로 비교가 된다. 출근했더니 사람들이 "피곤해 보이는데, 어디 아프세요?"라며 인사말을 건넨다. 관심인 건 알지만 어쩐지 '생기 넘치는 사람보다 일을 조금밖에 못하겠군요.'라는 소리로 들린다. 괜히 주눅이 든다.

직장에서는 온갖 것을 점수로 매기고 실적으로 여긴다. 직무 성과를 평가하는 방법과 통계가 발달하고, 이를 기록하는 회사의 통합전산시스템도 나날이 발전하고 있다. 싫든 좋든 수시로 내가 몇 점짜리 사원인지가 점수로 비교된다. 그뿐만이 아니다. 360도 피드백 시스템 때문에 상하좌우를 살피며 나를 지속적으로 개조해야 한다. 이수해야 할 사내 교육 프로그램도 많다. 그런데 자기 발전에 신경 쓸수록 부족한 점만 더 잘 보인다. 게다가 평가 기준이 국제화되다 보니 성과와 자질을 비교할 때도 전 세계적으로 비교를 해야 한다. 어쩌다 보니 비교하는 눈치에도 국제적인 기준이 생겼다.

　타인의 평가만이 문제는 아니다. 스스로 생각해도 내가 자꾸 뒤처진다. 전력 질주를 해도 모자랄 판에, 집중력이 떨어지고 기억력도 예전 같지가 않다. 그런데 M씨가 기억이 안 나서 당황하고 있을 때, 후배들은 스마트폰으로 척척 찾아낸다. 업무 이야기를 할 때도 후배는 기발하고 동료는 침착하며 선배는 노련하다. 그런데 나는 뭔가 싶다. 자기 비교도 시대에 맞게 3차원으로 입체적으로 이루어진다.

　어쩌면 M씨가 사용하는 업무용 노트북 컴퓨터 마저도 검색기록과 저장파일을 사내의 표준 사용자와 비교하고 있을지도 모를 일이다. 업무 능력뿐만 아니라 썰렁한 유머감각도 걱정이다. 유머를 잘 사용하기 위해서 스피치학원에 가거나 유머를 적어 두는 노트라도 만들어야만 할 것 같다. 웃기지 못하면 어쩌나 하는 눈치에 이르기까지, 눈치를 볼 일이 점점 많아진다.

　휴식 시간도 문제다. 모두들 업무 말고도 그럴 듯한 취미 하나씩은 가진 것 같다. 주변 사람들은 운동, 건축, 미술, 음악, 음식, 독서 등 다양한 취미를 가진 듯이 보인다. 어디에서 그런 열정이 나오는지, 근무만 하기에도 지치는 M씨로서는 알 길이 없다. M씨도 무언가 취미생활을 해야겠다는 생각이 든다. 여가마저 비교가 되는 세상이다. 비교는 휴식의 순간까지 침투해 있다. M씨가 누리는 휴식은 몇 등급일까? 쉴 때도 눈치가 보여 쭈뼛거린다.

　퇴근 후에도 비교는 계속 된다. 요즘은 체력이 떨어졌는지 저녁에 사람들과 어울리는 것도 피곤하다. 그래도 선약이 있어서 동창을 만난다. 그런데 동창 녀석은 인센티브 이야기와 자식 자랑 하기에 바쁘다. '안 그래도 식욕이 없어서 몸무게가 줄었는데, 이 녀석을 보니 입맛이 더 떨어진다.' 다음부터는 시간이 남아도 이 친구는 만나지 말아야겠다고 생각한다. 그래도 내 처지와 비교가 되는 건 어쩔 수 없다. 늦은 밤이 되어서야 겨우 잠을 청하지만 쉬이 잠이 오지 않는다. 아침에 일어날 일이 걱정된다. 겨우 얕은 잠에 든 것 같은데 꿈자리가 뒤숭숭하다. '남들은 나보다 좋은 꿈을 꿀까?' 문득 궁금해진다.

M씨는 허튼짓을 하거나 게으름을 부린 적이 별로 없다. 열심히 해서 최소한 남들만큼은 살아야 한다고 생각하고 노력했을 뿐이다. 그런데 뭐든 하고 보면 남보다 뒤처지는 것만 같다. 더 열심히 했어야 했다는 자책과 아쉬움만 남는다. 날이 갈수록 지치고 의욕이 없어진다. 피곤하다.

M씨의 일과는 종일 비교의 연속이다. 강요된 비교도 있고 자발적인 비교도 있다. 비교도 그냥 비교가 아니다. 밖으로는 자신보다 나은 타인과 비교하고, 안으로는 지금보다 더 나은 자신과 비교하는 상향비교가 반복된다. 외부와 내부, 현재와 미래를 둘러싼 비교 프레임은 M씨의 생활 속에서 자신을 패배자로 몰아붙이는 난공불락의 요새다.

비교 요새의 파수꾼은 단연 눈치다. 남보다 나아야 하거나 혹은 적어도 남들만큼은 해야 한다고 믿으면 '남들은 얼마나 어떻게 하는지.'를 알기 위해서 남의 눈치를 살필 수밖에 없다. 심지어는 좀

더 잘하고 열심히 하지 못해서 자기 자신에게까지 눈치가 보인다. 타고난 잠재력을 개발하지 못하는 것 같아서 마음이 무겁다. 스스로 알아서 눈치를 보는 비교 프레임의 내면화다. 비교 프레임이 내면화되면, 아무리 내면을 들여다보아도 자기 자신을 소모하는 눈치 이외에는 볼 수 없다.

상향비교에 빠진 성과주의는 '꼭 성과가 좋아야만 한다는 당위적 사고, 성과만이 목표로 보이는 터널시야, 최상의 성과가 아니면 실패라는 이분법적 사고'를 부추긴다.[16] 이런 생각들은 우울증적인 사고에 속한다. 이런 사고의 오류는 그에 부합하는 눈치의 오류를 낳는다.

일이 덜 피곤하려면 일이 즐거워야 한다. 그런데 성과로 상향비교를 거듭해서는 일이 즐거워질 수가 없다. 비교하는 대신 과정 자체를 경험하고 결과에는 신경 쓰지 않고 순간에 몰두할 수 있어야 비로소 즐거움이 생긴다. 이러한 특성들은 놀이의 속성이다. 그러므로 건강하게 일하고 싶다면 일 속에 놀이의 속성을 혼합할 수 있어야 한다. 고를 수 있다면 누구라도 '노동-일'보다는 '놀이-일'을 선택할 것이다. 놀이-일은 노동과 놀이의 경계를 뒤섞은 것으로, 몰입을 강조한다.

그런데 놀이-일에는 몰입 말고도 또 다른 중요한 특징이 있다. 놀이가 다른 활동과 구별되는 특징은 바로 멈춤이다. 참가자나 행위자가 괴로워하는데도 멈출 수 없는 것은 놀이가 아니다.[17] 그러므로 놀이-일은 모름지기 원할 때 멈출 수 있어야 한다.[18] 그래야 자기 소진을 막을 수 있다.

그러나 현실적으로는 아무리 일에 놀이의 속성이 있다고 하더라도 일 자체를 마음대로 멈추기는 어렵다. 현대사회에서 일은 여러 사람이 함께해야 하는 공동작업인 경우가 많은데, 이렇게 여러 사람의 이익이 얽혀 있으면 일을 멈춰야 할 순간에 대한 합의가 어렵기 때문이다. 하지만 피로를 누적시키는 사적인 눈치는 개인이 깨닫고 작정하면 멈출 수 있다. 건강하게 일하는 데 필요한 눈치는 노상 무조건 작동되는 눈치가 아니다. 눈치도 멈추고 쉴 줄 알아야 비로소 우울과 피로에 이르는 것을 막아주는 건강한 눈치가 된다.

어떤 일을 하든 자기가 하는 일을 타인과 비교하는 데 몰두하고 있다면 눈치 보기를 멈춰보자. 실패와 좌절을 반복하게 하는 우울한 눈치에서 벗어나고 싶다면 비교를 반복하는 눈치를 멈추도록 권한다. 구체적인 방법은 22장에서 살펴보자.

우울로 인한 눈치 : 비하

▶

안전하고 지지적인 대인관계는 사람을 지치게 하는 스트레스를 완화시킨다. 그런데 바람직한 관계가 살아가는 데 힘이 되는 것과는 달리 문제가 있는 관계는 우울증과 밀접한 관련이 있다. 대인관계는 우울의 원인이 되기도 하고 우울의 결과가 되기도 한다.

우울할 때는 자꾸만 부정적인 쪽으로 눈치를 보게 된다. 게다가 우울할 때는 자기를 낮게 평가하고 자신감이 없어져서 필요 없는 눈치가 는다. 그러므로 누가 뭐라고 하는 것도 아닌데 서글퍼서 눈물이 나려고 하거나, 다른 사람이 나를 무시하는 행동을 하는 것 같아 섭섭해져서 눈치가 보이는 사람이라면 이 장에 각별히 관심을 갖고 읽어보자.

다음은 우울한 상태에 있는 기혼 여성 D씨의 최근 일상이다.

우울로 인한 자기비하에 시달리는 D씨의 사례

멍하고 도무지 생각이 안 난다. 이 나이에 벌써 치매일까 싶지만 모를 일이다. 드라마 〈천일의 약속〉[19]에서 주인공 역을 맡은 수애는 젊은 나이에도 알츠하이머병에 걸렸다. 예쁜 여자만 그런 병에 걸리라는 법이 있겠는가? 외모는 달라도 뇌는 같을 테니, D씨는 아무래도 시티촬영이라도 해볼까 싶다. 이 모양이니 식구들이 뭘 물어봐도 대답을 못하겠다. 어쩐지 식구들이 기억력이 나빠진 D씨를 은근히 무시하는 것 같다.

이전과 달리 행동도 굼뜨고 느려졌다. 잠이 쏟아지고 움직이는 게 귀찮다. 설거지할 그릇은 쌓이고, 동네 슈퍼마켓에 찬거리를 사러 가는 길이 멀게만 느껴진다. 아이들 교복과 남편 셔츠도 며칠째 다리지 못했다. 인터넷으로 식품을 구매하든지 음식을 배달시키든지 해야 할 것 같다. 가족들 옷도 세탁소에 맡겨야 할 듯하다. 그런데 인터넷에 접속하기도 싫고, 세탁소에 전화하기도 싫다. '에이, 모르겠다. 될 대로 되라.' 하지만 어딜 다친 것도 아니고 수술을 한 것도 아닌데 이렇게 아무것도 못하겠으니 답답하기만 하다. 가족들을 못 챙기는 것이 자꾸 미안하고, 미안할수록 가족들 눈치가 보인다.

그런데 D씨가 가족들이 자신을 대하는 태도를 살펴보니 모두들

말 한마디를 곱게 하지 않는 것 같다. '내가 가족들에게 이 정도 밖에는 안 되는 사람이었나?' 서글프고 섭섭하다. 문득 '가족들은 왜 내가 힘든 것을 몰라주나.' 하는 생각이 들어서 화가 난다. D씨를 챙겨주지도 않는 것 같고 어떤 상태인지 관심도 없는 것 같다. 헛살 았다는 느낌이 든다.

그런데 어찌된 일인지 "우울하니까 나를 좀 도와달라."라고 조근조근 말할 수가 없다. 대신 작년에 돌아가신 엄마가 부쩍 보고 싶다. '엄마가 살아 있다면 이럴 때 한걸음에 달려와줄 텐데.' 그러나 엄마는 이제 더이상은 D씨에게 올 수 없다. D씨 혼자 세상에 남겨진 것 같아서 더 외롭고 서글프다.

D씨는 혼자 있을 때는 울거나 잠을 잔다. 가족을 보면 시무룩하게 대하고 짜증을 낸다. 가족들은 이런 D씨를 점점 더 이해할 수 없는 모양이다. 마음속으로는 가족들이 보살펴주기를 바라는데 겉으로는 오히려 화를 내는 일이 잦다. 얻고 싶고 지키고 싶은 것을 오히려 내쫓고 있는 것만 같다. 혼자 되는 것이 두려울수록 마음을 몰라주는 가족들이 야속하게만 느껴지고 가족들과는 관계의 골이 점점 깊어만 가고 있다.

그런데 며칠간 좀 이상하다. 우울에도 경과가 있는 모양이다. 한동안은 가슴에 홍수가 난 것처럼 눈물이 나더니 며칠 전부터는 물기 빠진 마른 식물처럼 마음이 버석거리고 가슴이 뚫린 듯하다. 가족을 봐도 그저 껍데기를 보는 듯이 느낌이 없다. 이제 가족들은 D씨에게 데면데면하고 살갑게 굴지 않는다. D씨가 사라져야 가정의 냉기도 사라질 것 같다는 생각이 든다. '슬픔은 물로 된 불인 것 같다.'라지만, 물도 불도 아무것도 남지 않는 것이 우울증이 주는 슬픔인 모양이다.[20] 우울 속에서 덜컥 마주한 황량함을 어찌해야 할지 여전히 아무 생각도 나지 않는다. '몇 주 만에 내가 왜 이렇게 된 걸까?' 답답하다.

D씨는 두 달 전까지만 해도 직장에 다니면서 집안일까지 했다. 집안의 수입을 유지하려고 맞벌이를 계속했기 때문에 직장에서 크게 인정받고 싶다는 생각은 없었다. 서로 바빠서 대화가 많은 편은 아니었지만 가족 간의 관계도 큰 문제는 없었다. 그러나 우울증이 다시 시작되면서부터는 일을 계속하기가 어려워져서 3주 전에 휴직을 했다. 그리고 가족들과는 전에 없이 관계가 악화된 상태다. 이게 벌써 몇 번째인지…. 자꾸 우울증이 반복되어서 힘들다.

D씨는 우울증 때문에 관계에 문제가 생긴 사례다. 관계의 기본은 소통인데, 우울해지면 소통이 어려워진다. 의사소통을 하려면 상호작용에 집중하고, 자기 생각을 전달할 수 있어야 한다. 그러나 우울해지면 집중력이 떨어지고 생각이 떠오르지 않아서 표현을 제대로 못하게 된다. 우울증의 인지적 증상이다. 또한 생각의 속도 자체가 느려져서 상황의 흐름을 따라가기가 어렵다. 소통에 필요한 능력이 저하되어 있으니 의사소통이 잘될 리가 없다. D씨가 멍하고 아무 생각도 나지 않는 것은 우울하기 때문이다. 그래서 대화를 해도 말문이 막혔고 그러다 보니 할 말을 못해서 가족과 소통이 중단되었다.

우울증에 걸렸을 때 의사소통을 하기 어려운 것은 대인관계에서 겪는 문제의 시작에 불과하다. 여기에다가 우울증 상태에서 나타나는 특유의 부정적 사고와 태도가 보태진다. 우울증 때문에 기능이 저하되면 스스로를 낮게 평가하면서 비하하게 된다. 우울증적 자기 평가는 자기 비난과 자기 멸시가 특징이다. D씨가 보이는 증상은 자신이 변변치 않으며 쓸모없다고 여기는 것이다.

사실 D씨의 가족은 처음에는 D씨의 기분을 바꿔보려고 평소보다 더 관심을 가졌다. 어떻게든 위로하고 격려하려고 노력했다. 그러나 D씨는 자기비하를 멈추지 않았다. 말수가 부쩍 줄어든 D씨와 겨우 몇 마디 대화라도 하게 되면 죄다 부정적인 이야기뿐이었다. 맑은 하늘 아래 서서 지루한 장마에 대해서 계속 이야기하는 기분이었다. 가족들은 금세 지쳐갔다.

이처럼 우울한 사람은 주위 사람들까지 무기력하고 우울하게 만든다. 우울은 대인관계도 소진시켜서 사람 간의 연결을 마모시킨다. 노력해도 소용이 없고 부정적인 피드백을 받으면 상황자체를 피하게 된다.[21] 가족들은 D씨와 대화를 하거나 D씨와 함께 있으면 힘이 쭉 빠지는 것 같아서 D씨를 슬슬 피하기 시작했다.

그런데 우울증으로 인해 자신감이 떨어지면 의존성은 더욱 높아진다. 강한 의존성은 우울증일 때 나타나는 보편적인 증상이다.[22] 의존 욕구는 강해졌는데 정작 주변 사람들이 피하면 갈등은 고조된다. 한쪽은 곁에 머물러 주길 바라는데, 한쪽은 도망가고 싶어하는 셈이니 서로에 대한 기대가 다르기 때문이다.

역할에 대한 기대가 다른 상태에서 갈등이 지속되면 서로 기운이 빠지고 관계의 에너지는 점점 소진된다. 이 상태에 이르면 우울증을 겪는 사람은 배우자나 자녀와 친밀감을 유지할 수가 없다. D씨가 자기를 비하하고 자기 탓을 하면서도 동시에 가족들에게 화를 내는 이유는 이 때문이다. 이 시기에 우울증적 눈치가 가장 극심해진다. 의존하는 사람이 무관심하고 냉담한 태도를 보이면 우울증을 앓는 사람은 전전긍긍하면서 더욱 눈치를 보기 때문이다.

그러나 우울증으로 인해 부정적인 방향으로 치우친 눈치는 이미 폐쇄적으로 작동하므로 부정적인 생각만 반복해서 떠오를 뿐 관계 회복에 도움이 되는 눈치는 볼 수가 없다. 주변 사람들의 행동 중에서 긍정적 반응의 의미는 축소하고 부정적 반응의 의미는 확대하는 침소봉대식의 눈치만 반복된다.[23] 또한 우울증의 특징상 눈치를 보는 단계에서 이미 부정적인 정보만 여과해서 입력된다.[24]

이로 인해서 우울한 사람은 사랑하는 사람을 잃게 될 것 같은 두려움에 사로잡힌다. 이 사례의 경우 D씨의 의존과 가족의 냉담은 이미 친밀한 관계를 점점 불안정하게 만드는 악순환의 회오리에 들어선 상태여서 D씨의 고독은 점점 커져갔다.

이럴 때 만약 배우자가 '아무것도 아닌 일로 왜 그러느냐?'라거나 '다른 집 사람들은 더 힘든 일이 있어도 씩씩하기만 한데, 당신 혼자만 유난스럽다.' 같은 말을 하면, D씨는 자신이 다른 사람보다 약하다는 수치심에 압도당한다. 이런 말은 홍수 난 데다가 기우제를 지내는 결과를 낳을 수 있다. 결국 D씨는 문제를 해결할 출구가 없다고 생각하고, 우울한 상태가 영원히 계속될 것이라고 확신하게 된다.[25] 시간이 지날수록 D씨는 못난 자기가 눈치 보이는 것이 싫고, 가족들의 눈치를 보는 것도 지치게 된다. 떠나고 싶다는 생각이 들고, 대인관계는 파괴된다. 심하면 자살까지 이를 수도 있다.

우울증으로 인해 생긴 대인관계 문제의 결말은 어떻게 될까? 일단 증상이 회복되면 사회에 적응하는 능력도 개선된다. 추적 연구에 따르면 우울증에서 회복되고 8개월이나 20개월이 지난 이후에도 가까운 가족이나 친구들과의 의사소통은 여전히 침체되고, 마찰이 생기거나 원망과 논쟁이 많기는 했다.[26] 그러나 전반적으로는 대인관계의 문제가 서서히 개선되는 것으로 알려져 있다.

또한 우울증의 특징인 의존심도 우울증이 회복되면 정상 수준을 되찾게 된다.[27] 의존심이 줄어들고 부정적인 태도가 감소하면 관계를 마모시키고 소진시키는 자기비하적인 눈치는 저절로 줄어든다. 우울증과 대인관계 간의 연관과 경과를 알고 있으면 우울증이 대인관계에 미치는 소모적이고 파괴적인 영향을 줄일 수 있다.

그러나 우울증에서 생기는 대인관계를 소진시키는 눈치를 깨닫지 못하면 증상이 가라앉은 이후에 주변 사람들과의 단절이 현실로 굳어질 수 있다. 또한 가까운 사람들조차 우울증이 대인관계에 끼치는 영향을 모르고 있다면 환자를 더욱 아프게 할 수 있다.

손가락이 부러진 사람에게 글씨를 못 쓴다고 구박하거나 다리가 부러진 사람에게 목발을 짚는다고 야단치지 않는다. 그런데 우울증은 증상 자체를 잘못이라고 하는 경우가 흔하다. 그래서 우울증으로 아픈 사람도, 아픈 사람 곁에 있는 사람들도 자칫 관계를 해치기 쉽다. 아픈 것이 이유라면 쉬면서 회복해야 한다. 그래서 관계를 고갈시키는 우울증적 눈치를 멈추고 회복을 기다려야 한다.

소진을 막으려면 멈춰야 한다
▶

이번 장의 주인공 회사원 M씨와 기혼녀 D씨의 머리글자 M과 D는 주요우울장애major depressive disorder의 스펠링 첫 글자에서 따왔다. 우울에 이르는 눈치든 우울로 인한 눈치든, 우울에 관련된 눈치는 사람을 지치게 하는 소진적 눈치다. 일을 할 때 다른 사람과 나를 비교하는 눈치는 끊임없이 스스로를 다그쳐서 개인의 에너지를 소진시킨다. 관계에서 우울한 눈치는 부정적 상호작용을 늘려서 친밀감을 소진시킨다.

이런 종류의 소진을 막으려면 멈추는 수밖에 없다. 만약 당신이 남과 비교해서 나를 지치게 하는 눈치와, 자기비하에 빠져서 관계를 파괴하는 눈치를 보고 있다면 일단 멈추고 다시 힘이 생길 때까지 기다리기를 바란다.

비교도 비하도 반복되기만 하면 눈치는 부정적 결과의 상투성에 빠져서 건강하게 작동해볼 기회조차 얻지 못한다. 그러므로 일과 관계가 자신을 몹시 지치고 힘들게 만들고 있다면 마음을 가다듬고 숨을 돌릴 필요가 있다.

⑬ 의존심 때문에 보는 눈치

수동적이고 의존적인 사람들은 왜 남의 눈치를 많이 볼까? 자기가 부족하고 자기기준이 모호하며 주장하기를 어려워하기 때문이다. 그 결과 수동적인 사람들은 자신감과 자기존중감이 낮다. 수동적이고 의존적인 사람들은 위기에 대처하는 능력이 낮고, 이별과 상실에 대한 스트레스가 매우 높다. 자기가 없는 의존적인 눈치는 의존성 성격에서 가장 두드러지게 나타난다.

아이가 자라서 성인이 되는 것은 당연한 것처럼 보여도 간단하지 않다. 왜냐하면 몸은 시간이 지나면 저절로 자라지만 마음은 시간이 지난다고 해서 무조건 자라지 않기 때문이다. 마음이 성장하기란 한층 어려워서 많은 시행착오를 겪는다.

그러므로 아이를 키우는 부모가 시행착오를 겪는 건 어쩌면 자연스러운 일이다. 완벽한 부모가 된다는 것은 거의 불가능한 목표이기 때문에 부모는 잘못을 알아차리고 고치면서 실수를 줄여가는 것이 중요하다.

결혼 기피 대상인 마마보이와 마마걸
▶

그런데 자신은 최선을 다하는 완벽한 부모라고 자신만만해하는데 결과가 이상한 경우도 있다. 헬리콥터맘helicopter mom[28]이 그런 예 중의 하나다.

헬리콥터맘이란 자녀를 따라다니며 자녀가 하는 모든 것을 감찰하고 결정하는 어머니를 말한다. 자녀가 어릴 때는 공부부터 시작해서 학교 활동, 취미, 친구까지 엄마가 대신 선택해준다. 그리고 자녀가 성장해서 대학에 입학하거나 취업을 해도 이런 역할을 계속한다. 헬리콥터맘은 자기 뜻대로 자라준 자녀를 자랑스럽게 여긴다. 그러나 헬리콥터맘은 아이가 성인이 되는 과정을 교란시키는 결과를 낳는다.

자식에 대한 어머니의 자부심과는 달리, 이렇게 자란 젊은이는 아무렇지 않게 주변 사람들이 황당해할 만한 행동을 많이 한다. 이들은 대학이나 직장에서 어려운 일이 생기면 어머니에게 해결해달라고 한다. 그러면 어머니는 전공 시험문제를 어렵게 출제했다고 대학교수에게 따지기도 하고, 회사에서 일을 많이 시킨다고 상사에게 전화를 걸기도 한다. 주변 사람을 어리둥절하게 만드는 이런 젊은이를 '마마보이, 마마걸'이라고 부른다. 아무리 멋진 외모와 좋은 스펙을 지녔다고 해도 이들은 연애나 결혼 상대로는 A급 기피 대상으로 분류된 지 오래다.

마마보이와 마마걸이 기피 대상이 된 이유는 지나친 의존성 때문이다. 이들은 어머니의 결정대로만 따르며 살았기 때문에 결정하는 연습이나 책임지는 연습을 해본 적이 없다. 겉모습만 성인일 뿐 실제는 결정을 미루고 책임을 회피하는 아이인 셈이다.

성인의 외모 속에 들어 있는 아이는 오직 어머니의 눈치만 본다. 어머니가 좋아하는지 싫어하는지, 기뻐하는지 화를 내는지를 어머니의 눈치를 살펴서 행동을 결정한다. 어머니의 눈치만 보기 때문에 어머니가 없을 때는 어떻게 해야 하는지에 대한 기준이 없다. 그래서 어머니가 없으면 눈치껏 행동하는 것은 고사하고 보통 사람들이 상식으로 여길 만한 일도 결정하지 못해서 주변 사람들을 당황하게 하기도 한다.

어머니는 '남들이 무슨 상관이야. 내 자식만 잘되면 되었지.'라고 생각할 수도 있다. 그러나 이런 생각은 자녀를 위하는 것이 아니라 자녀에게 나약함을 심어주고 있다. 연구에 따르면 우울장애 환자의 54%와 불안장애 환자의 40%가 의존적 성격이다.[29] 게다가 우울장애나 불안장애에는 약이라도 있지만 의존적 성격에는 병적 의존성을 일정 기간 내에 호전시킬 수 있는 약도 없다.

나의 의존성 알아보기
▶

'헬리콥터맘과 마더콤플렉스mother complex'의 조합은 과잉보호 때문에 강한 의존성이 생긴 예다. 그러나 이만큼 심하지는 않더라도 불균형한 눈치를 부추기는 다양한 의존적 관계가 있다. '부모와 자식 사이, 남편과 아내 사이, 연인 사이, 친구 사이, 상관과 부하 사이, 리더와 추종자 사이' 등에서 강한 의존성이 쉽게 나타날 수 있다.

자신이 어느 정도로 의존적인 사람인지 잠시 생각해보자. 자신의 의존성이 궁금하다면 우선 〈표 13-1〉에 있는 문항을 읽고 대답해보기를 바란다.

4가지 문항에 답했다면, 마지막으로 질문이 하나 더 있다. "문항에 스스로 답했는가?" 스스로 답했다면 일단은 안심해도 된다. 4가지 문항을 읽자마자 늘 붙어 다니는 누군가에게 "내가 이럴 때 어떻게 하지?"라고 물어봤다든지, 혹은 저자에게 "이 질문에 어떻게 대답해야 하나요? 이런 대답을 해도 되나요? 다른 사람들은 뭐라고

표 13-1 :: 나의 의존성 알아보기

> **자신의 대인관계를 떠올리면서 답해보시오**
> 문항 1. 무언가를 결정할 때 어떻게 하는가?
> 문항 2. 혼자 오래 있어야 할 때 어떤 감정을 느끼는가?
> 문항 3. 나에게 중요한 영향을 끼치는 사람이 내가 원하지 않는 일을 요구할 때 어떻게 하는가?
> 문항 4. 다른 사람의 평가, 특히 비판을 어떻게 받아들이는가?

대답하지요? 보기는 없나요?" 같은 질문을 하고 싶었다면 강한 의존성을 지닌 후보집단에 속한다. 타인의 확인과 승인을 반복해서 요구하는 말과 행동은 의존적 행동의 한 예다. 동시에 눈치 보기의 예이기도 하다.

의존성이 강한 사람들은 흔히 이렇게 대답한다. 문항 1은 의사결정 방식에 대한 질문이다. 의존적인 사람들은 다른 사람들이 중요한 결정을 해주는 것이 더 편하다고 답한다. 문항 2는 혼자 있을 때 느끼는 감정에 대한 질문이다. 의존적인 사람들은 혼자 남겨졌다고 느끼면 매우 두렵고 불편해서 아무것도 못한다고 답한다. 문항 3은 타인의 요구에 대한 반응을 묻는 질문이다. 의존적인 사람들은 보살핌을 얻기 위해서라면 하기 싫은 불쾌한 일도 기꺼이 한다고 답한다. 문항 4는 다른 사람의 평가에 어떻게 반응하는가를 묻는 질문이다. 의존적인 사람들은 의존하는 인물의 평가에 쉽게 휘둘리기 때문에 상대의 사소한 비판에도 쉽게 상처를 받는다고 답한다.[30]

의존성 알아보기 질문에서 자기가 없는 강한 의존성을 보인 D씨의 글과, 의존성 질문에서 뜻밖에 자기부재의 의존성을 보였던 임원 출신인 50대 남성 P씨가 쓴 글을 살펴보자.

헬리콥터맘과 마더콤플렉스가 맞물린 D씨의 사례

한때는 엄마 친구들이 부러워하는 딸이었다. 그런 시절도 있었다는 이야기다. 엄마는 뭐랄까, 직장에도 가정에도 딱히 어울리지 않는 사람이었다. 엄마는 직장에서 아빠를 만나 연애를 했다. 그리고 아빠와 결혼을 하고 퇴사했다. 그런데 오히려 결혼 생활은 직장 생활을 하듯이 체계적이었다. 특히 나를 돌볼 때 그랬다.

　나와 터울이 많은 오빠가 엄마 말에 사사건건 반항하지만 않았어도 엄마의 관심이 온통 나에게 집중되지는 않았을 것이다. 오빠와 엄마는 한 몸이던 때부터 서로 맞는 구석이 별로 없었다. 엄마가 오빠를 임신했을 때 지독한 입덧으로 쓰러지지만 않았어도 엄마는 직장을 그만두지 않았을 테니 말이다. 덕분에 어린 나로서는 복 받았다고 생각될 만큼 엄마의 사랑을 독차지했다. 엄마와 나는 손발이 잘 맞았다. 엄마와 오빠처럼 타고난 견원지간이 있는가 하면, 엄마와 나처럼 타고난 짝꿍도 있는 법이다.

　엄마는 내게 헌신적이었지만 무슨 일이든 결정할 때 만큼은 엄마 뜻을 확고히 했다. 엄마의 결정을 따르고 기대에 맞출 수 있을 때면 엄마는 폭신폭신한 솜사탕 구름 같았다. 그 달콤함과 따뜻함이 아직도 그립다. 그때로 되돌아가고 싶기까지 하다니, 나는 자라기 싫은 건지도 모르겠다.

　참, 엄마가 늘 따뜻한 사람인 건 아니었다. 엄마 의견에 반대하는 날에는 광풍이 불어서 폭신한 구름은 사라져버렸고 나는 완전히 곤두박질쳤다. 게다가 그런 날이면 엄마는 아무것도 먹지 않고 훌쩍거리며 울어대니, 나는 무서우면서도 불쌍한 엄마의 눈치를 정말이지 열심히 봤다. 나는 착한 딸이었다. 엄마는 결정했고 나는 실행했다. 엄마는 눈치를 줬고 나는 엄마에 관한 한은 눈치가 빨랐다.

　아직 말귀를 다 알아듣기 이전의 어린아이였을 때도 엄마가 가만히 있으라고 하면 나는 얌전히 있었다. 그런 나를 보고 엄마 친구들은 아기가 영특하다고 했다. 그런데 나만 그런 게 아니라 옆집 강아지도 애견훈련소에 다녀온 이후로는 앉으라면 앉고 멈추라면 멈췄다. 어쩌면 오래 못 산 옆집 강아지가 나와 동급으로 영특했을지도 모른다.

전후야 어찌되었든 나는 영어유치원과 유서 깊은 사립초등학교를 우수한 성적으로 졸업했다. 국제중학교, 특수목적 고등학교 그리고 대학교 입학까지, 나는 분명 엄마 친구들이 부러워하는 딸이었다. 엄마의 정보력과 결단력, 기동력은 범접할 수 있는 것이 아니었다. 나는 엄마라는 연못에 우아하게 떠 있기 위해서 열심히 물갈퀴질을 했다.

대학 생활까지는 그럭저럭 괜찮았다. 엄마는 학과의 커리큘럼, 학점 제도, 교환학생의 요건, 동아리 활동까지 빈틈이 없었다. 그래도 남들이 상상하는 것만큼 답답한 적은 별로 없었다. 나는 내가 결정하는 것보다 엄마가 결정해주는 게 오히려 마음이 편했다.

물론 가끔은 엄마가 시키는 일을 하기 싫은 적도 있었다. 그러나 내가 안 해서 엄마가 속상해하는 것보다는 그냥 해버리는 것이 낫다고 여겼다. 엄마가 잔소리를 하면 나는 하염없이 작아지는 기분이 들었기 때문에 엄마가 만족하는 것이 나에게는 무엇보다 중요했다. 게다가 엄마가 없다면 나는 아무것도 할 수 없을 것만 같았다.

그런데 대학을 졸업하면서부터는 뭔가 잘못되어 갔다. 직장 생활과 결혼 생활은 자꾸만 꼬였다. 엄마는 회사의 사정이나 내가 맡은 업무의 특성을 알지 못했다. 회사에서 어떻게 해야 하는지 엄마는 답하지 못했다. 회사에서 누구든 믿고 따를 만한 사람을 찾아야 했다.

그런데 뭐라도 하려고 하면 어떻게 해야 하는지를 하나하나 물어보고, 잘했는지를 확인하는 나를 모두 슬슬 피하기 시작했다. 신입일 때는 몰라서 그러려니 하더니, 해가 바뀌자 나와 같은 팀에서 일하는 것을 귀찮아하는 눈치였다.

다행히 팀장은 할 일을 자세히 알려줬고 일대일로는 칭찬도 아끼지 않았다. 그도 그럴 것이, 팀장이 나에게는 늘 남들이 하기 싫어할 정도의 엄청난 양의 일을 시켰지만, 나는 시키는 일을 깔끔하게 해치웠기 때문이다. 몸은 힘들었지만 한동안은 근심 없이 회사 생활을 하나보다 했다. 그러나 나를 구슬리던 팀장은 내가 이루어낸 실적을 모두 가로채버렸다.

상심하던 나에게 엄마는 남편감을 골라줬다. 역시 엄마뿐이다 싶었다. 사실 나는 연애 운이라면 바닥을 치던 사람으로 남자들은 대개 나와 몇 번 만나고나면 떨어져나갔다.

그러니까 나의 연애는 시작하자마자 끝나는 꼴이었다. 만남이 엄마에게 생중계되는 기분이라고 하는 남자도 있었고, 모호한 이유를 대고 사라지는 남자도 있었다. 뭘 먹을지, 뭘 볼지, 뭘 할지, 무슨 대답을 할지 결정을 못하는 것이 뭐 그리 대수로운 결점이라고 다들 도망치는지 모를 일이었다.

엄마는 매번 예쁘고 잘난 딸을 알아보지 못하는 철없는 청년들에게 적개심을 보였다. 그런데 드디어 부족함 없는 남자가 청혼했고, 엄마는 역시 연분은 따로 있다고 좋아했다. 결혼식장에서 엄마 친구들은 또 한번 엄마를 부러워했다.

그런데 남편은 나에게 관심이 없었다. 내가 무엇을 하든 상관하지도 않았다. 남자를 제대로 만나본 적이 없으니, 이 남자가 나를 대하는 것이 정상인지 아닌지까지는 모르겠다. 확실한 것은 내가 엄마에게 전화해서 시시콜콜 물어보든 뭘 하든, 남편 눈에는 내 행동이 전혀 보이지 않는다는 것이다. 남편은 오직 자기 일에만 집중했고 몰두했다. 남편한테서 나는 투명인간이었다.

지금 나는 회사에서는 남에게 내 능력을 빼앗기는 바보고, 남편에게는 무엇을 하든 상관이 없는 투명인간이다. 내 인생이 뭔지, 살면서 감당해야 할 내 몫이 뭔지, 어떻게 살아야 할지를 모르겠다. 아니 당장 이 순간에 내가 원하는 것이 뭔지도 모르겠다. 아, 어쩌다 이 나이에 '모르겠다.'라는 말이 가장 친숙한 단어가 되었는지, '정말이지 모르겠다(이런 감정이 들 때 비속어를 써도 되는지 엄마에게 물어봐야겠다).'

가부장적 아버지와 효자 아들이 맞물린 P씨의 사례

부자유친, 즉 아버지와 아들은 원래 친한 사이다. 그리고 자식이 아버지가 가르치는 바를 익히는 것이 순리다. 단단한 바위산 같았던 아버지께서 일러주신 인생길을 따라가는 것은 나에게 당연했다. 아버지가 옆에 계신다면 지금처럼 팔랑거리는 내 여린 마음을 단단히 잡아주실 텐데, 이제는 계시지 않으니 안타까울 뿐이다. 꼿꼿했던 분이 황망히 가시다니, 더욱더 효도할 것을 하는 후회만이 가슴을 친다. 친하면서도 엄하셨던 아버지에 대한 그리움으로 가슴이 절절하다.

그러나 요즘의 나를 못 보는 것이 어쩌면 아버지께는 잘 된 일인지도 모른다. 능력을 인정받던 회사에서 내가 이렇게 불명예스럽게 퇴진을 하게 될 줄은 몰랐다. 내가 다녔던 회사는 유난히 연줄이 강했다. 한 번 줄을 서면 상하관계와 의리가 중요했다. 나는 아버지의 말씀에 따라서 열심히 공부해서 고등학교와 대학교 모두 좋은 학교를 졸업해서 학연 덕을 봤다.

게다가 어려서부터 아버지가 가르쳐준 한자는 내 중국어 실력에 밑거름이 되어주었다. 중국어 능통자가 드물고 중국 시장이 하루가 다르게 성장하던 시절, 나는 중요한 중국 출장을 도맡았다. 그리고 상사들의 신임을 얻어서 승진을 거듭했다. 하지만 말이 승진이지 내가 꼭 책임져야 할 일은 거의 없었다. 윗선에서 시키는 일에 따르면 되었고, 사장의 의중을 잘 헤아리면 되었다. 사장의 건강이 악화되어서 새로운 경영자가 들어오지 않았다면, 내 처지가 이렇게 되진 않았을 것이다.

새 경영자, 개혁 드라이브 같은 말은 듣기만 해도 속이 울렁거린다. 조직은 젊어졌고, 내가 잡고 있던 연줄은 정리 대상이 되었다. 그리고 내가 회사를 위해서 했던 어떤 일은 과잉충성에서 나온 불미스러운 행동으로 치부되었다. 나는 회사에서 불명예 퇴진을 했다.

충성했던 회사에서 내쫓기고 직함은 사라졌다. 나는 이제 누구의 의중을 살피거나 상사의 눈치를 볼 필요가 없어졌다. 든든한 조언자였던 아버지도 돌아가셨다. 믿을 수 없지만 이제 나는 누구에게도 아무것도 물어볼 수가 없다. 나는 누구란 말인가? 인생 2막에는 오를 생각도 없고 그럴 힘도 없다.

그저 상실감만 밀려온다. 무엇을 해야 할지 모르겠고, 무엇을 해야 즐거울지도 모르겠다. 가족에게 이런 모습을 보이기가 싫다. 이제는 장성한 아들 녀석의 눈치까지 보인다. 남은 인생을 어떻게 살아야 할지, 그리고 내가 어떤 사람인지, 누군가가 대신 결정해주고 자신 있게 한마디만 해준다면 답답한 마음이 조금은 시원해질 것 같기도 하다.

아버지께 배운 세상은 당연한 것들로 꽉 차 있었는데, 지금의 나는 마음 둘 곳이 없어서 흔들리고 눈치 보이는 세상 앞에 서 있다. 아버지나 선생님의 말씀을 따르기만 하면 되던 어린 시절이 정말로 그립다. 얼마 전에 읽은 중국 사상가 완적阮籍31의 시구가 가슴에 맴돈다. "한순간에 영혼이 바람을 타고 훨훨 날아오를까 두렵네. 일생 얇은 얼음을 밟듯 지내왔으니, 누구라서 나의 이러한 초조함을 알리오." 아, 어쩌다 이 나이에 아는 것이 이렇게 없는지, 나도 나를 정말 모르겠다.

착한 소년 · 소녀들의 인생 허들

▶

이번 장의 주인공 D씨와 P씨의 머리글자는 의존성 성격Dependent Personality의 첫 글자다. D씨와 P씨는 성별, 연령, 상황이 모두 다르지만 똑같이 '속 빈 강정 같은 자아 상태'에 있다. 두 사람은 어릴 때부터 아버지 말씀과 어머니 말씀을 잘 듣던 착한 소년, 소녀였다. 성장해서는 조직이나 명분, 원칙, 혹은 개인적 욕심이 아니라 오직 사람을 따르며 살아왔다. D씨는 운이 없어서 착취를 당했고, P씨는 운이 좋아서 연줄을 잡았다.

그러나 이들의 행동에 빠져 있는 중요한 한 가지가 있다. 바로 자기 자신이다. 이들은 스스로 움직이는 것이 아니라, 타인에 연결되어 움직였을 뿐이다. '타인'이라는 콘센트에 '자기'라는 플러그를 연결하지 않으면 아무것도 못하는 상태였다. 남이 만들어준 껍데기 속에서 진짜 자기는 아이 상태로 남아 있으니, 30년을 살아도 50년을 살아도, 다른 사람의 결정을 기다리고 눈치만 볼 뿐 자기가 누구인지를 알 길이 없다. 이제껏 자기부재의 의존성과 자기부재의 눈치 보기에 머물러 있었기 때문이다.

자기가 없는 사람은 자신에게 일어나는 사건이나 행동의 원인이 외부에 있다고 여긴다. 원인을 밖으로 돌리는 것을 외부귀인이라고 한다. 외부귀인을 반복하는 사람은 대개 아래의 2가지 유형 중 하나에 속한다.

외부귀인의 첫 번째 유형은 분노를 표출하는 반사회적 행동형이다. 자기 책임이 아니라 남 탓, 사회 탓, 시대 탓 등 외부 요인을 탓한다. 또한 자기 책임이 아니라고 여겨서 원망이 많고 화를 잘 낸다. 자기를 이렇게 낳은 부모가 원망스럽고, 힘 앞에 비굴한 사람들이 원망스럽고, 자기를 대우하지 않는 사회가 원망스럽고, 돈에 미친 시대가 원망스럽다. 이러한 경우 개인은 반사회적 행동에 빠지기 쉽다. 제도가 잘못되었으니 지킬 이유가 없다고 여기기 때문이다. 이런 유형은 혁명과 모반의 시대에 산다면 원망과 화를 표출시켜 집단 에너지화하기도 한다.

외부귀인의 두 번째 유형은 분한 마음을 더는 못 참을 것 같은 화병형이다. 타인과 상황이 자신을 지배하므로 자기통제력을 상실하고 무기력한 상태에 이르게 된다. 그래서 외부귀인을 많이 하는 개인에게 화를 줄이라고 권하는 사회 분위기에 휩쓸려, 무작정 화를 꾹꾹 참다가는 화병형 우울에 빠지기 쉽다. 이 경우는 자기 탓을 하는 전형적인 자기소진적 우울과는 다르다. 외부귀인을 하는 화병형 우울에는 지친 모습 속에 분노가 깔려 있다.[32] 자기가 무엇을 잘못 했기에 이 지경에 이르렀는지 따져봐야 속이 시원해질 것 같은 상태다. D씨와 P씨는 인생의 위기일 때 의존할 인물까지 마땅하지 않자 억울하고 우울해진 경우다.

그러나 D씨와 P씨는 취약성을 한 가지 더 가지고 있다. 이들은 스스로 무엇을 할 수 있다는 자신감이 없다. 의존하는 인물이 시킨 일만 하느라고 스스로 결정하고 실행하거나 자신감을 키울 기회가 없었기 때문이다.

D씨나 P씨 같은 사람들은 관계와 소속을 상실하면 우울증에 걸릴 위험이 급증한다. 왜냐하면 자기 인생에서 의존했던 인물이 없어지거나, 자신이 의존했던 집단과 연결이 끝나는 출구생활사건[33]에 매우 취약하기 때문이다. 그래서 인생의 발달 단계에서 정상적으로 일어나는 이별이나 상실과 같은 출구생활사건마저 피하기 위해서 필사적으로 눈치를 본다. 이러다 보면 피할 수 없는 상실에 대해서도 분노와 우울이 동시에 밀려온다. 이들은 혼자 남겨지는 것을 견딜 수 없을 만큼 두려워한다. 자기의 부재는 참아도 타인의 부재는 참을 수 없는 사람들이다.

자기를 키우는 눈치의 기초 체력 다지기

▶

그렇다면 이제 D씨와 P씨는 어떻게 해야 할까? 우선 성인 행세를 걷어치우고 자신에게 솔직해져야 한다. 외국어를 배우려면 자신의 언어 수준을 평가한 후 수준에 따라 배우고 점차 단계를 올려야 한다. 개인 운동 프로그램에 등록했다면 기초 체력을 측정해서 체력과 신체 조건에 맞는 트레이닝으로 체력을 다져야 한다.

그런데 유독 자아에 대해서는 성숙하지 않아도 다 자란 척하는 것이 옳다고 여긴다. 눈에 보이지 않으니 없어도 있는 척, 어려도 다 자란 척한다. 자아의 세계에서는 보이는 세상에서보다도 '척하는 경우'가 더 많다. 그러나 이러한 행동은 인생에서 가장 중요한 자기에게 허세를 부리는 것에 불과하다.

어린 자아에게 성인처럼 치장을 해준다고 성인이 되는 것이 아니다. 남자아이가 아빠 옷을 입는다고 아빠가 되는 것이 아니고, 여자아이가 엄마 신발을 신는다고 엄마가 되는 것도 아니다. 만약 자아를 비추는 거울이 있다면 어린 자아에게 맞지 않는 옷을 입혀놓고, 성인인 척, 힘있는 척 끙끙거리는 모습이 한눈에 보일 것이다.

진정한 자기로서 행동하는 동안에 보는 눈치는 조율이나 화합을 위한 것이다. 그러나 자기는 사라지고 단지 '그런 척하기' 위해서 보는 눈치는 오직 다른 사람의 시선에 따라 행동하는 것에 불과하다. 그러므로 '남을 따라 하기'와 '남이 바라는 사람인 척하기'를 그만두어야 비로소 어린 자아가 제대로 보이기 시작한다. 그리고 자기를 있는 모습 그대로 보아야 자기를 돌보고 키워갈 수 있다.

자기 성장에도 미신이 있다
▶

결국 의존과 눈치가 병이 되지 않도록 하려면 자기가 없는 상태를 자기가 있는 상태로 바꿔야 하고, 어린 자기를 성숙한 자기로 바꿔야 한다. 성숙한 자기가 무엇인지를 설명하기란 쉽지 않다. 그렇지만 자기가 성장하려면 버려야 할 미신 2가지는 짚고 넘어가자.

첫째, 자기 성장을 목표나 결과로 여기는 것은 미신이다. 일생 동안 성장하는 자기는 변화의 과정일 뿐이다. 개인이 평생 동안 직면하는 문제는 각자가 다르고 연령에 따른 성숙의 조건도 각각 다르다. 그래서 자신의 성숙과 타인의 성숙은 다를 수 밖에 없다. 당연히 자기의 성숙을 타인의 성숙과 비교하는 것은 무의미하다.

또한 어제의 성숙과 오늘의 성숙이 같을 수도 없다. 어제 성장한 듯한 경험으로 오늘의 나를 장담할 수도 없다. 심리적 성숙은 상태와 과정이 개별화되어 있어서 성숙해 보이는 사람의 흉내를 내거나 그 방법을 따라간다고 반드시 자신이 성숙해지는 것도 아니다. 자기의 성숙은 일생에 걸쳐서 개별화된 과정이다.

관 뚜껑을 열고 나와서 말하는 사람이 아닌 다음에야, 자신이 살아 있는 동안에 도달한 자기의 성숙에 대해 단정적으로 이야기하는 사람은 의심해야 한다. 과정을 마치 최종적인 결과인 듯이 이야기하거나 자신이 획득한 확고한 특징인 듯이 말하는 것은 이상하지 않은가? 자기의 성숙은 과정이지 결과가 아니다.

둘째, 반드시 남과 다르고 고독해야만 자기가 성장한다는 것도 미신이다. 이는 다름과 독립에 대한 숭배에 불과하다. 자기는 남과 떨어져서 고독하거나 남과 달리 행동할 때만 성장하는 것이 아니다. 남과 꼭 달라야 한다고 고집하려면, 남이 무엇을 하는지 알아야 한다. 그러므로 무엇을 하든 남을 우선 살피게 된다. 그러면 역설적으로 남이 중요해진다.

태양 아래 모든 것을 뒤져보지 않는 한 유일무이한 자신의 독특성을 어떻게 주장할 것인가? 남들과 같아야만 안심하는 것도, 달라야만 안심하는 것도 성장이 아니다. 그저 함께 가야 하면 동행하고, 혼자 가야 하면 홀로 가는 것이 성숙이다. 독립과 의존 중 어느 하나가 자신을 지배하지 않을 때에야 비로소 성장 과정의 가운데에 있다고 할 수 있다.

자기에서 비롯되는 의존과 눈치의 문제는 이 2가지 미신을 타파해야 해결의 실마리가 보인다. 우선 성숙이 마치 결과이자 변하지 않는 특징인 양 여기는 미신을 없애야 자기가 없는 의존성에서 깨어날 수 있다. 자기 성장에 관한 한은 모두가 시행착오를 거치는 과정에 있을 뿐이므로 누구를 따라 하거나 누구의 눈치를 본다는 것은 의미가 없다. 모르는 길을 가는데 앞을 못 보는 사람이 앞을 못 보는 다른 사람의 손을 절대 놓치지 않으려고 안간힘을 쓰는 꼴이기 때문이다.

그러므로 자기가 없는 의존성과 아이처럼 따라 하기만 하는 눈치는 하루 빨리 떠나보내야 진정한 자신의 인생이 시작된다. 다른 사람과 같아야만 안심하는 것뿐만 아니라, 다른 사람과 다르다는 것을 확인해야만 안심하는 태도도 버려야 할 미신이다.

무엇이 되었든 간에 미리 정해놓은 틀로는 성장하고 변화하는 자기를 담을 수가 없다. 또한 개성콤플렉스나 독립콤플렉스에 사로잡힌 눈치와 하루빨리 이별해야 자기의 성장을 꽉 잡아맨 틀에서 벗어날 수 있을 것이다.

Special Box
2

의존성과 눈치, 그리고 지혜

그동안 의존적인 사람은 심하게 눈치 보는 사람으로 인식되었다. 그러나 의존성과 눈치가 반드시 동일한 것은 아니다. 눈치에도 여러 가지가 있듯이 의존성도 여러 가지다.

부적응적 의존성만 있는 것이 아니라 건강한 의존성도 있다. 건강한 의존성은 필요할 때 적절한 도움을 청하는 능력이다. 스스로 해결할 수 없는 난제에 부딪혔을 때, 적임자에게 도움을 청하거나 당면한 문제를 해결하기 위해서 전문가나 경험 있는 사람에게 방법이나 원리 등을 듣고 배우는 것은 건강한 의존성이다.[34] 꼭 필요한 도움을 적절히 청할 수 있는 건강한 의존성은 문제 해결 과정에서 지혜에 해당한다.[35] 그러므로 의존성과 눈치가 전적으로 겹치는 것은 아니다.

그러나 자기가 없는 수동적인 태도로 상대방에게 일방적으로 의존할 때에는 부적응적인 눈치를 보게 된다. 자기부재의 눈치와 자기부재의 의존성은 공통점이 많다. 자기가 없거나 미약할 때 의존성은 반드시 부적응적 눈치와 함께 나타난다.

14
관심을 끌려고
보는 눈치

다른 사람의 관심을 끌고 싶은 사람은 눈치를 많이 본다. 눈치가 없다면 상대방의 관심을 끌 만한 것이 무엇인지를 알 수 없기 때문이다. 이들은 다른 사람의 관심을 받아야만 비로소 자신이 가치가 있는 사람이라고 여기므로 의존성 성격과 마찬가지로 타인에게 지나치게 의존한다. 그러나 수동적으로 남의 요구에 응하기보다는 적극적으로 타인을 조종하고자 한다는 점이 의존성 성격과는 다르다. 또한 이들은 여러 사람의 관심을 끌기 위해서 변신과 변덕을 반복한다. 이러한 특징은 연극성 성격에서 가장 극적으로 나타난다.

의존적이고 눈치를 많이 보는 사람들이 모두 시키는 대로만 하는 것은 아니다. 앞에서 보았듯이 수동적인 의존심이 강한 사람은 남이 시키는 대로 따르고 자신의 안전을 타인에게 맡긴다.

그런가 하면 자신의 의존심을 채우려고 적극적으로 상대를 조종하는 사람도 있다. 이들을 적극적인 의존형이라고 한다.[36] 주변 사람들이 의존성을 금세 알아차릴 수 있는 수동적인 의존형과 달리, 적극적인 의존형은 얼핏 보면 자율적인 사람인 것처럼 보인다. 그러나 두 유형 모두 극단적인 타인지향성과 강한 의존심을 보인다는 점에서 건강하지 않은 눈치다.

남에게 보여주기 위해 사는 사람들
▶

적극적인 의존형은 타인의 관심을 가장 중요하게 여긴다. 그래서 타인이 없으면 자신의 행동은 아무런 의미나 동기도 없다. 배우에게 관객이 중요하듯이 적극적인 의존형에게도 자기를 보아줄 타인이 중요하다. 이처럼 남에게 보여주기 위해 살기 때문에 연극성 성격이라고 한다.

연극성 성격은 자신이 보여줄 수 있는 역할이 자기 자신이라고 여긴다. 그러나 연극성 성격이라고 표현했지만 그들에게는 진짜 배우와 몇 가지 다른 점이 있다. 배우는 공연이 끝나고 카메라가 멈추면 자신의 인생을 살지만, 연극성 성격은 인생 전체가 무대고 연기여서 온전히 자기로 사는 순간이 없다. 또한 배우는 다양한 역할을 연기하면서 등장인물 간의 조화를 중요하게 여기지만, 연극성 성격은 주인공 역할만을 고집할 뿐 조화에는 관심이 없다. 왜냐하면 연극성 성격은 애정과 관심을 한 몸에 받는 주인공 역할이 아니면 참지 못하기 때문이다.

또한 배우는 작품이 완성될 때까지 극에 충실하지만, 연극성 성격은 자신이 사랑받는 주인공 역할을 하지 못하면 언제든지 퇴장하고 다른 무대를 찾는다. 그리고 연극성 성격은 자신이 연기자이자 연출자여서, 주변 인물들이 자신이 원하는 대로 대해주지 않거나 상황이 바뀌면 변덕이 죽 끓듯 한다.

보는 사람이 없으면 독백이나 일인극도 하지 않기 때문에, 적극적인 의존형은 사람들이 모이는 곳을 좋아한다. 사람들 사이를 이리저리 돌아다니면서 웃고 떠들어서 쾌활하고 인기 있어 보이기도 한다. 그러나 가까워질수록 멀리서 본 것과는 사뭇 다른 모습이 펼쳐진다. 인상만 있고 알맹이가 없기 때문이다. 배우들이 의상과 연기를 통해서 인물의 인상을 만들 수는 있어도 진짜 그 인물이 아닌 것과 같다.

다음은 연극성 성격을 가진 H씨를 언니로 둔 여동생의 이야기다. 당시 H씨는 우울증 증상을 보였고, 동생과 가족들은 지쳐 있었다. H씨의 동생이 하는 이야기를 들어보자.

사랑에 살고 사랑에 죽은 H씨의 사례
어려서부터 언니는 사랑을 독차지하고 싶어했어요. 부모님이 저에게 관심을 보이면 참지 못했지요. 제 생일에도 언니는 저보다 예쁘게 차려입고 제 생일 케이크의 촛불을 끄고 싶어했어요. 질투가 심했죠. 그래도 남자들 눈에는 언니가 굉장히 여성스러워 보였나봐요. 언니는 빼어난 미인은 아니지만 늘 주변에 남자들이 따랐죠. 언니는 남자가 원하는 여자로 자신을 연출하는 데 능숙했어요.

따라다니던 남자 중에서 언니가 누구와 사귀고, 누구와 사귀지 않았는지는 모르겠어요. 사실 오래 만난 남자도 없었어요. 자석에 끌리듯 언니 주변에는 늘 남자들이 넘쳤으니 시작하는 건 문제가 없었죠. 하지만 조금 지나고 보면 남자가 바뀌어 있곤 했어요. 남자가 자기에게 소홀하면 화를 내고, 아프다고도 하고, 어쨌든 만나고 좀 지나면 징징대는 건 늘 언니 쪽이었죠.

징징대는 걸 받아줄 제2, 제3의 남자가 늘 있었으니 언니는 혼자 지낸 적이 없었어요. 남자들은 언니 주위를 맴돌다가도 막상 언니와 가까워지면 떨어져 나가곤 했죠. 그렇게 남자가 많았으면서 왜 제 남자친구까지 사귀었는지는 모르겠어요. 물론 그와의 만남도 금방 끝났지만요. 그렇게 많은 남자가 필요했던 이유가 뭐였을까요?

그러다 마침내 어떤 남자와 진짜로 사랑에 빠졌지요. 둘은 피트니스센터에서 만났어요. 상대는 체격과 근육이 다부지고 목소리와 행동 모두가 남자다워 보이는 사람이었죠. 언니를 단숨에 휘어잡았고, 언니의 여성성을 끊임없이 칭찬해댔어요. 언니는 그야말로 그 남자에게 푹 빠졌어요.

가족들은 드디어 제 짝을 만났구나 생각했지요. 결국 그 남자가 형부가 됐죠. 결혼식 날 보니 '여자 중의 여자'와 '남자 중의 남자'가 만났다고 하면 딱 맞을 커플이었죠. 보기는 좋았어요. 뭐랄까…, 그러니까 그림이 딱 나오는 그런 거요.

그런데 이 부부는 결혼을 하고 나서 점점…, 저로서는 이해하기 힘들었어요. 형부는 언니의 비위를 맞추면서 자꾸 돈을 끌어갔죠. 형부가 그 돈으로 무얼 했는지는 잘 모르지만, 어쨌든 좋은 옷, 좋은 차를 갖추고 폼 나게 돌아다녔어요. 뭔가 중요한 자리를 꿰차고 있을 것 같은 인상이었지만, 형부에게는 진짜 직업이라고 할 만한 일은 없었어요. 그런데 형부의 바람기도 결혼 전 언니에 못지 않았지요.

게다가 둘의 대화를 잘 들어보면 서로 다른 말을 하며 겉도는데도, 표정하고 포즈만 보면 그런 잉꼬부부가 없는 거예요. 내용이 하나도 없는 말을 하는데도요. 심지어는 서로가 상대방의 질문에 답을 안 하거나 동문서답을 하기가 일쑤였어요. 그런데 신경도 안 쓰더군요.

남들 앞에서는 시선을 끌 정도로 요란하게 애정 표현을 하다가도 집에 가면 둘이 싸우는 날이 많아졌죠. 언니가 형부에게 돈을 끌어다주다가 빚더미에 앉고, 형부가 완전히 무책임한 사람이라는 것이 분명해지고야 비로소 험난한 결혼 생활이 끝났어요. 두 사람의 결혼은 불 같은 사랑으로 시작해서 슬픈 결말로 끝나는 한 편의 강렬한 드라마 같았어요.

이혼 후에 언니는 비극의 주인공처럼 꼼짝 않고 누워 있거나 커튼을 쳐놓고 훌쩍거렸죠. 그러다 짜증을 내기도 하고, 아무나 붙잡고 자기 이야기를 털어놓았어요. 매일 술을 마시기 시작했죠. 처음에는 주변에서 다들 위로를 했어요. 그런데 도무지 기분을 맞출 수도 없을뿐더러 맞춰줄수록 더 변덕을 부리고 아이처럼 굴었죠. 이제 언니도 나이가 있는데 아직도 저러고 있으니 가족들도 지쳤지요. 휴, 언니가 변할 수 있을까요?

그 여자의 연극성, 그 남자의 연극성
▶

H는 연극성 성격histrionic personality의 첫 글자다. H씨와 H씨의 남편은 모두 연극성 성격이다. 흔히 연극성 성격에는 여자가 많을거라고 생각한다. 그러나 남자든 여자든 H부부와 같이 극단적인 성역할 고정관념을 연기해서 관심을 끄는 것이 연극성 성격의 대표적인 예다. 이 경우 여자는 체계적인 사고나 계획이 필요한 일을 하거나 노력을 하기보다는 귀여움이나 신체적 매력에 대해서 보상을 받고자 한다. 남자는 대인관계 능력이나 문제 해결 능력을 인정받기보다는 사내다움, 강인함, 또는 힘에 대해서 보상을 받고자 한다.[37]

다만 H씨와 H씨의 남편은 약간 다른 종류의 연극성 성격이다. H씨가 과장되고 극화하는 특징이 두드러지는 데 비해서, H씨의 남편은 남을 잘 속이는 교활한 연극성 성격에 가깝다.[38] H씨와 같이 단순해서 수가 보이는 연극성 성격인 사람들은 H씨의 남편과 같은 사기꾼 유형에게 잘 속아 넘어간다. 사기꾼은 H씨 같은 사람들이 관심과 칭찬을 원하는 것을 잘 알고 있다. 그래서 이들을 공주나 왕처럼 대하고, 아름다움이나 남자다움에 대해 찬사를 보내며, 이들의 취향에 감탄해준다.[39] 대개는 '어, 이 사람, 왜이래?'라고 할 상황에서도 H씨 같은 사람들은 흡족해하면서 자기 성격의 부정적인 면을 더욱 강화한다.

살다 보면 꼭 만나야 할 사람들끼리만 만나는 것이 아니다. 때로는 만나면 안 될 사람들끼리 만나서 사랑에 빠지는 바람에 자신과 주변 사람들을 곤경에 빠뜨리기도 한다. H씨와 H씨의 남편이 그런 경우다.

동성의 연극성 성격은 서로 상극임을 즉각 알아보고 으르렁거려서 같은 공간에 있기 어렵다. 그런데 이성인 경우는 서로 상극이라도 강렬하게 끌리기도 한다. 문제는 이들이 함께 있으면 서로를 더 나쁘고 더 형편없는 사람으로 만든다는 점이다. 서로가 상대의 부적응적인 특징을 강화시켜서 더 나쁜 쪽으로 끌고 가기 때문이다. 장점을 키우고 단점을 보완하는 건강한 관계가 아니라, 오히려 단점을 키워서 문제를 악순환시키는 관계다. 인생에는 치유적인 만남도 있지만, H부부와 같이 병적인 만남도 있다.

H부부의 성격에는 '다른 사람들이 나에게 주목하고 나를 좋아하도록 만들어야 한다.'라는 기본 가정이 깔려 있다.[40] 이 점은 모든 연극성 성격의 공통점이다. 그래서 연극성 성격은 딱 한 가지 눈치만 살핀다. 다른 사람의 관심을 끌고 다른 사람의 애정을 확인하는 눈치다.

누구라도 자신이 주인공이 되어야 마땅한 순간이 있고, 상대의 사랑을 확인하고 싶은 순간도 있다. 그러나 보통은 반복해서 관심과 애정을 확인하는 일에만 골몰하지는 않는다. 이렇게 되면 자신도 상대도 모두 피곤해지기 때문이다. 그러나 연극성 성격은 관심과 애정을 채우려는 욕망이 끝이 없다. 그래서 어떻게 하면 관심을 끌지, 어떻게 하면 상대가 애정을 표현할지, 끊임없이 눈치를 본다. 눈치를 봐서 관심과 애정을 보여줄 상황을 연출하고 상대가 여기에 응하도록 조종한다.

그런데 문제는 관심을 끌기가 쉽지 않다는 점이다. 한결같고 변화가 없으면 다른 사람의 관심을 끌 일이 별로 없다. 관심을 끌려면 뭔가 새로운 것을 보여주어야 하고, 이전보다 더 강한 자극을 보여주어야 한다. 그래서 연극성 성격은 자극을 추구하고 변덕이 심하고, 과장이 심해질 수밖에 없다. 이들은 무덤덤하고 심심하고 반복적인 상태를 참지 못한다. 따라서 적극적으로 관심과 애정을 찾아 나선다.

연극성 성격과 시장형 성격
▶

H부부의 사례를 보면서 이들의 행동이나 관계가 우스꽝스럽다고 느꼈을 것이다. 왜일까? 이유는 이들이 비교적 고전적 유형의 연극성 성격이기 때문이다. 이러 유형의 연극성 성격의 사람들이 고정적인 성역할 이미지를 과장해서 연기하는 것 자체가 흔히 희극적이다. 예를 들어 가냘픈 고음으로 "어머나"를 연발하는 여자, 혹은 낮고 굵은 목소리로 "너 오늘 예뻐 보이는구나."를 연발하는 남자를 바라보고 있다고 상상해보면 이해가 갈 것이다.

그런데 어떤 점에서 보면, 연극성 성격은 시대가 특정 집단의 구성원에게 요구하는 역할의 캐리커처와 같다. 캐리커처는 현실의 인물을 사실적으로 묘사하지는 않지만, 과장과 생략을 통해서 해당 인물의 특징과 인상을 담아낸다. 캐리커처가 보여주는 것은 사실이 아니라 상징성이다.

예를 들어 H씨는 여성의 유혹적인 특징을 연기하고, H씨의 남편은 남성의 마초적인 특성을 연기한다. 이 특징들은 H부부가 각각 자신의 매력이라고 여기는 부분이다. 그런데 H부부 같은 연극성 성격이 특히 우습고 유치해 보이는 이유는 이들이 연기하는 역할이 현재 시대에는 맞지 않기 때문이다. 남자를 유혹해서 인생을 편하게 살아보겠다거나, 혹은 마초적 힘으로 여자를 낚아보겠다는 생각은 유행이 지났다. 유행이 지난 과거의 과장된 패션을 볼 때 사람들은 대개 유치하고 우스꽝스럽다고 여긴다. 바로 이것이 H부부를 보는 현대인의 시선일 것이다.

그런데 질문을 조금만 바꾸어보면, 누구도 H부부를 쉽게 비웃기 어렵다. 유행이 지난 시대착오적인 역할 연기는 우습지만, 누군가가 바로 지금 유행하고 있는 역할을 연기하고 있다면 쉽게 알아볼 수 있겠는가? 연극성 성격의 흥미로운 점은 바로 이 질문에 있다.

에리히 프롬이 말한 '시장지향성'은 고전적인 연극성 성격의 현대적 변형을 가장 정확하게 담아내고 있다.[41] 시장에 나와 있는 상품은 구매자의 관심을 끌어서 필요한 물건이라는 인상을 주어야 판매된다. 마찬가지로 연극성 성격도 다른 사람들이 원할 거라고 여기는 매력적인 특징들을 연기해서 선택되기를 갈망한다.

이 성격이 주는 메시지는 분명하다. '나를 보세요. 나에게 관심을 가지세요. 나를 선택하세요. 나야말로 당신이 원하는 바로 그 사람이랍니다.' 연극성 성격은 자신의 언행을 통해서 이 메시지를 끊임없이 표현한다. 자신이 얼마나 바람직한 상품인지를 진열하고 보여주며, 자기 자신을 자신이 연기할 수 있는 역할의 총합으로 대체하고자 한다.[42] 따라서 이들은 결코 자기 자신으로 살지 않으며, 자신이 어떤 사람인지에 대해서는 관심이 없다.

연극성 성격의 변덕스러운 눈치는 근본적으로 바로 이 시장성에서 나온다. 이들은 다른 사람들이 기대하는 바로 그 역할을 하고 싶어한다. 당연히 자신이 처한 상황과 상대방에 따라서 다르게 연기를 한다. 그래서 자아상 자체가 변덕스럽고, 고유한 자기 자신이 없다. 자기가 어떤 이미지를 연기하느냐에 따라서, 그리고 그 역할을 통해서 타인의 승인을 받았는가에 따라서 모든 것이 변덕스럽다.

이들은 단기간에 이미지나 인상을 관리하는 데 능숙하다. 여러 사람이 자신을 선택하도록, 그리고 그들이 떠나지 못하도록 적극적으로 조종하기 때문이다. 마치 스스로 역할을 선택하는 듯이 보이지만, 이들의 연기는 자유롭지 않다. 이들의 인생은 다른 사람이 없으면 아무 의미가 없기 때문이다.

자신에게 관심과 애정을 보여줄 사람이 없으면 삶의 동력이 사라진다는 점이 이들의 가장 큰 문제다. 전형적인 상징과 이미지를 조작할 수 있다는 것은 현실 그 자체를 다룰 수 있다는 것과는 다르다. 또한 연기를 통해서는 구체적인 문제나 갈등, 진정한 감정, 세부적인 의사소통 등을 다룰 길이 없다.

가장 낯선 것은 나의 내면

▶

연극성 성격은 적극적으로 자신을 드러내고, 관심을 끌고, 극적이고, 사람들 앞에서 활발해 보여서 겉모습은 의존성 성격과 달라 보일지 몰라도, 다른 사람이 없으면 인생에서 아무런 의미와 기준을 찾지 못한다는 점은 의존성 성격과 똑같다.

그러나 한 사람에게 충성심이 높은 의존성 성격과 달리, 연극성 성격은 다수가 원하고 다수의 주의를 끌 수 있다면, 카멜레온처럼 다른 역할을 연기한다. 변덕스럽고 기회주의적이다. 이들의 눈치는 그야말로 겉모습을 만드는 임기응변이기 때문에 다른 사람들이 이들을 불신하게 되는 원천이 되기도 한다.

대개 청중이나 관객이 누구냐에 따라서 이들은 다른 말, 다른 역할을 하는 데 아무런 거리낌이 없다. 왜냐하면 자기 자신의 일관성이나 원칙 등은 애초에 없고, '눈 앞에 있는 사람들이 좋아할 만한 것이 무엇인가.'에 대해서만 민감하게 눈치를 봐서 행동하기 때문이다. 오래 함께 지낼수록, 가까이서 지켜볼수록, 이들의 얄팍한 피상성과 변덕에 사람들은 혀를 내두른다.

그리고 지켜보던 사람들은 스스로의 정신건강을 위해 알아서 이들의 곁을 떠난다. 그러면 이들은 마음이 아픈 듯이 연기를 하지만, 관심과 애정을 보여줄 다른 사람들이 있다면 누가 떠나든 말든 실은 별로 개의치 않는다.

이들이 진짜로 어찌할 바를 몰라서 치료를 받고 싶어하는 순간은 주변의 마지막 사람까지도 등을 돌린 순간이다. 그 순간까지도 연극성 성격인 사람이 치료자에게 원하는 것은 치료자가 자기 대신 나서서 떠난 사람들의 마음을 돌려달라는 요구인 경우가 허다하다. 치유를 받는 상황마저도 조종하려 드는 것이다.

이쯤에 이르면 연극성 성격의 소유자들이 마지막까지도 피하고 싶어하는 것이 무엇인지 명확해진다. 이들이 끝까지 피하고 싶어하는 것은 자신의 내면과 있는 그대로의 현실이다.

오직 타인의 관심에만 몰두하기 때문에 이들에게 내면의 경험은 낯선 이물질처럼 불편해진 지 오래다.[43] 이들은 자신을 아는 듯한 연기는 할 수 있어도, 실제로는 자기 자신에 대해서 알고 싶어하지 않는다. 친밀감을 연기할 수는 있어도, 진짜 친밀감을 다루는 능력은 없다. 오랜 친구처럼 연기할 수는 있어도 진짜로 오랫동안 친구로 지내는 법은 익힌 적이 없다. 심각하고 사려 깊어 보이는 연기는 할 수 있어도, 진짜 깊이 있는 관계에서 무슨 일이 일어나는지는 알지 못한다.

그러므로 이들이 연출하고자 하는 인생의 극본 속에 희극과 비극이 들어 있는 것이 아니라, 실은 자기 자신으로부터의 소외와 변덕스러운 눈치에서 진짜 희극과 비극이 모두 나온다. 연기를 하기 때문에 결코 자신이 연기하는 인물이 될 수 없다는 것이 연극성 성격의 아이러니다.

연기자의 직업은 연기하는 것이다. 연기자는 결코 자신이 연기한 역할이 종사하는 일을 직업으로 삼지 않는다. 그리고 진짜 그 인물이 된다는 것은 남이 관심을 보이거나 말거나 같은 사람으로 살 줄 알아야 가능하다. 그러므로 연극성 성격은 진짜 감정과 진짜 관계에 머물러보겠다는 결심을 해야만 비로소 변덕스러운 눈치가 줄어들고 건강한 눈치를 작동할 수 있다.

15

어느 편인지 알려고
보는 눈치

> 대인관계에서 행동이 극단적이고 감정 조절에 어려움을 겪는 사람들이 있다. 이런 사람들의 눈치는 어떤 특징이 있을까? 대인관계에서 극단적인 모습을 보이는 사람은 눈치도 극단적이어서 자신이나 타인의 감정과 행동에 들어 있는 작은 차이를 구별하지 못한다. 이와 같이 이분법적이고 균형이 깨진 눈치는 경계선 성격에서 두드러진다.

"저 사람은 어떤 사람일까?" 사람들은 하루에도 몇 번씩 이 질문을 되풀이한다. 의식적으로 이 질문을 되뇌기도 하고, 은연중에 상대를 분류하기도 한다.

상대가 어떤 사람인지를 판단하는 기준이 누구나 같지는 않다.

그렇기는 하지만 이 기준은 일상에서 사람을 판단할 때 강한 힘을 발휘한다.

당신은 차갑나요, 따뜻한가요?
▶

사람을 판단하는 데 강한 영향을 끼치는 특성은 '따뜻한 사람'인지 아니면 '차가운 사람'인지에 달려 있다고 알려져 있다. 예를 들어 어떤 사람에 대해 설명할 때 따뜻하고 논리적인 사람이라고 하면, 합리적이고 지혜로울 것 같아서 만나고 싶어한다. 반면에 차갑고 논리적인 사람이라고 이야기하면, 시시비비만 따지고 냉혹할 것이라고 여겨서 피하고 싶어한다. 또한 따뜻하고 꼼꼼하다고 하면 타인을 잘 챙길 것 같아서 든든한 느낌을 주지만, 차갑고 꼼꼼하다고 하면 그 사람 앞에서는 실수를 하거나 잘못하면 안 될 것 같아서 피곤한 느낌을 준다. 그러니까 나머지 특성이 모두 같아도 "따뜻한 사람이다." 혹은 "차가운 사람이다."라는 한마디가 더해지면, 상대를 판단하는 나머지 특성이 한꺼번에 다르게 배열되는 효과가 있다.[44]

'따뜻한 사람'과 '차가운 사람'의 구분이 인물을 판단할 때 맥락을 바꿀 정도로 가중치가 높은 이유는 판단자의 안전과 관련되기 때문이다. '따뜻하다.'거나 '차갑다.'는 것은 양육과 보살핌에 관련된 대표적인 특징이다.

마음과 몸으로 아이를 따뜻하게 안아주는 것은 아이의 성장에 중요하다. 제때 먹이고, 씻기고, 입히고, 깔끔한 잠자리에 재워도 따뜻한 정이 없으면 문제가 생긴다. 정을 충분히 받지 못하고 자란 아이는 발육이 부실하거나 병에 잘 걸리고, 지적 발달이 늦거나 감정 표현이 이상해지기도 한다.[45] 반면에 '따뜻하고 포근한 엄마의 품 안'은 모든 것을 받아주는 든든한 지원자가 갖는 기본적 이미지다. '포근한 엄마의 품 안'이라는 이미지는 지치고 고단할 때나 서럽고 외로울 때, 혼자서 들여다보는 기억의 보고이며, 언제든 되돌아가면 금방 힘이 날 것만 같은 에너지의 요람이기도 하다.

이러한 어머니상은 지나치게 이상화되어 있는 면이 있다. 그러나 사람들이 자기편이라고 여기는 인물의 원형이 무엇인지는 확실히 반영한다. 사람들이 생각하는 틀림없는 자기편은 따뜻한 어머니다. 그러니까 상대가 어떤 사람인가를 물을 때 '따뜻한' 사람인지 아니면 '차가운' 사람인지가 중요한 이유 중 하나는 사람들은 자기도 모르게 상대가 자기편인지 아닌지를 알고 싶어하기 때문이다. 좋은 어머니 같은 인물이라면 두려워하지 않고 안심하고 함께 있어도 된다고 믿는 것이다.

냉정과 열정 사이에 있는 다양한 그 무엇
▶

얼핏 생각하면 명확할 것 같지만, 막상 '따뜻하다.'와 '차갑다.'를 구별하는 것은 예상보다 어렵다. '따뜻하다.'와 '차갑다.' 사이에 수많은 미지근함이 있기 때문이다. 믿기 어렵다면 커피를 주문할 때 "미지근하게 주세요."라고 말해보라. 이 행동실험을 몇 번만 반복해보면 커피전문점에 따라, 바리스타에 따라, 심지어는 같은 바리스타라도 매번 온도가 다른 커피를 준다는 사실을 금방 알게 될 것이다.

커피뿐만 아니라 사람의 관계도 마찬가지다. '나를 받아주는 따뜻한 사람'과 '나를 거절하는 차가운 사람', 이렇게 2가지로만 사람을 나누면 사람을 온전히 파악할 수가 없다. 게다가 자신이 살아가는 입체적인 세상도 현실과는 동떨어진 평면적인 세상으로 만든다. 다양한 것을 둘 중의 하나로 만들어버리므로 왜곡과 오류투성이가 된다.

인식의 범주를 둘로만 나누는 것을 이분법적 사고라고 한다. 이분법으로 사고하면 극단적인 2개 중에서 하나를 선택하고 하나를 버리기 때문에 심리적 저울이 완전히 한쪽으로 기울어져서 균형이 사라진다. 눈치도 마음의 일부이므로 이분법적인 눈치도 균형이 깨져 있기는 마찬가지다.

인생에는 단호해야 할 때가 있기 때문에 '예.' '아니오.'처럼 확실한 이분법적 대답이 필요한 순간이 있기는 하다. 그러나 심리적으로 건강하고 성숙한 사람이라면 꼭 필요한 경우가 아니면 이분법적 인식을 남발하지 않는다.

너는 누구 편이냐고 따지는 사람들
▶

그런가 하면 세상사를 이것 아니면 저것으로 나누는 일에 매우 집착하는 사람도 있다. 이런 사람들은 대인관계에서 상대가 어느 편인지를 가장 궁금해한다. 이들은 상대가 자기편이라는 것을 증명하지 못하면 적이라고 여긴다. 즉 세상에 아군과 적군 외에 다른 인물은 없다고 생각한다. 내 편은 좋은 사람이고 적은 나쁜 사람이라고 여기면 타인을 아주 단순하게 인식할 수밖에 없다.

이들의 눈치는 상대가 내 편인가 아닌가를 알기 위해서 작동한다. 여기서 한 발 더 나가서 내 편인지를 알기 위해서 과격한 방법으로 자꾸 시험을 해보기도 한다. 내 편 아니면 적이라는 두 세상을 도움닫기를 하듯이 건너뛰며 오고 가기 때문에, 상대가 내 편이냐 아니냐에 따라서 이들의 행동과 감정도 양극단을 오고 간다. 이들이 보이는 행동과 감정의 극단적인 변화는 주변 사람들을 당황하게 한다. 상대를 따뜻하다고 느끼느냐 혹은 차갑다고 느끼느냐에 따라서 강렬한 관계와 감정이 극과 극을 오락가락하기 때문에 당사자와 주변 사람들이 모두 힘들어진다.

아래 사례에 나오는 B씨도 극단적인 감정과 행동으로 자신과 타인을 계속 괴롭힌 경우다. 상담을 원한 사람은 B씨의 남자친구였다. 그가 머뭇거리면서 시작한 이야기는 다음과 같다.

빛과 어둠을 오간 B씨의 사례

그녀에게는 사람을 강력하게 끌어당기는 힘이 있었어요. 인디밴드 취재를 나갔던 날이었죠. 일을 마치고 근처를 돌아다녔어요. 한잔하려고 들어간 곳에서 B가 노래를 하고 있는 걸 보았어요. 그 가사가 아직도 귓전을 맴도네요.

"많은 사람들과 사랑을 나눴지만 나는 이제 혼자 집으로 가겠지요…." 록 가수 제니스 조플린Janis Joplin의 노래였어요.⁴⁶ 흐느끼는 것 같기도 하고 울부짖는 것 같기도 하고 종잡을 수 없는 목소리였죠. 무슨 구조 신호를 보내는 것 같더라고요. 왠지는 몰라도 그녀를 혼자 두면 안 될 것 같았어요. 그게 시작이었어요.

외모는 반항적인 고등학생처럼 보였는데 저하고 동갑이더군요. 함께 웃고 마시며 이야기를 나눴어요. 그녀는 지나치게 조롱조의 말을 많이 했지만, 아직 세상에 대한 치기가 남아서 그러려니 했지요. 소용돌이에 빨려 들어가는 것처럼 정신을 차릴 수 없는 밤이었어요. 특히 그 눈빛을 들여다보고 있으면 멍해지곤 했죠.

처음 만난 사람과 함께 밤을 보낸 건 그때가 처음이었어요. 저는 그냥 평범하게 일을 하고 월급을 받으면서 남들 사는 대로 사는 보통 사람이거든요. 아침에 일어나보니 B의 왼쪽 팔목에는 칼로 그은 흉터가 여러 개 있더군요. 모로 누워 웅크리고 잠들어 있는 그녀가 애처로워 보였어요. 그녀의 손목을 제 손바닥으로 덮어주었죠. 그때 B가 눈을 떴는데 무얼 보고 있는지 모르겠더군요. "나 별로 좋은 여자 아니야. 그냥 가."라고 내뱉고 반대로 돌아눕더군요.

그리고 그다음 날부터 그녀는 하루에도 여러 번 제게 문자를 보내고 전화를 하기 시작했죠. 한 달쯤은 매일 만났어요. B는 노래 말고도 재능이 많은 여자였어요. 시를 썼고, 그림을 그렸죠. 전공이 미술이었다고 하더군요. 산업디자인을 전공했는데 자기에게 상업적 자질이 없어서 포기했고, 밴드 동아리 공연을 하다가 대형 기획사 오디션에 합격한 적이 있었는데 연습생 과정을 견딜 수 없었다고 하더군요.

규칙적으로 살거나 조직에 적응하는 걸 할 수 없는 여자였어요. B가 완성한 그림이나 시도 모두 강렬했어요. 존재의 텅 빈 심연이나 공허한 본질을 단숨에 까발리는 듯한 작품들이었죠. 뭐, 척 봐도 도무지 팔릴 것 같지 않았지만요.

한번은 B가 터벅터벅 걸어가다가 휙 돌아서서 제 팔을 잡고 심각한 표정으로 속삭이더군요. "너도 먼지처럼 살겠다. 너도 나처럼. 먼지 같았지, 처음부터…. 그래서 사랑한다."⁴⁷ 드라마 대사였어요. B의 얼굴에 금방 장난기가 퍼지더군요. 서로를 바라보며 우린 함께 큰 소리로 웃었어요. 그녀는 좋을 때는 더없이 좋은 여자였어요. "네가 떠나면 죽어버릴 거야."라는 말을 곧잘 했는데, 그땐 농담인줄 알았죠.

그런데 시간이 지날수록 제 생활은 엉망이 되었어요. 그녀는 항상 통화할 수 있길 원했고 언제든 만날 수 있기를 바랐지요. 회의 중이거나 일을 하거나, 어떤 이유에서건 전화를 받지 않으면 불같이 화를 내거나 초조해하곤 했어요.

언젠가 제가 바빠서 만나지 못한 날에는 혼자서 필름이 끊기도록 술을 마시고, 제 집에 들어와서 물건을 부순 적도 있었죠. 그 꼴을 해놓고 구석에 쓰러져서 자고 있더군요. B가 좋아했던 애완견 '멍이'도 그 옆에서 태평하게 엎드려 있었고요. 그녀가 '멍이'한테는 유난스러웠어요. 사람은 사람을 버려도 개는 돌본 사람을 안 버린다면서요.

동료나 친구들이 그녀가 좀 이상한 것 같다고 하더군요. 그녀는 혼자 있거나 외로운 걸 견디지 못했죠. 혼자 있는 밤이면 어둠 속에

버려진 아이처럼 불안해했어요. 운전은 또 얼마나 난폭하게 하는지, 롤러코스터 같은 날들이었죠. 떠나지 말라며 매달리다가도 화가 나면 심한 말을 하며 저에게 달려들었어요.

그러다 그녀는 가끔 폭발적으로 화를 냈어요. 한 번 화가 나면 물불을 안 가려서 몸이 멍투성이가 되곤 했죠. 그녀를 진정시키려면 인내심이 필요했어요. 겨우 진정이 되면 미안하다고 하며 안아달라고, 제발 자기를 떠나지 말라면서 울었죠. B는 중간이 없었어요. B와 함께 있으니 제 자신을 돌보기가 어렵더군요.

B와 헤어지고 만나는 일이 반복되었어요. 제가 헤어지자고 한 적도 없고 제가 다시 만나자고 한 적도 없었어요. B는 저를 힘껏 밀치고 사라졌다가 어느 정도 시간이 지나면 슬그머니 나타나서, 제가 없으면 안 되겠다고 애원했죠. 평온과 불화를 교대로 오가면서 몇 년이 흘렀어요.

평온한 기간 동안 그녀는 사랑스러운 아기 같았어요. 그녀가 제게 가장 많이 했던 말은 "넌 꼭 엄마 같아. 포근하고 좋은 엄마. 너 같은 엄마가 있었으면 좋겠어."였어요. 어떤 때는 아주 초연해 보이기도 했어요. "모든 게 너무 무의미해." 그녀가 즐겨 하던 말이죠. 자신을 받아줄 아주 커다란 존재를 향해 걸어 들어갈 것 같은 적도 있었죠.

평범하다고 하긴 어려웠지만, 그녀 곁에 있는 것이 가끔은 아주 행복했어요. 그런 시간이 없었다면 그녀와 이렇게 몇 년을 만날 수는 없었을 겁니다. 그녀의 방황이 그만 끝났으면 좋겠다고 간절히 빌곤 했어요.

그러나 좀 지나면 발작처럼 또다시 불안과 분노, 자해, 자살 시도가 이어져서 감당하기가 어려웠어요. B는 마치 제가 어디까지 그녀를 받아줄 수 있는지 시험하는 것 같았어요. 이런 일이 반복되다 보니, 그녀가 다급한 목소리를 내도 무뎌지더군요. '저러다 또 괜찮아지면 돌아오겠지.'라는 생각이 들었어요.

그 사건이 있던 날에도 저는 이미 지쳐 있었고, 그러다 말겠거니 생각했어요. 전화기 너머에서 그녀가 흐느끼더군요. "넌 좋은 사람이야. 그런데 난 왜 자꾸 이럴까? 난 너에게 어울리지 않아. 나는 내가 창피해. 네 옆에 있으면 안 될 것 같아. 하지만 그래도 네가 필요해. 지금 빨리 와줘. 내 인생을 더는 못 견디겠어. 다시 시작할 수는 없을까?"

술을 먹었는지 수면제를 먹었는지 알 수 없었지만, 이미 B는 발음을 똑똑히 할 수 없었어요. 전화기를 잡고 한참을 횡설수설할 분위기더군요. 그런 일이 한두 번도 아니었기 때문에 건성으로 듣다 끊었죠. 그게 마지막이었어요. 장례를 마치고 화장터를 나오는데 가족은 이미 지칠 대로 지친 듯 무덤덤한 표정이더군요. 저도 그녀와 더 오랫동안 부대꼈다면, B의 가족과 같은 표정이었을지도 모르죠.

그날 제가 그녀에게 달려갔다면 극단적인 선택을 막을 수 있었을까요? 평생 저한테 짐이 된다고 해도, 제가 더이상은 그녀를 돌볼 수 없게 되는 날이 온다고 해도 갈 수 있는 데까지는 가볼 작정이었어요. 얼음 속에 갇혀 있는 작은 불꽃 같은 여자였죠. 자신을 조절할 수는 없었지만 그녀에게는 눈부시게 아름다운 부분이 있었어요. 이제는 부질없는 일이 되어버렸지만요.

감정 표현이 불안정한 경계선 성격

▶

B는 경계선 성격Borderline Personality의 첫글자다. B와 같은 경계선 성격은 개인적으로 친밀한 정서적 교류가 시작되면, 관계나 감정 표현이 불안정하고 강렬한 것이 특징이다. 이들이 세상을 보는 프레임과 생리적 특성을 이해하기 전에는 경계선 성격의 강렬한 감정을 공감하기 어려울 수도 있다. 경계선 성격인 사람들의 생각과 생리적 특징은 다음과 같다.

첫째, 경계선 성격의 사고 프레임은 이분법적 특징이 강하다.[48] 경계선 성격인 사람들을 대상으로 영화를 보고 나서 영화 속의 등장인물을 평가하는 실험을 한 적이 있다. 그 결과 경계선 성격인 사람들은 인물을 복잡하게 기술하지 못하고, 양극으로 나누어 이분법적으로 평가를 했다. 특히 학대나 유기에 대한 영화를 본 경우에 이러한 특징이 두드러졌다.

둘째, 이들은 생리적으로 경계과잉 상태에 있는 경우가 많다. 이들을 대상으로 위협적인 단어를 읽는 실험을 했다. 실험 결과, 위협적인 단어를 읽은 후에는 다른 정보를 동시에 처리하는 데 곤란을 겪었고, 정보처리 시간도 길어졌다. 단지 위험한 단어를 읽는 것만으로도 부지불식간에 마치 위험에 처한 듯이 반응하는 과민한 상태가 된다는 의미다.

과잉 경계를 하는 이유는 세상이 위험하다고 여기기 때문이다. 이들은 위험한 세상에 혼자 버려질까 봐 두려워한다. 그래서 상대가 자기편인지, 자기를 버리지 않고 안전하게 지켜줄 사람인지에 대해 민감하다.

  반대로 자기가 사는 세상이 안전하다고 여기거나, 혼자 있어도 별 문제가 아니라고 여기는 사람은 편 가르기에 별로 신경을 쓰지 않는다. 이런 태도를 가지려면 세상과 타인, 그리고 자기 자신에 대해서 높은 신뢰가 필요하다. 그러나 유감스럽게도 경계선 성격은 이런 신뢰가 가장 낮은 집단에 속한다.

사는 게 전쟁 같아요
▶

위험해서 경계를 늦추면 안 되는 가장 극단적인 상황은 아마도 전쟁일 것이다. 교전중에 만나는 인간은 아군 아니면 적군이다. 그래서 교전중에는 내 편이냐 네 편이냐에 따라서 극적으로 다른 행동과 생각, 감정이 한꺼번에 활성화된다. 교전 지역에서는 '아군이면 안심하고, 적군이면 공격한다.'라는 2가지의 반응이 있을 뿐이다.

  결국 경계선 성격이 보이는 양극단의 격한 반응은 평상시에 혼자서 대인관계 전투를 벌이고 있다는 의미이기도 하다. 바로 이러한 이유에서 주변 사람들이 이들과 관계를 유지하는 과정은 영문을 모르게 격렬하고 심각해진다.

  전쟁터에서나 유용할 이분법적 눈치가 일상생활에서 적응하는 데 도움이 될 리가 없다. 평상시에는 양극단을 오가는 눈치가 아니라, 그 사이에 있는 다양하고 소소한 차이에 반응할 수 있는 눈치가 도움이 된다. 그런데 다양성과 다름에 반응할 수 있는 눈치는 이분법적 눈치의 지배에서 벗어나야 비로소 작동할 수 있다. 그뿐만 아니라 '다르면 무조건 적'이 아니라, 반대의 것도 공존할 수 있는 변증법적 눈치를 익혀야 비로소 눈치에 균형이 잡히고 스스로 조절도 가능해진다.[49]

사회도 마찬가지다. 누구 편인지를 먼저 묻는다면 안정된 사회가 아니다. 의심과 불안, 그리고 위협이 많아지면 사람들은 "너는 어느 편이냐?"라는 질문을 많이 한다. 그리고 현실에 대한 두려움이 클수록 사소한 차이도 참지 못하고, 적을 무찌르듯이 죽기 살기로 덤비게 된다. 어떤 이유에서건 편 가르기에 집착하고 이분법적 분류에 몰두하는 사회는 구성원이 심리적 건강성을 잃은 경계선 성격의 사회다.

B는 경계선 성격의 특징을 두루 가지고 있었다. 실제로 경계성 성격 환자의 10%가량이 B처럼 자살로 삶을 마감한다. 또한 B처럼 재능이 있음에도, 성격 문제 때문에 자신의 능력을 꽃피우지 못하는 경우가 허다하다. 불안, 우울, 중독, 폭식 등 심리적 합병증도 많다. 게다가 경계선 성격만큼 자기가 품은 칼에 자기 자신이 수없이 찔리는 장애도 드물다. 그래서 자해나 자기파괴적 행위를 멈추도록 하는 것이 치료의 중요한 목표 중 하나다.

경계선 성격 환자들은 B처럼 자기 자신을 견디지 못하고 만성적인 공허감에 시달리는 경우도 흔하다. 왜일까? 일반적으로 경계선 성격인 사람들은 아동기에 신체적으로나 정신적으로 학대나 유기를 경험한 적이 있다고 알려져 있다. 때문에 경계선 성격은 "세상이 위험하고 악의적이다."라고 가정하고 살아가게 된다.[50] 이러한 이유로 경계선 성격인 사람들은 세상과 화해하지 못하고 대인관계에서 늘 전투태세를 갖추고 있다.

그 결과 이들의 눈치는 적을 탐지하는 정찰병이나 경계 초소병의 역할과 자기편이 자기를 버리려는 낌새가 있는지를 감지하는 역할에 집중된다. 이분법적인 경계선 눈치는 이 2가지 일에만 집중적으로 에너지를 사용하기 때문에 긍정적 관계를 맺는 데 필요한 눈치가 자라나지 못한다.

나는 당신의 부재를 견딜 수 없어요
▶

여기에 더해서 '나는 받아들여지지 못할 존재다.'라는 가정이 가슴 속 깊이 박혀 있다. 대개 경계선 성격인 사람의 부모는 아이를 적절히 돌보지 못한 경우가 많다. 아이를 제때 보호하지 못하고, 아이가 고통스러운 감정을 느낄 때 도와주지 못한다. 오히려 고통스러워하는 아동을 처벌하거나 비난하기도 한다. 최악의 경우는 부모가 아동을 괴롭히는 가해자인 경우다. 혹은 가해자는 아니어도 부모에게 심리적 장애가 있어서 아동을 내버려두고 돌보지 못하는 경우도 마찬가지로 위험하다.

그 외에 부모가 아이의 감정이나 요구에 전혀 조응하지 못하는 경우도 흔히 있다. 이런 부모는 고통스러워하는 아이에게 위로나 보살핌을 주는 대신 아이에게 다음과 같은 말을 퍼붓는다.

- "너는 원래 그 따위로 태어났다."
- "어떻게 하고 다니기에 그런 일을 당하느냐?"
- "뭘 잘했다고 울고 난리냐?"
- "조용히 해라. 시끄럽다."
- "너 때문에 얼굴을 못 들고 다니겠다."
- "넌 생긴 것부터 재수 없어서 이렇게 될 줄 알았다."
- "꼴 보기 싫다. 집에서 나가라."
- "이렇게 사느니, 같이 죽자."
- "남들이 알까 무서우니까, 티 내지 마라."
- "차라리 안 보이는 데 가서 죽어버려라."

아동이 고통을 당하는데 부모가 아동의 감정을 인정해주지 않고, 심지어는 존재 자체를 거절하는 황량한 환경에서 살아남아야 했다면 경계선 성격으로 발전되기 쉽다. 아이의 감정에 공명하지 못하는 부모와 생활하면 아동은 감정과 판단의 중간지대를 학습하지 못한다.

문제는 특이한 경우가 아니라면 사람은 평생을 2개의 양극단이 아닌, 바로 이 중간지대에서 살아가야 한다는 점이다. 결국 이들은 평범하게 살아가기 위해서 필요한 것들을 애초에 배우지 못한 셈이다. 또한 이런 경험 때문에 자신은 세상에서 버림받고 거절당한 존재라는 생각에 옥죄이게 되고, 스스로를 파괴하는 자기 처벌을 반복하게 된다.

그러나 이들의 과거를 살펴보면 자신이 거절당한 존재라고 여기게 되는 파괴적인 눈치는 원래 자기 자신의 것이 아니라, 건강하지 못한 부모가 주입한 경우가 많다. 주입된 눈치의 특징은 '그 눈치가 과연 옳은가.'라는 타당화의 과정을 거친 적이 없다는 점이다.

어리고 힘없고 두려울 때 주입된 눈치라면, 성인이 된 '나'의 관점에서 과연 옳은 것인지를 반드시 따져봐야 한다. 단언하건대 나보다 강한 사람이 윽박지르며 강요한 눈치는 다 버려도 괜찮다. 거짓말인 경우가 많기 때문이다. 건강한 눈치는 강요하지 않아도 환경에 맞게 자연스럽게 생겨난다.

이 장을 끝내기 전에 질문을 하나만 더 하겠다. "그렇다면 이들은 가혹한 상황에서 어떻게 아동기와 청소년기를 통과했을까?" 역설적이게도 절대적인 모성에 대한 향수와 견딜 수 없는 부재를 대신하는 이상향적 그리움이 이들을 버티게 한다.[51] 이들은 절대로 자신을 버리거나 거절하지 않고 늘 지켜주며, 요구에 틀림없이 응해주고, 어떤 일이 있어도 자신을 받아줄 누군가를 갈망하고 상상하면서 힘들고 어려운 시기를 통과한 사람들이다.

그러나 바로 이 사실 때문에 모든 관계에서 이들은 좌절할 수밖에 없다. 모든 것을 받아주는 관계는 이 세상에 없다. 모든 부모와 자녀의 관계는 수용과 포기, 애정과 갈등이 뒤섞여서 완성된다. 불가능한 것을 이루려고 하기 때문에 관계와 애착이 뒤틀려서 무너지고 만다. 그래서 이들에게 정말로 필요한 것은 무엇이든 들어주는 환상 속의 긍정적 양육자가 아니다. 이들에게 진짜 필요한 사람은 양극단 사이에 실재하는 수많은 현실을 되살려내도록 지지하고, 견딜 수 있는 힘을 기를 수 있도록 도와줄 수 있는 사람이다.

B씨의 사례, 그 이후의 이야기

B의 남자친구는 B의 자살 때문에 슬픔에 빠져 있었다. 그는 몇 달간 상담을 받았는데, B에 대한 그리움을 가감 없이 솔직하게 표현했다. 그는 상담을 받으면서 B의 죽음에 대한 죄책감이 줄어들었고, 그녀의 죽음을 담담하게 수용할 수 있었다. 상담이 종료되고 일 년쯤 후에 그는 책을 한 권 보내왔다. B의 유작을 묶은 시집이었다. 어떤 경로를 통해서 그 시집이 세상에 나오게 되었는지는 모른다.

목차에는 한 장의 메모가 들어 있었다. '세상에 나와보지 못한 그녀의 말들을 묶어서, 이제 그녀를 보냅니다. 여전히 그녀의 목소리는 단어와 단어 사이의 절벽을 건너뛰며 곤두박질치고 있네요.'

나는 B를 본 적이 없다. 그러나 B는 자신을 소중히 여겨주고, 자신의 재능을 알아보고, 자신을 기다리고, 자신이 살아주기를 간절히 바란 사람이 있었다는 사실을 과연 알고 있었을지 궁금하다.

16
세상이 험해서
보는 눈치

유난히 남을 의심해서 함께 일하기가 어렵고 함께 지내기도 어려운 사람의 눈치에는 어떤 특징이 있을까? 이들의 눈치에는 '다른 사람들은 악하다.'라는 믿음이 깔려 있다. 그래서 눈치를 볼 때도 상대의 행동이 나쁜 의도에서 나왔다는 사실을 증명해 줄 단서를 찾는 데 집착한다. 세상에 불확실한 것은 없으며, 다만 다른 사람들이 위선적이어서 뻔한 것을 모르는 척하고 있다고 믿는다. 이들은 고집이 세고 체면을 중요하게 여기며 관용이 없다. 반면에 남의 잘못을 파헤치고 응징을 하려는 눈치가 높다. 이와 같은 눈치는 편집성 성격에서 두드러진다.

본격적인 내용으로 들어가기 전에 우선 다음의 질문에 답해보고 타인에 대한 신뢰도를 알아보자. 다음 질문을 읽고, 가장 먼저 떠오르는 생각을 적어보자. 혹은 다음의 대답을 보기라고 생각하고 하나를 골라도 된다.

장면 1 중년의 남자가 열심히 달리고 있다. 무엇 때문일까?
대답 1 바쁜 일이 있다(A씨). 기쁜 소식을 알리러 간다(B씨). 잘못해서 달아나고 있다(P씨).

장면 2 중년의 여자가 천천히 걸어가고 있다. 무엇 때문일까?
대답 2 할 일이 없다(A씨). 노래를 부르며 산책하고 있다(B씨). 남을 속일 궁리를 한다(P씨).

장면 3 젊은 남녀가 웃고 있다. 무엇 때문일까?
대답 3 농담을 하고 있다(A씨). 데이트하고 있다(B씨). 사기를 치려고 모의 하고 있다(P씨).

장면 4 젊은 남녀가 지갑을 붙잡고 다투고 있다. 무엇 때문일까?
대답 4 길을 가다가 부딪쳤다(A씨). 서로 밥값을 내려 한다(B씨). 훔친 돈을 나누다가 실랑이가 벌어졌다(P씨).

장면 5 상점에서 물건을 싸게 팔고 있다. 무엇 때문일까?
대답 5 세일 기간이다(A씨). 좋은 일을 하고 있다(B씨). 미끼상품이다(P씨).

앞의 5개의 질문에 대해 어떤 대답을 많이 했는가? 혹시 P씨에 가까운 답이 많았거나, 주변에 P씨와 같은 말을 많이 하는 사람이 있다면, 이번 장을 좀더 꼼꼼하게 읽어보기를 바란다.

도대체 왜 이러는 걸까요
▶

앞에 나온 장면들은 단지 행위자의 행동을 보여주고 있을 뿐이다. 그러나 사람들은 타인의 행동을 점·선·면의 움직임과 같은 단순한 운동으로 보지 않는다. 그보다는 상대가 왜 그런 행동을 하는지 알고 싶어한다. 하다못해 사과가 땅에 떨어져도 왜 떨어지는지 그 이유를 알고 싶어하고, 비구상적 추상화를 봐도 그림의 의미를 알아야 속이 시원해지는 것이 사람이다.

사람들은 일상에서 "저 사람이 왜 저런 행동을 할까?"라는 질문을 반사적으로 되풀이한다. 그리고 누군가가 이유를 알 수 없는 행동을 많이 하면, 이상한 사람이거나 꺼림칙한 사람이라고 여긴다. 그래서 "왜 저러는데?"라는 질문에 대해서 "뭐, 나랑은 별 상관없는 일이네."라는 답이라도 얻어야 안심한다. 물론 순수하게 타인에 대한 관심 때문에 이런 질문을 하는 사람도 있다. 그러나 보통의 사람들이 타인에게 순수하게 무조건적인 관심을 기울이는 일은 드물다.

"왜?"라는 질문을 더 큰 범주로 보면 "왜 사는가?"와 같은 철학적 질문이 된다. 반면에 사람들이 일상적으로 반복하는 소소한 "왜?"라는 질문은 각 개인이 사건이나 행동의 원인을 어디에서 찾는지 따져보는 '귀인'방식을 형성한다. 무엇을 원인이라고 여기는가에 따라서 귀인의 내용은 사람마다 차이가 있다. 그러나 무엇에서 원인을 찾든 상관없이 이유를 알고 있다는 믿음은 안도감을 준다.

사람들은 아플 때 왜 아픈지 그 이유를 모르면, "무슨 병인지 알기라도 하면 좋겠다."라고 말한다. 그런가 하면 어떤 병인지에 대해 설명을 듣는 것만으로 안심하기도 한다. 왜냐하면 설명이 가능한 것이라면 무력감이 줄어들고, 중요한 일에 선택적으로 집중해서 문제를 다루기도 쉬워진다고 여기기 때문이다. 즉 심리적으로 통제가능성이 있다고 믿는 셈이다.

그런데 늘 옳은 설명만 할 수 있는 사람이 존재할까? 만약 있다면, 그 사람의 말만 따르면 불확실성은 사라질 것이다. 그러나 유감스럽게도 죽음을 제외하고는 인생에서 불확실성만큼 확실한 것이 없다. 그러므로 누가 어떤 설명을 하건 맞을 수도 있고 틀릴 수도 있다.

그럼에도 어떤 사람들은 유독 자신만은 다른 사람들이 왜 그런 행동을 하는지 알고 있다고 확신한다. 이들은 대개 타인의 의도를 빠르고 정확하게 눈치챌 수 있고, 사소하게라도 의심스러운 단서는 꼭 눈치챌 수 있다고 여긴다. 이들이 타인에게 보내는 메시지는 '나쁜 녀석! 감히 누굴 속이려고? 나를 우습게 보지마.'다. 이들은 속지 않기 위해 긴장을 늦추지 않고, 당하지 않기 위해 방어를 게을리하지 않는다. 이들의 특기는 의심스러운 사람과 악인, 배신자를 골라내는 것이다.

보통 사람들과 달리 이들은 자기 주변에 의심받아도 되는 나쁜 사람들이 유난히 넘친다고 믿는다. 그래서 자신들이 사는 환경은 예외 없이 부당하고 부조리하다고 믿는다. 따라서 자신 외에는 아무도 믿지 않고, 자기 정체를 드러내는 것을 꺼리며, 자신의 정보가 악용될까 봐 비밀 보장에 신경쓰기도 한다. 더러는 규칙적이고 일정한 생활을 하면 함정에 빠지거나 공격을 당하기 쉽다고 여겨서, 자신의 행동패턴을 남들이 예측하지 못하도록 만들기도 한다.

이러한 사람들은 위험한 세상에서 홀로 불의를 파헤치는 고독한 첩보원처럼 생활한다. 이들은 자신이 남들은 모르는 음모에 휘말려서 위험 속에서 홀로 첩보전을 하고 있다고 믿는데 이를 '편집성 성격'이라고 한다. 이들의 눈치는 주로 의심스러운 것을 감지하는 경보기 역할을 한다. 그래서 어떤 순간에도 결코 눈치 보기를 늦추지 않는 집단이기도 하다.

인간은 악하다고 믿는 편집성 성격
▶

앞에서 살펴본 질문에서 모든 상황에 대해 음모론을 제시한 P씨는 편집성 성격paranoid personality의 첫 글자에서 따왔다. 편집성 성격의 가장 큰 특징은 타인의 의도를 악의적으로 귀인하는 것이다.[52] 편집성 성격을 가진 사람은 대개 다음과 같이 말하거나 생각한다.

- "세상에 믿을 사람이 하나도 없어."
- "이런 도둑놈들. 사기꾼들이 득실거리는 세상이야."

- "눈 뜨고 있어도 코 베가는 세상이야."
- "누굴 등쳐 먹으려고."
- "사람들이 왜 저런 데 속지?"
- "내가 그렇게 만만해 보이나?"
- "도대체 누가 시켜서 저러는 걸까?"

이들은 상대가 잘해줘도, 혹은 못해줘도 무슨 꿍꿍이가 있어서 자신을 이용하거나 손해를 끼치려는 수작이라고 믿는다. 타인의 행동은 악하다는 것이 이들의 유일한 믿음이다. 이들은 사람들이 악한 본성을 타고났다고 여기는 '성악설'로 인간의 행동을 설명한다. 그리고 다른 대안들은 모두 사람의 마음을 약하게 만드는 감언이설에 불과하다고 믿는다. 아래에 있는 P의 혼잣말을 잠시 들어보자.

악인들 속에서 나 홀로 고생하는 P씨의 사례

겨우 오전 11시. 출근한 지 얼마 안 되었는데 벌써 뒷목이 뻐근하다. 하긴 신경 쓸 일이 이렇게 많으니 오히려 몸이 편하다면 이상할 것이다. 그런데 오늘 내 셔츠가 너무 후줄근한 것 같다. 마누라가 옷 한 벌 변변하게 간수하지 못하는 걸 보니, 다른 남자에게 정신이 팔린 것이 틀림없다. 상대가 누구인지 반드시 찾아내야 하는데 꼬리가 밟히지 않는다.

오전 내내 온통 거슬리는 것뿐이다. 아침에는 바쁜 출근 시간에 엘리베이터가 고장이었다. 건물 관리비를 누가 빼돌렸길래 이 모양인지 모르겠다. 덕분에 계단을 오르다 삐끗해서 넘어질 뻔했는데,

다른 층에서 근무하는 여자가 나를 보고 웃었다. 감색 정장에 굽이 낮은 구두를 신은 여자였다. 나를 비웃다니, 화가 나서 자꾸 그 여자가 떠오른다. 아침부터 체면이 말이 아니다.

그나저나 사무실 밖에서 시끄러운 소리가 계속 나니 집중을 못하겠다. 일도 못하게 저러고 있는 걸 보니 저들도 좋은 사람들은 아닐 것이다. 그런데 저 공사는 언제 끝나려는지, 모두들 돈만 받고 일은 안 하니까 시간만 가는 거다. 이렇게 어수선하니 내 실적이 좋을 수가 없다.

이메일을 확인할 때마다 광고와 스팸 메일 때문에 화가 난다. 내 개인정보가 줄줄 새고 있는 모양이다. 내 정보를 누가 몰래 쓰고 있다고 생각하니 불안해서 오싹해진다. 철통 보안 프로그램 같은 것을 만들면 대박 날 텐데. 사장한테 개인 보안 프로그램을 강화하자고 했더니 사장이 날 못마땅하게 생각하는 눈치다. 분명 맞는 말인데 내 말이 뭐가 잘못되었다는 건지 모르겠다. 회사에서 이미 내 이메일을 다 열어보고, 직원 카드로 내 위치를 추적하지 않나? 꼬투리를 잡으려고 그러는 거겠지. 무슨 속셈인지 다 알고 있다.

그런데 식당 아줌마까지 왜 나를 싫어하는지 모르겠다. 꼭 나한테만 뭐든 하나 덜 준다. 해물된장국을 시키면 꽃게가 빠져 있고, 비빔밥을 시키면 나물 가짓수가 모자란다. 며칠 전에 한마디를 했더니 이제 나를 보면 주문받으러 오는 것도 미적거린다. 내가 돈을 덜 내는 것도 아니고, 남들 안 먹는 걸 더 달라는 것도 아닌데 왜 이러는 건가? 그 식당도 이제는 그만 가야겠다.

나한테 돈을 주는 사람이나 나한테 돈을 받는 사람이나, 다들 나를 속이기는 마찬가지다. 목이 뻐근하고 어깨와 등이 결려서 명상 학원에 등록을 했다. 그런데 벌써 몇 주째 다녀도 여전히 몸은 뻣뻣하고 이완도 되지 않는다. 명상하는 사람들까지 나를 속이다니 정말 믿을 사람이 없다. 아직도 매일 신경이 곤두서서 피곤하다. 나한테 명상 학원을 소개한 김 대리와 학원을 운영하는 김 원장이 성씨가 같은 걸 보니, 아마도 친인척 아니면 한통속인 모양이다. 효과도 없는데 괜히 내 주머니만 축났다.

후유, 짜증이 난다. 어떻게 온종일 웃을 일이 하나도 없을까? 무서운 세상이다. 에라, 오늘 밤에는 영화 〈컨스피러시〉[53]나 소설 〈골든 슬럼버〉[54]를 봐야겠다.

편집성 성격은 망상장애나 편집형 조현병과는 달리 현실감각이 유지되는 사람들이다. 그러나 이들은 공통적으로 P처럼 불신과 의심이 가득하며 악의적인 해석을 고집한다. 그리고 자기가 해석한 대로 세상을 재단해서 편향적인 집착을 보인다. 이들은 자기 발치에 걸리는 돌부리 하나를 보고도 위협·모욕·사기·음모 등에 대해서 떠올릴 수 있다.

비록 주변 사람들이 자신의 이야기를 이상하게 여길까 봐 침묵하기도 하지만 의심을 멈추지는 않는다. 그리고 자신이 당했다고 느끼면 여간해서는 잊어버리는 법이 없으며 원한이 오래간다. 자신이 경험했다고 믿는 서운함·굴욕·수치 등을 곱씹으며 되돌려주고자 한다. 한마디로 이들의 사전에 관용이란 없다. 타인을 믿지 않기 때문에 자신이 주도권을 잡고 통제하지 않으면 불이익을 당할까 봐

심하게 걱정하고 남에게 무엇을 맡기지도 못한다.

　타인의 공격에 대비해서 경계를 유지하고 대비책을 마련해놓아야 마음이 놓이기 때문에 긴장을 풀고 이완 상태에 들어가면 오히려 마음이 불편하다. 그래서 P와 같은 사람들은 명상이나 요가, 이완 훈련 등을 불편해한다. P가 명상 학원에서 도움을 받지 못한 이유는 누군가가 P를 속였기 때문이 아니다. 이완을 못하는 것 자체가 P의 성격적인 특징이기 때문이다.

의심과 불화는 나의 힘
▶

편집성 성격은 주변 사람들과의 불화가 흔하다. 의심 때문에 상대에게 퉁명스럽게 대하면 상대방도 자연스럽게 방어적인 태도로 반응하기 때문이다. 직장 상사와 식당 주인이 P를 꺼리는 이유는 P의 의심 탓에 옆에 있으면 불편하기 때문이다. P같은 사람들은 종일 무표정하거나 인상을 쓰고 있는 경우가 많다. 늘 분을 삭이고 있어서 거의 웃지 않는다. 평범한 농담에도 저의가 있다고 생각하므로 유머 감각이 매우 부족하고 놀 줄을 모른다. 또한 남에게 우습게 보이지 않으려고 체면을 중요하게 여긴다. 그래서 다른 사람과 거리를 두고 체면을 유지하려는 눈치에 민감하다.

　P가 혼자서 하는 말을 들으면 아마도 많은 사람들은 "아이고 P씨, 안됐네. 그렇게 피곤하게 어떻게 살아? 쯧쯧."이라고 할 것이다. 그러나 P의 인격을 삼켜버린 의심에 대한 집착은 특수한 것이 아니라

모두의 마음속 깊숙이 숨어 있는 것이기도 하다.

　친구나 동료들과 이야기를 하다가 이런저런 음모론에 귀가 솔깃해져 본 경험이 있을 것이다. 잠시 흥밋거리로 이야기를 해볼 수는 있지만 괴담과 음모론이 계속 넘쳐나는 사회는 편집성 사회다. 왜냐하면 편집성 사회에서는 불안과 악의에 호소해야 설득력이 생기고 인기를 얻기 때문이다. 편집성 사회에서 선의는 세상 물정 모르는 소리가 되고 대안과 합리성에는 아무도 귀를 기울이지 않게 된다. 사회 분위기가 편집성 성격과 동일한 상태가 되는 것이다.

　문제는 개인적 차원에서의 편집성은 이상한 점이 금방 드러나지만 사회적 차원의 편집성은 눈치채지 못하는 경우가 많다는 것이다. 사회 구성원들이 집단적으로 서로의 편집성을 타당화하기 때문이다. 편집성 성격인 사람이 자신의 편집성을 알아채지 못하듯이 편집성 사회에 속한 사람들도 정작 자신이 속한 사회의 편집성을 알아채지 못한다.

　그러나 각박한 사회, 관대함이 사라진 사회, 웃음이 사라진 사회, 끊임없이 서로 감시하는 사회, 속내를 보이지 않고 체면을 강조하는 사회, 배신과 악의를 탐지하기 위해 의심에 집착하는 눈치가 지나친 사회라면 집단적인 편집성을 의심해봐야 한다. 이러한 편집성 눈치는 생산성과 가능성을 모두 집어삼키기 쉽다. 편집성 눈치에는 공존과 포용이 없기 때문이다.

17

남을 이용하려고
보는 눈치

> 법이나 타인의 권리를 무시하고 타인을 이용하려는 눈치만 지나치게 발달한 사람들이 있다. 그런데 남을 이용하려는 데만 재빠른 눈치는 즉각적인 만족과 이익에는 도움이 될지 몰라도 길게 보면 자신과 타인에게 모두 도움이 되지 않는다. 남을 이용하는 착취적인 눈치는 반사회적이며 타인에 대한 공감과 존중 능력이 부족하다는 특징이 있다.

외딴 방에 혼자 있다고 상상해보자. 혼자서 무엇을 하든 별문제가 되지 않는다. 악기를 연주하든, 쾅쾅거리고 뛰든, 으르렁거리는 사나운 개를 키우든 마음대로 무엇이든 할 수 있다. 완전히 개인적인 공간이기 때문이다.

그러나 거주지를 마을이나 주택가로 옮기면 이야기가 달라진다. 다른 사람과 함께 살아가려면 자기 행동이 타인에게 어떤 영향을 주는지를 생각하고 배려해야 하기 때문이다. 그런데 함께 사는 장소에서 마치 혼자 사는 것처럼 자기 마음대로 행동하는 사람들도 더러 있다.

존중 부족 · 공감 부족

▶

함께 어울려 살아야 할 곳에서 혼자 사는 듯이 마음대로 행동하는 사람들에게는 공통점이 한 가지 있다. 타인은 안중에 없고 타인을 무시한다는 점이다. 자신의 권리는 최우선이 되는 반면에 다른 사람에게는 권리가 없다고 여긴다.

이런 생각을 하기 때문에 이들은 자신이 원하는 것과 필요한 것만 하려고 든다. 당연히 자기 중심적이고 타인은 자신의 이익과 욕망을 채우기 위한 수단일 뿐이라고 생각한다. 그래서 이들의 눈치는 오직 타인을 이용하고 착취하기 위해서 작동하는데 이러한 경향을 '반사회성 성격antisocial personality'이라고 한다.

자기 만족에만 관심을 쏟는 반사회성 성격은 타인을 이용하려는 눈치가 과도하게 발달한다. 반면에 다른 사람의 처지나 감정을 공감하는 데 필요한 눈치가 부족해서 타인의 곤란이나 고통을 이해하지 못한다. 타인을 존중하는 능력이 낮고 타인의 감정에 공감하는 능력도 낮다는 의미다. 다음에 나오는 절도전과자 A1과 금융사기범

A2는 이 유형에 속하는 사람들이다. 두 사람의 인터뷰 내용을 한번 살펴보자.

화면 1 _ 절도전과자 A1의 인터뷰

그 카메라 보고 말하면 돼? 이왕 찍을 거면 좋은 카메라로 찍어줘. 얼굴 잘 나오게. 근데 나를 왜 찍어? 나 별일 안 했는데. 뭐, 내가 무슨 일을 했냐고?

  길거리에 차를 세워놓으면서 열쇠는 왜 꽂아두는 거야? 차가 잘 굴러가는지, 성능은 괜찮은지 보려고 운전 좀 해봤지. 타다가 있던 자리에 갖다 놓으면 되는 거 아닌가? 내가 잠깐 탄다고 차가 어떻게 되는 것도 아닌데 비싼 차를 타는 사람이 그걸 쪼잔하게 신고를 하다니(차량 절도).

  또 쭉 걸어가다 보니까 예쁜 아가씨 가방이 열려 있더라고. 가방 안에 분홍색 지갑이 있었는데 그 속에 뭐를 넣고 다니나 궁금해서 살짝 꺼내봤지. 마침 지갑에 돈이 좀 있길래 쓸데가 있어서 좀 썼어. 돈에 주인이 어디 있어? 돌고 돌아 돈이지. 더 필요한 사람이 쓰면 좋잖아. 이렇게 돌아다니다 보면 세상 돈이 다 내 돈 같아 보이는데 갖다 써야지 뭐, 별 수 있어? 그 아가씨 착하게 생겼던데 좋은 일에 썼다고 생각하지 신고할 줄은 몰랐네(소매치기, 행동의 결과 예측력 부족).

  또 더 말하라고? 아, 맞아. 어떤 아저씨가 도망간 마누라가 있는 곳을 알려주고, 돈을 주면서 좀 데려오라고 하잖아. 그래서 그 아줌마를 따라다니면서 몇 마디 이야기했더니, 경찰이 갑자기 나를 잡으러 오잖아. 나는 가정의 화목을 찾아주려고 했던 거야. 가족의 정, 그립잖아. 근데 그 남자가 부인을 때려서 접근금지 상태인지는 몰랐지. 아, 그 아저씨도 참! 여자는 왜 때리나? 에이, 세상에 나쁜 인간들이 많다니까. 나는 여자는 안 때리는데(스토킹, 협박).

근데 배고파서 더는 못하겠어. 인터뷰 계속하고 싶으면 먹을 것 좀 시켜줘. 달랑 자장면이 뭐야. 탕수육도 시켜야지. 돼지고기 말고 소고기로 시켜줘. 어이, 이거 출연료는 주는 거야? 근데 그 옆에서 뭐 자꾸 뒤적거리고 있는 형씨, 내 얼굴은 왜 자꾸 쳐다봐. 나 깨끗하게 실형 다 살고 나왔어. 이제는 떳떳한 시민이라고. 야, 똑바로 쳐다보지 말고 눈 아래로 깔아. 뭐? 형씨가 PD라고? 아, 듣고도 깜박했네. 가방 끈이 짧아서. 형씨 미안. 좋은 이야기 좀 나가게 해줘(충동적 행동 반복).

화면 2 _ 금융사기범 A2의 인터뷰

우선 카메라는 좀 치워주시죠. 제가 남 앞에 나서기를 좋아하는 사람도 아니고요, 사람 얼굴이라는 것이 초상권도 있고 개인에게는 사생활이 있고 하니.

오해가 있으신 것 같은데 그 연금 상품은 모집부터 배당까지 문제가 없었습니다. 가입 조건도 엄격했고 회원 중에서 원하시는 분들이 가입을 하셨어요. 자산 운용을 잘해서 수익을 많이 내니까 인기가 있었던 거지요. 계속해서 가입자만 늘어났다면 파산은 안 했어요.

돈이 돈을 버는 세상 아닙니까? 그러니까 일단 들어오는 돈으로 사람들한테 이자를 주고, 저도 남들 보기에 최소한 품위 유지비는 있어야 하고, 회사 발전을 위해서 접대도 해야 하니까요.

그것 조금 쓴 것 가지고 뭐라고 하면 누가 사업을 할 수 있겠습니까? 나중에 수입이 더 늘어나면 쓴 돈을 채워 넣으려고 했습니다. 회삿돈으로 부동산 구입한 거예요. 돈을 불리려고 투자 차원에서 한 겁니다. 네? 그게 제 이름으로 되어 있다고요? 확인해보겠습니다. 아직은 재판이 진행중이니 지켜봐주십시오(연금 사기, 횡령).

잠깐만요, 다단계 건에 대해서는 그 제품이 좋아서 사용한 사람들이 몇 박스씩 주문했었습니다. 단지 반품을 받지 못한 거예요. 회사가 망해서 받지 못한 거지 다른 이유는 없습니다(편취).

그 전에 대출받은 거는 대출받을 당시에는 회사가 건실했으니까 은행에서 대출도 해준 거고요. 어차피 금고에서 잠잘 돈인데 필요한 사람이 써야죠. 돈이 돌아야 돈이죠. 그래야 경제가 사는 거고요. 대출 과정에서 불법 로비가 있었다는 이야기는 완전히 헛소문입니다.

세금을 안 냈던 거는…. 신고할 때 그냥 착오가 좀 있었던 거예요. 제가 배울 만큼 배운 사람인데 알고도 안 냈겠습니까?(탈세)

그나저나 무슨 말씀을 듣고 오셨는지는 모르겠지만, 불미스러운 내용이 방송에 나가면 법적으로 강경하게 대응하겠습니다. 근데 자기네 방송사 사장이 나하고 죽마고우인데, 모르고 온 건가?(조용한 협박, 권력층 친구 사칭)

나만 즐거우면 되는 반사회성 개인

▶

A1씨와 A2씨는 반사회성 성격인 사람들이다. 반사회성 성격에는 상당히 다양한 유형의 인물이 있다. 인터뷰를 한 A1씨와 A2씨도 외모나 말투, 행동, 직업 등으로만 보면 다른 유형의 사람처럼 보일 수 있다. 그러나 이들의 행동 밑바닥에 깔려 있는 동기는 같다. 당장에 자신에게 이익이 되는지에만 관심이 있고 자신의 행위로 인해서 상대방이 어떤 어려움과 고통을 겪는지에 대해서는 관심이 없다. 그뿐만 아니라 겉으로는 달라 보여도 두 사람이 보인 범죄성의 정도는 비슷하다.[55]

반사회성 성격인 사람들이 저지른 구체적인 위법행위를 보면 대개는 "나쁜 사람들이네. 왜 그러고 살아."라고 말할 것이다. 그리고 A씨들의 성마른 반응과 안하무인격의 허세에 찬 태도를 비웃을 것이다. 그러나 조금만 추상적으로 되어도 반사회성을 판단하기가 쉽지 않다. 이런 점이 반사회성 성격이 지닌 흥미롭고도 무서운 점이다.

반사회성 성격의 핵심은 '나의 이익만을 추구하고 나의 욕구만 충족시키는 것, 그래서 나만 즐거우면 되는 것'이다. 이것은 투박한 의미의 '쾌락주의'다. 쾌락주의도 여러 수준이 있는데 그 중에서 낮은 수준의 쾌락주의는 여러 변형으로 나타날 수 있다.

예를 들어 개인 차원에서는 이기적인 이득이 기업 차원에서는 불법적인 이윤이 되는 경우도 있다. 또한 기관의 관리자나 국정에 관여하는 사람이 높은 지능을 이용해서 본색을 속이고 국가의 이익에 반해서 개인적인 이익을 추구할 수도 있다. 이는 낮은 수준의 쾌락주의에 근거한 반사회적 행위들이다.

공감 능력이 떨어지는 반사회성 사회
▶

반사회성 사회는 반사회성 개인과 똑같은 병리를 통해서 증상을 드러낸다. 반사회성 사회의 가장 큰 특징은 반사회성 개인과 마찬가지로 공감 능력이 현저히 떨어지는 것이다. 자기 집단의 이익에만 집착해서 다른 집단을 착취하려고만 들고, 상대 집단의 어려움은 신경 쓰지 않으며 존중하지도 않는다. 대신 자신이 원칙보다 높이 있다고 여기는 사람들이 많아서 원칙 대신에 변칙이 활개를 치고 특권 집단이 커진다.

이렇게 되면 사회에서는 이상한 일들이 벌어진다. 서로 속이기 때문에 약속은 있지만 실행이 없고, 말은 있지만 소통이 없다. 책임감을 느끼는 사람이 없어서 방법은 있지만 방향이 없고, 내일은 있지만 희망이 없다.

또한 반사회성 사회에는 추구하는 가치가 없기 때문에 군중은 있지만 공동체는 없고, 시간은 있지만 미래가 없다. 서로 이용하기만 해서 관계의 빈 껍질만 남은 것이 반사회성 사회이며 이것이 바로 범죄 사회의 특징이다.

반사회성과 편집성을 붙여놓는 경우

▶

반사회성 성격은 16장에서 다룬 편집성 성격과 짝을 이룬다. 두 유형은 모두 '세상이 악인으로 가득 차 있다.'라고 가정한다. 이들은 누구나 나쁜 마음과 남을 속이려는 마음을 가지고 있기 때문에, 기회만 있다면 누구든 기꺼이 남을 이용할 것이라고 생각한다. 이들을 대상으로 사람들이 상호작용을 하는 장면에 대한 글을 읽고 답하는 실험을 했다. 그 결과 반사회성 성격과 편집성 성격 모두 일상의 중립적인 상황을 적대감과 공격성에서 비롯되었다고 해석하는 경향이 높았다.

그런데 반사회성 성격과 편집성 성격을 붙여놓으면 서로에게 지독한 악연이 된다. 반사회성 성격인 사람은 의심하고 적대감을 보이는 편집성 성격의 사람을 보면 '어차피 나쁜 사람으로 보인 김에 못할 게 뭐가 있냐.'라는 식으로 행동한다. 편집성 성격의 사람은 반사회성 성격의 사람을 보면 자기가 지닌 의심이 틀림없다는 생각이 더욱 강해져서 더 의심하고 조심한다. 그래서 서로가 서로의 나쁜 성격을 더욱 악화시킨다.

게다가 두 유형은 뭐든지 남의 탓을 하고 자기 행동에는 선택의 여지가 없었다고 우기는 것까지 똑같다. 그래서 이 두 유형의 사람들이 많은 사회에는 결과를 책임지는 사람이 없고 나눔도 배려도 없다.

두 유형은 모두 변하기 매우 어려운 집단으로 정평이 나 있다. 그러나 의심과 이익이라는 단 2가지 눈치가 사람들을 지배하게 되면 세상은 '만인 대 만인의 투쟁 상태'로 되돌아가게 된다. 이런 종류의 싸움은 세상에 단 한 사람만 살아남아야 비로소 끝이 난다. 이렇게 되면 사회도, 문명도 모두 끝이다. 물론 마지막 한 사람도 결국 죽을 테니 결국 인류 자체가 끝장이 나는 싸움이 되고 말 것이다.

18
눈치 과잉으로 인한
불면증·신체화·핑계

눈치를 많이 보는 사람은 근육 이완이 잘 되지 않아서 불면증이 생길 수 있다. 또한 하기 싫은 일을 눈치 때문에 억지로 하다 보면 같은 일을 해도 더 피곤하거나 괜히 몸이 여기저기 아프기도 한다. 그리고 눈치를 많이 보면 질문에 모호하게 답하고 자기 행동에 대해서 핑계를 많이 댄다. 또한 자신이 원하는 것이 아니라 다른 사람이 원하는 것을 하기 때문에 자기 행동에 대한 책임을 느끼지 못하고 결과에 대해서 상대를 원망하는 일이 자주 벌어진다.

한눈치 씨는 소심해서 눈치를 많이 보는 편이다. 그러다 보니 상대가 자신을 비난하거나 혹은 자기 때문에 상대의 기분이 상할까 봐 걱정이 되어서 분위기에 따라 이유를 바꾸어 말하는 습관이 생겼다. 누가 자기 행동에 대해서 부정적인 말을 꺼내면 "그게 그런 게 아니고요….”라는 말이 먼저 나왔고, 누가 질문을 하면 "예…. 아니, 예…. 그러니까, 아니오.”와 같이 "예.”와 "아니오.”를 동시에 대답하는 경우도 많았다. 이럴 때마다 한눈치 씨는 자기 의견을 똑 부러지게 말을 하지 못하는 것이 스스로도 답답한데, 남들은 그의 속도 모르고 "눈치 씨는 일마다 핑계가 많아.”라고 몰아세웠다.

한눈치 씨가 억울한 것은 이뿐만이 아니었다. 병원에서 이상이 없다고 하는데도 몸이 여기저기 아플 때가 많았다. 하기 싫은 일을 꾹 참고 하다 보면 머리가 조이듯이 아프고 콕콕 쑤실 때가 자주 있었다. 싫은 사람과 식사를 하면 체해서 토하기도 하고, 까다롭고 익숙하지 않은 일이라서 하기 싫은데도 거절을 못해서 그냥 하다가 장염 때문에 화장실을 수시로 들락거리고 링거액을 맞기도 했다.

평소에도 목과 어깨의 근육이 단단하게 뭉쳐서 근육통이 생기거나 갑자기 옆구리가 결리는 일도 자주 있었다. 가끔은 답답하고 가슴이 뻐근해서 심장에 문제가 있는 것은 아닌지 걱정하기도 했다. 눈치 씨는 정말 아픈데도 주변 사람들은 몸이 아픈 것 마저 핑계라고 말해서 더욱 억울했다.

한눈치 씨에게는 말 못할 고민이 하나 더 있었다. 밤에 잠들기 전에 뒤척일 때가 많고 겨우 잠이 들어도 작은 소리에 깨는 경우가 많았다. 자신과 달리 머리에 베개만 닿으면 잘도 자는 동생 한느긋 씨를 보면서 한눈치 씨는 한숨을 푹푹 쉬곤 했다.

개인의 부적응적 눈치, 그리고 사회

▶

2부에서는 부적응적 눈치와 관련 있는 심리적 장애를 살펴보았다. 11장과 12장에서 다룬 사회적 불안과 우울은 증상장애다. 한편 13장부터 17장까지 다룬 의존성, 연극성, 경계선, 편집성, 반사회성은 성격장애다. 이 7가지 유형은 1부에서 다룬 부적응적인 원인 때문에 생기는 눈치의 결과에 해당한다. 폐쇄성, 소진, 자기부재, 변덕, 불균형, 집착, 착취의 순서였다.

지금까지 한 가지 유형의 눈치를 지나치게 사용해서 문제가 생긴 경우를 살펴보았다. 정도는 달라도 사람마다 이러한 특성들을 가지고 있다. 따라서 눈치의 부적응성은 질적 차이가 아니라 정도의 차이다. 필요할 때 적당히 쓸 수 있으면 도움이 되지만 치우치면 병이 된다. 눈치는 그야말로 눈치껏 사용해야 한다.

한편 사회란 개인이 모인 곳이다. 그러므로 사회 구성원 대다수가 가진 부적응적 눈치로 인해서 특정한 유형의 눈치 장애 사회가 될 수도 있다. 역으로 개인의 눈치 장애가 사회의 전반적인 분위기를 반영하기도 한다. 왜냐하면 눈치는 기본적으로 대인관계와 사회적 맥락에서 생겨나고 발달하기 때문이다.

그래서 눈치에서 기인하는 이상심리를 파악하려면 개인과 개인, 개인과 집단, 개인과 사회 간의 관계를 동시에 고려할 수밖에 없다. 그러나 어떤 경우든 부적응적 눈치에는 성장이 결여되어 있고 유연성과 제어력이 부족하다. 부적응적인 눈치의 문제를 어떻게 해결할 수 있는가는 3부에서 다룰 것이다.

3부로 들어가기 전에 눈치를 많이 보는 사람들에게 공통적으로 나타날 수 있는 증상 3가지를 짚고 넘어가겠다. 불면증·신체화·핑계, 이 3가지는 지나치게 눈치를 보는 사람들 모두에게 나타날 수 있는 문제다.

눈치를 많이 보면 푹 자기 어렵다
▶

잠이 보약이란 말이 있다. 잠을 푹 자고 나면 피로가 풀려서 몸이 가볍고 힘이 나기 때문이다. 아직 잠의 기능은 완전히 밝혀지지 않았다. 하지만 사람들은 수면을 통해서 육체적 피로를 풀고 뇌 기능을 회복하며 불쾌한 감정을 정화하는 것으로 알려져 있다. 아이들은 잠을 제대로 자야 잘 성장할 수 있고 배운 것을 더 잘 기억한다. 그러므로 똑같이 먹고 일하는 조건이라면 숙면을 취하는 것이 보약 노릇을 한다. 반면에 잠을 제대로 못 자면 정신을 집중하기가 어렵다. 또한 예민해지거나 짜증이 늘고 기분의 변화가 나타나기도 한다.

잠을 잘 자는 것은 신체적 건강뿐만 아니라 정신적 건강을 위해서도 중요하다. 그런데 눈치와 수면은 어떤 관계가 있을까? 답부터 말하자면 눈치를 많이 보는 사람은 잠을 푹 자기 어렵다. 그 이유는 다음과 같다.

눈치를 보는 동안 사람들은 긴장하게 된다. 그래서 눈치를 많이 보면 깨어 있는 동안 긴장이 계속해서 지속된다. 오래 긴장해 있다가 잠자리에 들면 피곤해서 곯아떨어질 것 같지만 실은 그렇지 않다. 적당한 수준으로 긴장했다가 휴식을 취해야 잠을 푹 잘 수 있다. 그러나 눈치를 많이 보는 사람은 종일 긴장이 지속되고 긴장 상태가 매일 반복된다.

강한 긴장 상태는 심신의 건강에 나쁜 영향을 끼친다. 약한 긴장일지라도 휴식 없이 지속되면 피로가 누적되어 나쁜 효과가 나타난다. 약한 스트레스가 계속 쌓이면 가랑비에 속옷 젖는 격이 된다. 이런 식으로 늘 긴장하다 보면 몸이 스트레스 상태에 맞춰져서 긴장을 풀기가 어려워진다.

긴장이 풀리고 이완이 되어야 수면 상태에 들어가는데 몸이 이완되는 법을 잊어버리는 것이다. 잠자리에 들어도 심신이 잠에 필요한 이완 상태에 들어가지 못하므로 불을 끄고 자리에 누워도 피곤하기만 할 뿐 뒤척이게 된다. 몸은 축 늘어지고 연신 하품이 나오는데도 막상 잠이 들지 않으니 신경이 곤두서고 진땀이 나기도 한다.

겨우 선잠이 들었다가 작은 소리에 깨기도 하고 자는지 깨었는지 모르게 가위에 눌리기도 한다. 하루나 이틀 정도 자지 못하는 것은 별 상관이 없다. 그러나 불면증이 계속되면 사람들은 고통을 호소한다. 잠을 자지 못하는 것이 오죽 괴로우면 잠을 안 재우는 고문이 있겠는가? 불면증에 시달리는 사람들은 하나같이 "잠 좀 푹 자봤으면 좋겠다."라고 말한다. 이처럼 불면증은 삶의 질을 떨어뜨린다. 그래서 긴장을 못 풀 정도로 계속 눈치를 보는 것도 삶의 질을 떨어뜨린다.

그런데 눈치를 많이 봐서 생긴 불면증이라면 해결 방법이 있다.

긴장을 풀고 이완하는 훈련을 하는 것이다. 이완 상태에 들어가려면 남을 의식하는 눈치를 내려놔야 한다. 남의 눈치를 보는 것을 멈추지 못하면 결국 자기만 고생이다. 잠이라는 자연스러운 피로회복제를 놓치게 되는 셈이다.

눈치를 많이 보면 시름시름 앓는다
▶

몸은 비교적 정직하다. 배고프면 먹어야 하고 지치면 쉬어야 한다. 이러한 신체 신호를 무시하면 병이 난다. 몸은 또한 사용자의 습관을 보여준다. 운동이 지나치면 관절이 상하고, 컴퓨터를 너무 많이 하면 거북이 목처럼 목이 앞으로 구부러진다. 나이가 들수록 몸은 인생의 명세서 같다. 그리고 몸은 보이지 않는 마음을 반영한다. 긴장하면 근육이 굳고 참으면 가슴이 조이는 듯하다. 이와 같이 마음 따라 몸이 변하기도 하고 몸 따라 마음이 변하기도 한다.

 몸이 건강해야 걱정이 줄어든다. 그런데 눈치와 신체적 건강은 어떤 관계가 있을까? 답부터 말하자면 눈치를 많이 보는 사람은 원인 모를 잔병이 많다. 일을 하지 못할 정도로 심각한 불편이 나타나지는 않지만 두통, 복통, 근육통, 요통, 어깨 결림, 정체 불명의 가슴 통증, 만성피로 등이 나타날 수 있다. 이유는 다음과 같다.

 눈치를 보면 긴장하게 된다. 눈치를 보는 대상에 따라서 긴장이 강할 수도 있고 약할 수도 있다. 대개 눈치 보기는 약한 긴장 상태가 지속되는 경우가 더 많다. 그러므로 피로나 스트레스가 누적되어서 나타날 수 있는 신체적 증상은 모두 나타날 수 있다.

당장 큰 병에 걸리는 것은 아니지만 눈치를 많이 보면 무엇을 해도 쉽게 지치고, 여기저기 쑤시고 골골거리게 된다. 나를 괴롭히는 눈치뿐만이 아니라 다른 사람을 못살게 구는 눈치마저도 오래 지속되면 신경성으로 인한 신체적 증상이 나타난다. 가장 착취적인 반사회성 눈치가 높은 사람일지라도 나이가 들어서 체력과 지력이 떨어지면, 이번에는 자기가 남한테 당할까 봐 불안해져서 술에 의존하거나 이유 없이 몸이 아프다는 호소를 자주 하게 된다.

마음의 문제가 몸으로 나타나는 것을 '신체화somatization'라고 하는데, 눈치 문제가 신체화로 이어지는 이유는 긴장 외에도 또 있다. 대인관계의 눈치는 의사소통의 특성상 비언어적인 경우가 많다. 눈치가 건강한 경우에는 문제가 생겼을 때 효율적으로 의사소통을 할 기회를 포착한다. 피할 수 없는 문제나 갈등이라면 피하지 않고 해결할 방법을 찾는다는 의미다.

그러나 눈치가 건강하지 않은 경우에는 문제가 생겼을 때 갈등이 무서워서 문제를 피하려고만 든다. 그 결과 해결하지 못한 문제와 갈등이 쌓이게 된다. 문제를 피하기만 하다가 중요한 문제를 해결하지 못하면 자신의 삶에 대한 통제력controllability과 숙련감feeling of mastery이 떨어진다. 그러면 자기 삶인데도 자신이 통제할 수 없는 부분이 점점 많아지고 날이 갈수록 스트레스가 쌓인다.

부적응적인 눈치 때문에 갈등과 문제를 무조건 피하기만 하면 원해서 하는 일이 아니라 어쩔 수 없어서 하는 일이 많아지는데, 하기 싫은 일은 시작도 하기 전에 피곤해지는 수가 많다. 이렇게 되면 하기 싫은 것을 하느라고 결국 몸이 고생을 하게 된다. 괜히 숨이 막히는 것처럼 가슴이 답답하거나, 똑같은 일을 해도 삭신이 쑤시기에 딱 좋은 조건이다.

눈치를 많이 봐서 생긴 신체화 장애라면 해결 방법이 있다. 눈치에 대한 통제력을 회복하는 것이다. 남에게 맞추기만 하는 눈치는 적당한 정도에서 멈추고 문제를 해결하기 위해 눈치를 발휘하는 것이 필요하다. '적당하다.'라는 기준에는 여러 가지가 있겠지만 어떤 경우든 몸이 아프다는 것은 무리를 했다는 분명한 신호다. 그러므로 눈치로 인해서 몸이 부대낄 때는 무조건 눈치 보기를 그만두자. 무리하게 참으면서 남의 눈치만 보다가는 자기 몸만 상한다. 내가 아파서 드러누우면 배려하는 눈치든 비위를 맞추는 눈치든 모든 것이 부질없다.

눈치를 많이 보면 핑계가 많다
▶

핑계 없는 무덤은 없다고 한다. 구차하게라도 변명을 찾기로 든다면 어떤 일이건 반드시 핑계가 있다는 이야기다. 잘못을 하고도 책임이나 처벌, 불쾌한 경험 등을 피하기 위해서 둘러댈 때 쓰는 말이다. 혹은 속마음이나 목적을 감추고 얼렁뚱땅 속이고 딴전을 피우는 경우도 핑계에 해당한다. 어떤 핑계든 사실을 말하지 않고 문제를 슬쩍 피하려는 공통점이 있다.

핑계가 많아지면 관계에서 갈등이 많이 생긴다. 핑계가 많은 사람은 믿을 수 없기 때문에 함께 일을 하거나 무슨 일을 맡기기가 망설여진다. 대놓고는 뭐라고 못할 정도로 그럴 듯한 핑계를 많이 대는 사람은 마치 기름을 발라놓은 콩처럼 반질반질해서 사람들이 슬슬 피하게 된다. 사람들은 핑계가 많은 사람과는 함께 일을 도모하지 않는다. 그래서 핑계로 상황을 모면하면 당장은 이득인 것 같아도, 얼마 지나지 않아서 관계가 파괴되고 자기 발전의 기회마저도 잃게 된다. 핑계는 지독한 근시안이어서 하루살이 인생이 아니라면 득이 되는 것이 별로 없다. 그리고 인생은 하루보다 길다. 핑계에 집착하지 않아야 신뢰가 쌓이고 발전할 수 있는 기회가 온다.

눈치와 핑계는 어떤 관계가 있을까? 답부터 말하자면 남의 눈치를 많이 보는 사람은 핑계도 많다. 이유는 다음과 같다.

남의 눈치를 많이 보는 사람은 상황과 상대에 따라서 행동을 결정한다. 그러므로 어떤 일을 해도 상대가 원해서 한 일이며 상황 때문에 어쩔 수 없이 한 일이 된다. 자신의 소원과 감정, 욕구 때문에 한 일이 아니므로 자기가 선택한 일이 아니라고 여긴다. 자기는 맞춰주려고 따라 했을 뿐이기 때문이다. 그러므로 유일한 잘못이라면 상대가 원하는 대로 해준 것뿐이고 자기 책임은 없다고 주장한다. 기대한 사람 탓이지 어쩔 수 없이 행동한 나에게 무슨 죄가 있냐는 심산이다.

그래서 핑계는 원망과 짝을 이루게 된다. 남 탓이고 상황 탓인데 자신에게 책임을 물으니 세상이 원망스럽다. 분명 대세를 따르는 것이 눈치인 것도 같고 혹은 다 그런 세상이니 포기하라고 눈치를 준 것도 같다. 혹은 열심히 맞춰주었더니 사냥이 끝나고 사냥개 잡는 꼴이라는 생각에 억울함도 든다.

　그러나 정말로 선택의 여지가 없었을까? 눈치를 보는 것은 인지적 작용의 하나다. 눈치는 결정을 하기 위해서 자료를 입력하는 초기 단계에 해당한다. 눈치 보기 자체가 행동을 결정하지는 않는다는 의미다. 반면에 선택과 결정은 각자가 가지고 있는 인생에 대한 기본 가정과 가치, 태도를 반영한다. 그러므로 눈치를 본 것을 실제로 실행할지 안 할지는 분명 자신이 선택할 수 있다. 즉 핑계 자체가 선택의 결과다.

　그리고 좀더 생각해볼 문제가 남았다. 남의 눈치를 봐서 한 일이 정말로 상대가 원한 것일까? 만약 눈치를 봐서 상대의 속마음을 정확히 맞출 수 있다면, 핑계 댈 일 없이 눈치로 상대를 조종할 수 있을 것이다. 그러나 그런 일은 일어나지 않는다. 상대의 마음을 정확하게 예측하기는 불가능한 반면 내 마음과 욕심을 상대에게 뒤집어씌우기는 쉽다. 특히 나쁜 일이 벌어지거나 나쁜 결과가 나왔을 때는 더욱 그렇다. 상대를 탓하면 내 죄책감을 탁탁 털어낼 수 있기 때문이다. 이러한 심리적 과정을 '투사projection'라고 한다. 건강하지 않은 눈치가 핑계와 원망으로 이어지면 현실이 있어야 할 곳에 현실 대신 투사가 자리를 잡는다.

　한 가지 덧붙이자면 눈치 때문에 핑계를 대는 것은 이중적 메시지를 만들어내서 의사소통을 혼란에 빠뜨린다. 핑계를 댈 때 일어나는 일은 겉과 속이 다르다. 겉으로는 "미안하다."라고 말하지만 속으로는 '너 때문이고 상황 탓인데 내가 왜 사과를 해.'라고 말한다. 변명을 듣는 사람 입장에서도 당연히 이중적으로 의사소통을 한다.

겉으로는 "아, 그러세요. 어쩔 수 없지요."라고 말하지만 속으로는 '왜 날 끌고 들어가는 거야? 혼자 빠져나가려고 별별 방법을 다 쓰네. 상종하지 말아야지.'라고 생각하게 된다. 이중적인 의사소통을 많이 하는 관계는 이미 금이 간 유리잔 같아서 관계가 언제 깨질지 알 수 없다. 이런 식으로 관계가 계속되면 사소한 일에서 생긴 갈등이 발단이 되어 돌이킬 수 없는 결과를 낳는다. 혹은 가만히 놔두어도 관계가 자연스레 소원해지는 등 파국이 초읽기에 들어간다.

남의 눈치를 많이 봐서 늘어난 핑계를 해결할지 안 할지는 선택의 문제다. 핑계를 대면서 살 수도 있고 책임을 지면서 살 수도 있다. 어느 쪽이든 살아가는 방법이라면 방법이다. 그러나 걸핏하면 남의 눈치를 보느라 어쩔 수 없었다고 핑계를 대는 사람은 자기 핑계에 스스로가 말려들어 남의 인생을 사는 꼴이 된다.

세월을 거꾸로 돌렸다가 바로 돌릴 수 있는 초능력이 있거나 다른 사람보다 몇 배의 세월을 살 수 있는 비법이 있는 사람이라면, 핑계를 대면서 살아도 보고 책임을 지면서 살아도 보며 인생을 이렇게 저렇게 실험하면서 살아도 별 상관이 없을 것이다. 그러나 정해진 시간을 살아야 하고 결코 시간을 되돌릴 수도 없다면 남의 인생보다는 자기 인생을 사는 것이 덜 억울할 것이다.

남 탓하기, 원망하기, 비방하기와 같은 네거티브 전략으로는 자신만의 비전이나 포트폴리오를 절대 가질 수 없다. 결국 남의 눈치만 보다가 인생을 허비했다는 핑계에 가장 억울해지는 사람은 다름 아닌 자기 자신일 가능성이 높다.

3부

잘못된 눈치에서 풀려나는
7가지 방법

19

잘못된 눈치,
그 해결의 실마리

잘못된 눈치란 다음의 2가지를 말한다. 첫째, 눈치를 사용해서 달성하려는 목표가 가치 없고 나쁜 것이라면 이 눈치는 항상 잘못된 눈치다. 둘째, 좋은 가치와 목표를 가지고 있다고 하더라도 눈치가 오작동해서 목표 달성에 방해가 된다면 이 눈치도 잘못된 눈치다. 그러므로 가치와 함께 맥락과 기능을 모두 생각해보아야 잘못된 눈치를 해결할 실마리를 찾을 수 있다. 그렇지 않고 눈치의 외연이나 자잘한 문제만 다루어서는 잘못된 눈치에서 풀려나는 방법을 스스로 익힐 수 없다.

눈치는 수단이므로 어떤 목표를 달성하려고 눈치를 사용하느냐에 따라서 유익한 눈치가 되기도 하고 해로운 눈치가 되기도 한다.

즉 눈치 자체는 좋은 것도 나쁜 것도 아니다. 좋은 일에 사용하면 좋은 눈치가 되고, 나쁜 일에 사용하면 나쁜 눈치가 된다. 그런가 하면 목표가 가치 있는 것이어도 눈치가 잘못 작동해서 오히려 목표에서 멀어지는 엉뚱한 방향으로 행동하게 되기도 한다. 이는 목표 달성에 방해가 되는 눈치다.

이러한 2가지 눈치, 즉 '나쁜 목표를 위해서 사용하는 눈치'와 '목표달성을 방해하는 눈치'는 잘못된 눈치라고 할 수 있다. 그러므로 눈치를 잘 사용하려면 '맥락적이고 기능적인 방향'과 함께 '가치 있는 방향'을 따르는 방법을 익힐 것을 권한다. 이 과정은 가치가 행위의 맥락을 형성할 때 가장 자연스럽게 일어날 수 있다.

너무나 맥락적인 눈치
▶

눈치는 맥락에 따라서 적절성이 판단되므로 적용 기준이 상대적이다. 예를 들어 해외로 여행을 갈 때 여행 계획을 짜는 단계에서는 목적지가 기준점에서 어느 방향에 있는지를 판단할 수 있는 정도의 손바닥만 한 세계지도가 도움이 된다. 그러나 여행지에 도착하고 나서는 도착지의 상세 지도가 도움이 된다. 그러므로 여행을 막 계획하는 사람에게 상세 지도를 주는 것은 눈치 없는 행동이지만 이미 목적지에 도착했다면 상세 지도를 주는 것은 눈치 있는 행동이 된다.

이와 같이 눈치의 적절성은 최소한 시간·장소·관련 인물·목적

등의 영향을 받는다. 이러한 특징을 맥락주의라고 한다. 맥락주의에서는 '인과관계가 계속 변화하고 사건은 다중결정적'이다.[1] 눈치는 대표적인 맥락주의적 심리기제 가운데 하나다.

눈치의 기능성은 목표에 맞느냐 아니냐를 따지는 것이다. 목표에 이르는 데 도움이 되면 순기능적이다. 반대로 목표 접근에 방해가 되면 역기능적이다. 똑같은 행동이라도 목표가 무엇인가에 따라서 기능적이 되기도 하고 역기능적이 되기도 한다는 의미다.

"웃는 낯에 침 뱉으랴."라는 속담이 있다. 알려진 대로 웃음에는 여러 가지 긍정적인 기능이 있다. 그렇다고 해서 대인관계에서 늘 웃는 것이 기능적이고 눈치 있는 행동일까? 상대를 보고 웃는 것은 대개는 순기능적이지만 스토커를 보고 웃는 것은 역기능적이다. 친화가 목적일 때 웃으면 눈치 있고 순기능적이지만 단호함을 보여야 할 때 웃는 것은 눈치 없고 역기능적이다.

또한 눈치가 정보 입력과 판단의 관문에 해당하는 심리기제라 할지라도 어떤 목표를 달성하기 위해서 눈치를 사용할 것인지는 사용하는 사람이 중요하게 여기는 가치와 의미에 달려 있다. 예를 들어 즉각적인 만족이 중요한 사람이라면 눈앞의 이익에 급급한 눈치를 살핀다. 반면에 장기적인 가치나 의미를 중시하는 사람은 단기간의 이익을 따지는 눈치에 압도당하지 않는다.

그런데 눈치에는 또 다른 복잡한 특징이 있다. 눈치는 비언어적 기제라서 말로 따지는 것만으로는 고치기 어렵고, 습관적인 반응이 많아서 미처 알아차리지 못하는 경우가 많다. 그렇다면 주의를 기울이지 않으면 인식하기도 어려운 눈치를 어떻게 의식적으로 다룰 수 있는지 궁금증이 생길 것이다.

"복잡한 특성을 가진 눈치를 어떻게 조절할 수 있을까?"라는 질문, 그러니까 눈치를 어떻게 인식하고 조절할 것인지에 대해 3부에서 다룰 것이다. 구체적인 방법을 이야기하기에 앞서 3부에서 다루는 방법들이 어떤 심리치료적 토대에서 나온 것인지 전체적인 지도를 우선 살펴보자.

눈치 조절하기, 분명 방법은 있다
▶

눈치의 효과에 대해 연구한 심리치료 방법은 없다. 그러나 인간의 심리적 문제를 매우 맥락적인 것으로 정의하고 다루는 심리치료적 접근은 있다.

최근에는 이러한 접근을 지지하는 상담자들 사이에 공통점이 나타나고 있다. 바로 마음을 알아차리는 훈련을 강조한다는 점이다. 마음을 알아차리는 것이 눈치와 어떻게 연관이 될까? 1부에서 말했듯이 '눈치채다.'는 '알아채다.'로 바꾸어 써도 별 상관이 없다. 다만 차이가 있다면 '알아차림'이 포괄적인 자각인 데 비해 '눈치채다.'는 주로 대인관계와 사회적 맥락에서 나타나는 초보적인 알아차림에 해당된다는 점이다. 즉 눈치는 '알아차림'에 포함되는 특수한 경우다.

이러한 눈치의 속성으로 보면 눈치를 조절하는 방법으로는 행동치료의 제3물결인 마음챙김 기반의 접근이 가장 효율적일 것이다.

왜냐하면 알아차림을 직접 다루는 것은 마음챙김의 핵심 요소 중 하나이기 때문이다. 이러한 접근에는 '마음챙김 기반 스트레스 감소^{MBSR}, 수용전념치료^{ACT}, 변증법적 행동치료^{DBT}, 마음챙김 기반의 인지치료^{MBCT}' 등이 포함된다.[2] 그리고 이러한 접근들은 다양한 심리적 문제에 대한 과학적이고 체계적인 치료 효과를 이미 입증했으므로 눈치 문제에 적용해볼 경험적 근거가 있다.

그뿐만 아니라 마음챙김을 기반으로 한 수용전념치료에서는 우리가 다루고 있는 부적응적 눈치와 매우 비슷한 문제를 해결하는 것을 목표 중의 하나로 다루고 있다. 구체적으로 보면 수용전념치료에서는 '가치와 관계없이 타인의 인정을 받기 위해 규칙을 따르는 순응적 행동'을 기술하는 'pliance'라는 새로운 용어를 만들어 이 문제를 해결하고자 한다. 이 단어에 해당하는 우리말은 '눈치'가 가장 적절하다.[3] pliance는 이 책의 6장과 13장에서 다룬 수동의존적 눈치에 가장 가깝다. 즉 다른 용어를 사용해서 부적응적인 눈치 문제를 이미 다루고 있다는 의미이므로 이 책에서 마음챙김을 기반으로 한 방법들을 해결책으로 제시하는 것은 타당한 선택일 것이다.

순간순간의 알아차림인 마음챙김
▶

마음챙김^{mindfulness}은 팔리어 사띠^{sati}에서 유래한 말이다. 여러 의미로 사용될 수 있지만 기본적인 정의는 '순간순간의 알아차림

moment-by-moment awareness'이다.[4]

　하버드대학교 심리학과 교수 엘렌 랑거Ellen Langer는 자신의 저서에서 '마음놓음'과 '마음챙김'을 비교했다. 랑거 교수는 "마음놓음이 자각이 없이 자동적으로 일을 하는 상태인 데 비해, 마음챙김은 경험에 대해서 개방적인 자세로 의식을 지속하는 상태"라고 했다.[5] 이와 같이 일반적인 심리학의 영역에서는 마음챙김이 단순히 자각 상태를 나타내지만 심리치료 분야에서의 마음챙김에는 평가를 하지 않는다는 의미가 더해진다. 대표적인 예로 마음챙김 심리치료 분야의 선구자인 존 카밧진Jon Kabat-Zinn 박사는 마음챙김을 "특별한 방식으로 주의를 기울이는 것이며 판단을 하지 않고 의도적으로 현재 순간에 머무르는 것이다."라고 했다.[6]

　앞에서 말했듯이 마음챙김 기반의 접근 방법들은 의식하지 못하고 습관적으로 순응할 때 생기는 문제를 다루는 데 효과적이다. 그리고 부적응적이고 고정된 눈치는 말로 표현하거나 타당성을 따져보기 이전에 길들여진 습관적인 순응의 예인 경우가 많다. 그래서 말로만 다루기는 어려운 경우가 많다. 특히 적응에 방해가 되는 역기능적 눈치일수록 상황에 관계없이 습관적으로 반복되는 특징이 있다.

　자기폐쇄적 특성이 강한 눈치일수록 현실보다는 자기 세계에만 몰두해서 이전에 만들어놓은 눈치의 습관적 틀 안에서만 맴돌게 된다. 그 결과 현재 무엇이 일어나고 있는지를 알아채지 못하며 이런 눈치는 현재와는 접촉이 끊겨서 지금, 여기에서 필요한 적당한 눈치 보기가 일어나지 않는다. 전형적인 사례는 11장에서 살펴보았으니 참고하자.

　마음챙김에서 알아차림이 제대로 기능하려면 지금-여기에서의 순간을 자각할 수 있어야 하듯이 눈치도 제 기능을 하려면 지금-여기에서 벌어지는 상호작용을 자각할 수 있어야 한다. 눈치란 사람을 대하는 상황에서 현재 마주하고 있는 상대와의 비언어적인 상호작용을 알아차리는 것이다. 그런데 경험을 받아들이지 않고 현재와 접촉이 끊겨서 현재 일어나고 있는 상호작용을 눈치채지 못한다면, 이는 진짜 눈치가 아니라 눈치 보는 시늉이거나 헛눈치에 불과하다.

　마음챙김에서 알아차림이 기능적으로 작용하려면 비非판단적인 자세가 중요하다. 그런데 눈치가 비판단적일 수 있을까? 흔히 눈치는 보통의 알아차림에 비해서 훨씬 판단적이고 실행적인 경향이 있다고 여긴다. 어떻게 행동할지를 결정하기 위해서 눈치를 본다고 생각하기 때문이다. 확실히 눈치 보기에는 상대의 감정이나 생각, 의도를 미리 알아서 행동하고자 하는 목적이 있기는 하다.

　그러나 눈치와 행동이 동일한 것은 아니다. 마음을 챙겨서 눈치와 행동 간의 연관성을 살펴보면 '자각'과 '결정'과 '실행' 사이에는 미처 깨닫지 못했던 여러 개의 단계가 있음을 알 수 있다. 눈치는 사람과 사람 간의 관계를 알아차리는 것이다. 때문에 다른 알아차림과 마찬가지로 자신에게 일어나는 눈치는 반응하지 않고 그냥 흘려보낼 수도 있다. 조금만 물러나서 자신의 눈치를 바라볼 수 있으면 눈치와 행동 사이의 연결고리를 푸는 일이 가능하다. 이렇게 되면 내가 눈치챈 것 중에서 무엇을 행동에 옮길지를 선택할 여유가 생긴다. 즉 눈치 보기에는 대인맥락에서 일어나는 문제를 해결하려는 의도가 있는 것이 사실이지만 의도나 인식은 실제 행위나 반응과는 구별되는 것이기도 하다.

언어적 문제 해결과 눈치
▶

이쯤 해서 아마 질문이 생길 것이다. "말을 제대로 해서 합리적으로 의사소통을 하면 눈치 문제는 사라질 것 같은데, 이거 돌아가도 한참 돌아가는 것 아닌가요?"라는 질문이다.

말과 논리의 힘을 강력하게 믿는 사람이라면 눈치를 이상한 의사소통이라고 여길 것이다. 그러나 의사소통에서 말 자체가 차지하는 비중은 20%도 되지 않는다. 다른 언어를 사용하는 사람끼리도 의사소통을 하고 같은 언어권에서 어휘의 의미를 정확히 모르는 경우에도 의사소통을 한다.

게다가 눈치는 1장에서 살펴보았듯이 언어보다도 원시적인 기원을 가진 심리적 기제다. 말로 표현하고 말로 해결하는 것을 신피질의 언어와 추론 영역에서 주로 담당한다면, 눈치는 좀더 원시적인 뇌의 영역에서 활성화되는 대인 각성이나 주의력과 연관된다. 심리적 기능이나 기질적 활성화가 이루어지는 영역은 논리적인 언어 사용을 담당하는 영역과 다르므로 눈치를 조절하는 직접적인 방법은 언어적 방법이 아니다.

마음챙김의 방법은 실제로 신피질 아래에 있는 영역에 직접 작용하는 것으로 알려져 있다. 그러므로 눈치의 특성상 말만 이용해서 눈치를 조절하는 것보다는 눈치에 직접 영향을 끼치는 뇌와 신체 영역을 조절하는 것도 필요하다.

물론 말로 표현하고 의사소통을 해서 금방 문제를 해결할 수 있다면 눈치라는 간접적인 통로를 이용할 필요는 없다. 그러나 살다 보면 필요한 것을 모두 말로 주고받을 수 없는 경우가 많다. 이때에는 눈치를 직접 조절해야 할 필요가 있다.

관계와 눈치의 변증법
▶

이러한 공통점에도 불구하고 눈치에는 다른 알아차림과는 구별되는 특성이 있다. 마음챙김에서 알아차림은 대개 자각을 통해서 내가 내 생각, 내 감정, 내 세계와 새롭게 관계를 맺는 과정이다. 그러나 관계의 맥락에서 발생하는 눈치에는 늘 나와 타인이 동시에 관련되어 있다. 나와 타인, 나와 집단, 나와 환경 사이의 팽팽한 긴장 속에 눈치가 자리 잡고 있다.

상대가 말하는 것, 행동하는 것을 관찰하기만 하고 내버려둔다고 생각해보라. 이렇게 되면 관계가 발전하기 어렵다. 누군가 "너를 보니까 화가 난다." 혹은 "너를 보면 가슴이 뛰어." 같은 말을 할 때 침착하게 관찰만 하는 일이 되풀이되면 상대와 관계를 유지하기 어려울 것이다. 그래서 적절한 타이밍에 상대에게 반응을 해주고 행동을 하는 눈치가 필요하다. 즉 눈치는 기본적으로 2명 이상이나 2가지 마음 이상에서 균형을 잡아야 한다는 점이 혼자서 마음챙김을 하는 것과는 결정적으로 다르다. 그래서 눈치 보기는 혼자서 마음을 챙기고 알아차리는 것보다 훨씬 역동적인 과정이 될 수밖에 없으며 훨씬 실질적이고 세속적인 과정이기도 하다.

그래서 눈치에서는 바라보기와 참여하기가 번갈아 적절히 나타나야 한다. 눈치가 순기능적으로 작동하려면 바라보기와 참여하기 외에도 균형을 잡아야 할 상반된 여러 가지의 요소들이 있다. 예를 들어 문제의 수용과 해결, 독립성과 의존성, 자기 초점과 환경 초점, 신뢰와 의심, 드러내기와 묻어두기, 숙고와 실행 같은 상반된 영역을 유연하게 오가며 균형을 유지하는 것이 필요하다. 결국 눈치의 적절한 작동은 수용과 변화 사이에서 일어나는 역동적 관계로서 변증법적 과정을 반복하게 된다.[7]

그러므로 눈치가 병이 되지 않고 제대로 작동하려면 마음챙김을 통해 자각하고 수용하는 데서 한발 더 나아가 변증법적 전략과 확인 전략, 문제 해결 전략 등이 모두 필요하다. 상황을 구성하는 요소를 관찰하고 알아차렸다면(마음챙김), 상반되는 구성요소를 통합하고 균형을 맞추는 변증법적 과정이 필요하다(변증법적 전략). 또한 눈치와 관련된 것이 사실인지 확인한 후 변화시킬 수 없는 것이라면 수용해야 한다(확인 전략). 그리고 마지막으로 해결할 수 있는 부분에 대해서는 적극적으로 해결을 시도하는 과정이 있어야 한다(문제 해결 전략).

19장에서는 잘못된 눈치를 조절할 수 있는 방법을 요약해서 살펴보았다. 20장부터는 부적응적 눈치의 7가지 원인인 '폐쇄성, 소진,

자기부재, 변덕, 불균형, 집착, 착취'를 해결하는 좀더 구체적인 방법에 대해 다룰 것이다.

그런데 이 장을 마무리하기에 앞서 아마도 독자의 마음속에는 마지막 질문이 하나 더 남아 있을 것이다. "설명은 그럴 듯한데 이 과정을 거치면 눈치 문제가 말끔히 사라지나요?"라는 질문이다. 이 질문에 대한 답은 눈치 문제를 무엇으로 정의하고 효과를 어느 수준으로 잡느냐에 따라 달라질 것이다. 일반적인 답을 이야기하자면 다음과 같다.

첫째, 눈치 자체는 사라지지 않는다. 눈치 보기나 눈치채기 등은 대인맥락에서 발생하는 정상적인 인식과정 가운데 하나다.

둘째, 심리치료 효과를 연구한 결과를 보면 지금까지 세상에 나온 어떤 심리적 처방전도 증세를 100% 호전시키는 경우는 없었다. 모든 시도에는 호전, 유지, 심지어는 악화가 섞여 있었다. 다행히 눈치 보기는 일상적이며 그 자체로 병적인 과정이 아니므로 악화라는 범주는 버려도 괜찮을 듯하다. 그러므로 눈치 때문에 사는 게 힘들다고 느끼는 사람이라면 해결책을 통해서 눈치를 편하게 사용할 수 있게 되거나 혹은 언젠가는 써볼 수도 있을 법한 대처 방법을 배울 수 있을 것이다. 손해 볼 것이 없다는 의미다.

셋째, 눈치란 원래 불확실성 속에서 움직이는 것이기 때문에 눈치를 기필코 어떻게 하고야 말겠다는 마음은 전혀 도움이 되지 않는다. 할 수 있는 데까지 해보고 내가 어쩔 수 없는 부분은 제약을 인정하고 수용하는 편이 사는 데 훨씬 도움이 되는 경우도 있다.

그러므로 이 책에서 제시하는 해결책을 사용해서 눈치의 한계는 수용하되, 사는 데 방해가 되지 않도록 조절하는 것을 목표로 하기를 권한다. 이렇게 하면 눈치 보기는 필요할 때마다 마음챙김이라는 인생의 베이스캠프로 돌아왔다가 다시 출발하는 선순환을 할 수 있게 될 것이다.

20
마음을 열고
현재와 마주하기

사회적 불안이 약간 느껴질 때는 긴장해서 눈치를 보지만 사회적 불안이 너무 강해지면 오히려 눈치가 정지된다. 불안이 너무 높은 것 자체가 문제라면 불안을 조절할 수 있어야 눈치도 보고 생각도 할 수 있다. 그런가 하면 불안 자체가 심한 것은 아닌데 사회적 수행과 대인관계에서 상호작용에 대한 부정적 생각과 예측이 두드러지는 경우도 있다. 2가지 경우 모두 마음챙김 방법을 통해서 감정이나 생각을 있는 그대로 관찰해야 마음의 여유를 회복할 수 있다. 실제가 아니라 마음의 습관이 되어버린 불안 때문에 눈치가 폐쇄적으로 작동하고 있다면 마음을 열고 현재와 마주하기를 바란다.

'남이 나를 어떻게 볼까, 나를 어떻게 평가할까?'를 불안해하는 것을 사회적 불안이라고 한다. 대개 사람들은 눈치를 보는 가장 큰 이유가 사회적 불안 때문이라고 여긴다. 이러한 상식에 따라서 2부에서는 부적응적 눈치의 첫 번째 사례로 사회적 불안을 다루었다. 면접을 보는데 불안해서 질문을 못 알아들었다는 사람, 발표를 하는데 떨려서 글자가 안 보였다는 사람, 데이트를 하는데 너무 긴장해서 실수만 연발했다는 사람 등이 사회적 불안에 속한다. 이들은 사회적 불안이 높아서 사람을 피하거나 해야 할 일을 회피한다.

　그런데 사회적 불안이 높은 사람과 불안하지 않을 때 이야기를 해보면 어떻게 행동하는 것이 좋았을지를 이미 알고 있는 경우가 많다. 예를 들어 나는 성인이 되고 나서도 유난히 무서워하는 손윗사람이 몇 분 있었다. 그 중 한 분의 전화를 받고 당황해서 무작정 다른 사람에게 수화기를 넘기는 바람에 인사도 안 하는 버릇 없는 사람이라는 말을 들었던 적이 있다. 그러나 통화 당시 나는 말을 더듬으며 전화기에 대고 인사를 하고 있었으므로 그분의 생각은 오해였다. 그때 내가 하지 못했던 말은 "안녕하셨습니까? 그간 별일 없으셨습니까?" 바로 이 두 마디였다. 이 말을 몰라서 못한 것은 아니었다. 그러나 당황한 마음이 가라앉고 나서야 인사말도 제대로 못 했다는 것이 떠올랐다.

　그리고 사회적 불안이 높은 사람이라 하더라도 불안할 때는 사람들 앞에서 말을 더듬거리지만 편안한 상황에서 일대일로 말을 해보면 막힘없이 이야기를 잘하는 경우도 꽤 있다. 또한 첫 만남에서는 낯가림이 있어서 조용했지만 나중에 친해지면 수다쟁이인 경우도 있다. 그리고 남이 자신과 같은 처지에 있을 때는 어떻게 해야 하는지에 대한 조언도 정확하게 한다. 이런 사람들은 사회적 상황에 대한 지식이나 사회적 기술을 이미 가지고 있지만, 불안한 상태에서는 자신의 지식을 떠올리지 못하고 자신이 가지고 있는 사회적 기술을 사용하지도 못한다는 것이 문제가 된다.

사회적 불안이 극심해서 불안 자체가 문제가 될 때
▶

사회적 상황에서 불안이 극심해지면 왜 평소에 잘하던 일도 못하는 걸까? 왜냐하면 불안이라는 강한 정서에 압도되어 다른 심리적 기능이 정지되기 때문이다. 남들 앞에서 말을 하거나 평가를 받을 때 너무 떨려서 아무것도 못하는 사람을 보면 주변 사람들은 '남의 눈을 얼마나 의식하면 저럴까?' 하고 생각할 것이다. 그러나 정작 당사자는 불안 때문에 주변의 눈을 의식할 여력이 없다. 강한 불안에 빠진 사람의 머릿속에 떠오르는 생각이 있다면 그건 딱 하나다. '빨리 여기서 벗어나야겠다.'라는 생각뿐이다. 약하거나 적당한 사회적 불안은 상황에 맞는 눈치를 발휘하는 데 도움이 될 수도 있지만 강한 불안은 눈치를 마비시킨다.

흔히 생각하는 것과 달리 사회적 불안이 너무 높은 사람의 문제는 눈치를 많이 보는 것이 아니다. 더 큰 문제는 불안이 높은 상태에서는 눈치가 정지되어서 타인의 반응이나 맥락의 정보를 파악할 수 없다는 점이다. 그래서 불안에 압도될 정도로 사회적 불안이 지나치게 높은 사람의 실제 문제는 2가지다.

첫째, 다른 기능을 마비시킬 정도로 높은 불안 자체가 문제다. 둘째, 상황에서 벗어나려고 하는 도피 행동이 문제다. 그래서 아무 생각이 나지 않고 꼼짝 못할 만큼 불안할 때, 지금 무슨 일이 일어나고 있는지를 제대로 알아채는 정상적인 눈치가 작동되면 오히려 문제가 반 이상 해결된다.

지금의 불안은 타당한가 혹은 습관인가?

그렇다면 불안이 높은 상태에서 어떻게 정상적인 눈치를 작동시킬 수 있을까? 우선 불안을 낮추어야 가능하다. 불안을 낮추는 방법에는 여러 가지가 있다. 불안을 낮추는 약을 먹거나 사회적 불안을 일으키는 생각을 바꾸거나 혹은 불안과 반대되는 이완 상태를 이용할 수도 있다. 이 접근들은 불안과 맞서 싸우는 방법들이다. 그러나 앞의 방법들과는 달리 불안과 맞서 싸우지 않고 감정과 생각을 아무런 판단 없이 관찰하는 방법도 있다.

이상의 방법들이 불안을 다루는 데 효과가 있는 이유 중의 하나는 마음의 여유를 만들어주어서 습관적인 불안에서 벗어날 수 있도록 도와주기 때문이다. 같은 상황에서 같은 반응만 반복해서는 새로운 결과가 나오지 않기 때문에 습관적인 불안이 나를 조종하지 못하도록 한발 물러서서 마음을 가다듬고 다르게 행동할 수 있는 가능성을 찾는 것이 중요하다.

일을 하고 공부를 할 때, 물건을 관리할 때, 판매나 운영을 할 때에 몇 번 해봐서 안 되는 방법을 계속 반복하는 사람은 거의 없다.

유리컵은 떨어지면 깨지고 자동차는 부딪히면 망가진다. 그래서 컵은 떨어뜨리지 않으려고 조심하고 차는 부딪히지 않으려고 조심한다. 그러나 유독 심리적인 문제에서는 실패한 방법을 똑같이 무한 반복하는 경우가 많다.

이렇게 되는 이유는 마음의 연쇄작용은 눈에 보이지 않아서 자각하기 어려운 데다가 아무런 도움도 되지 않는 방법이 이미 습관화되어 있기 때문이다. 그래서 사람들은 물건에 안 통하는 방법은 곧잘 알아채지만 마음에 안 통하는 방법은 쉽게 자각하지 못한다. 그뿐만 아니라 습관화된 사회적 반응을 하면서 거꾸로 "나는 원래 이런 사람이야. 나는 이렇게 타고 났다고."라고 말하기도 한다. 이 말에는 통하든 안 통하든 현재 자신의 습관을 그대로 유지하겠다는 의미가 담겨 있기도 하다.

그런데 상황과 관계없이 마음에서 생겨난 습관적 불안반응은 외부 상황이 바뀌어도 변하지 않는다는 특성이 있다. 왜냐하면 자동적인 습관은 상황의 결과가 아니라 경험을 외면하는 폐쇄적인 마음에서 생겨나기 때문이다. 폐쇄적인 마음에서 생기는 불안은 상황과 문제에 맞는 타당한 불안이 아니라, 외부와 단절된 상태에서 생기는 습관적인 불안일 뿐이다.

예를 들어 사자가 들어 있을 때 안이 들여다보이지 않는 사자 우리의 문을 열지 못하는 것은 타당한 불안이다. 그러나 사자가 떠난 후에도 우리의 문을 열지 못하는 것은 습관적인 불안 때문이다. 사자를 다른 장소로 옮겨서 우리 안에 사자가 없는 상태에서도 우리 문을 열지 못하는 것은 실재하는 사자 때문이 아니라 마음속에 있는 사자 때문이다. 마음을 빠져나와서 실제로 문을 열어서 확인하기 전에는 다른 사람들이 뭐라고 하든 우리 안의 사자가 다른 곳으로 떠났다는 사실을 알게 될 기회가 없다.

습관적 불안에 틈 만들기

그렇다면 이와 같이 습관이 된 불안반응을 어떻게 조절할 수 있을까? 19장에서 살펴본 마음챙김은 습관적인 불안을 줄여주는 데 효과가 있다. 마음챙김은 자각의 범위를 넓혀서 경험을 받아들이게끔 한다. 그래서 높은 사회적 불안 탓에 주변을 살피지 못하고 상황을 파악하지 못하는 문제를 해결하는 데 도움이 된다. "호랑이 굴에 들어가도 정신만 차리면 된다."라는 말과 비슷한 원리다. 이 방법은 폐쇄적인 눈치의 조절뿐만 아니라 도움이 되지 않는 눈치를 조절하는 데도 두루 효과가 있다.

마음을 챙기는 데는 다양한 방법이 있지만 원칙 자체는 간결하다. 먼저 무엇이 되었든 현재의 자기 내부나 외부에 있는 것을 비판단적으로 알아차리면 된다. 자신의 신체를 머리에서부터 발까지 차근차근 느껴볼 수도 있고 들숨과 날숨을 느껴볼 수도 있다. 먹고 있다면 먹는 동작, 걷고 있다면 걷는 동작을 천천히 순간순간 자각할 수도 있다. 책을 읽고 있다면 글자는 검고 종이는 하얗고 자신의 눈동자가 글줄을 따라서 움직이고 있다는 사실을 알아차리는 것도 한 방법이다.[8]

바빠서 조용한 장소나 시간을 찾기가 어렵다면 복잡하고 방해물이 많은 상황에서 마음을 가다듬는 방법도 있다. 휴대전화에 알람을 설정해놓고 휴대전화에서 알람이 울리는 순간에 자신의 감정과 생각, 행동과 신체를 자각하는 연습을 할 수도 있다. 혹은 반지와 같은 소품을 이용할 수도 있다. 반지가 눈에 들어올 때 피부에 닿는 금속성의 느낌, 반지가 손가락을 누르는 정도 등을 느껴볼 수도 있다. 마음만 먹으면 정신없이 하루를 보내지 않고 틈틈이 현재의 순간에 집중할 수 있는 각자의 방법을 찾을 수 있다. 이 방법들의 핵심은 자신이 원하는 순간에 감정이나 스트레스에 압도되지 않고 자각 상태에 들어간다는 데 있다.

자신만의 의도적 자각 방법을 찾았다면 매일 반복해서 연습해야 한다. 자꾸 연습해야 하는 이유는 필요한 순간에 현재 이 순간의 경험을 열린 마음으로 체험할 능력을 기르기 위해서다. 이 능력이 생기면 강력한 감정이나 생각에 사로잡혔을 때 주의를 '지금-여기'로 되돌릴 수 있어서 습관적인 감정이나 생각이 마음속에서 차지하는 자리를 줄일 수 있다. 마음속에 빈 공간이 생겨야 눈치도 경험을 수용해서 제대로 작동한다.

지금-여기, 이 순간이 정말 중요할까?

"지금-여기에 초점을 맞춰서 알아차리는 것이 정말 중요한가요?"라고 물을 수도 있다. 이 질문에 대한 답으로 내가 잘 알고 있는 한 사람의 사례를 소개하겠다.

강사인 T는 사람들 앞에서 이야기하는 것을 매우 불편해했다. 사람들이 많이 모이는 장소에 다녀오기만 해도 힘이 빠지는 유형이었다. 때로는 발표 스트레스 때문에 저녁 내내 이불만 뒤집어쓰고 있기도 했다. 당연히 강의를 시작하고 처음 얼마 동안은 스트레스가 심했다. 강의를 해야 하는 날이면 아침부터 그렇게 졸리고 피곤할 수가 없었다. T의 생각에는 학생들이 "저 사람은 다 아는 말만 한다."라거나 "같은 말도 어쩌면 저렇게 재미없게 하냐."라고 할 것 같았다. 긴장을 한 탓에 강의를 하는 동안 학생들 얼굴은 보이지도 않았고 강의를 하다 말고 멍해지는 때도 여러 번 있었다. 한 학기가 끝나갈 때쯤 T는 '다시는 강의를 하지 말아야겠다.'라는 생각만 했다. '내가 사람들 앞에서 말하는 것이 얼마나 어수룩해 보일까.'라는 생각이 떠오를 때마다 어디든 숨고 싶었다. 그러나 T의 예상과 달리 학생들은 T의 강의가 재미있고 유익하다는 피드백을 해주었다. 그리고 관련 강의가 필요하면 친구들에게 T를 추천하기도 했다.

덕분에 용기를 얻어 조금만 더 해볼까 하다가 몇 학기가 훌쩍 지나갔다. 그런데 시간이 지나자 수강생들의 얼굴이 보이기 시작했고, 자신이 말을 할 때 사람들이 어떤 반응을 하는지도 보이기 시작했다. 눈앞에 있는 사람들이 보이기 시작하자 강의하기가 수월해졌다. 강의 시간에 무슨 일이 일어나고 있는지를 비로소 알아챌 수가 있었다. 강의 자체에 집중하자 불안도 조금씩 줄어들었다. 사람들의 피드백을 토대로 관심사나 의문점에 초점을 맞출 수도 있었다. 이제는 강의를 할 때 사람들의 반응을 바라보는 것이 때때로 즐겁다고 했다. T는 강의를 할 때 자신의 말과 학생들의 반응을 알아차리는 여유가 없어진다면 아마도 강의 불안증에 다시 빠질 것 같다고 말했다. T는 무엇보다도 긍정적으로 반응을 해준 학생들이 고맙다고 했다. 그런데 학생들이 어떤 행동을 했던지 T가 알아차리지 못했다면 눈앞에 있는 사람들의 격려도 소용없었을 것이다. 그러므로 현재에 집중하고 불안한 상황을 회피하지 않았다는 것이 T가 강의 불안증을 극복할 수 있었던 중요한 요소였다.

연습, 또 연습

마음챙김의 방법처럼 원리가 간결하면서도 적용 범위가 넓다는 것은 심리치료를 할 때 대단한 강점이 된다. 그런데 마음을 챙겨서 알아차리는 것은 방법이 간결한 대신에 많은 연습이 필요하다. 강한 감정이나 생각이 자신을 꽉 채우고 있을 때, 알아차림을 사용하려면 습관에 맞서는 연습이 필요하기 때문이다.

백 번 마음이 떠돌면 백한 번 마음을 온화하게 되돌리고, 만 번 헛생각이 떠오르면 만한 번을 알아차려서 마음을 불러오는 것이 마음을 챙겨서 알아차리기의 기본이다. 심리치료 중에서 연습을 가장 강조하는 접근일 것이다. 실패에 대해서는 너그럽지만 연습에 대해서는 혹독한 접근법이다. "단순한 것을 알아차리면서 반복하라. 매번 새로운 것을 알아차리게 될 것이다."라는 말이 마음챙김이 주는 강력한 메시지 중 하나다. 그러니까 마음챙김은 자동적으로 대응하는 반응에 맞서는 의도적 자각을 매일 갈고닦는 방법이다. 기원을 보면 불안과 달리 눈치는 접근해서 정신을 차리고 찬찬히 살피는 행동이다.[9] 그래서 잘 훈련된 알아차림은 눈치를 조절하는 데 알맞기도 하다.

불안은 덜하지만 부정적 생각이 더 문제일 때

▶

사회불안증이 있다고 해도 불안을 느끼는 정도는 사람마다 차이가 있다. 사회적 불안이 아주 높은 상태가 아니라면 그래도 심리적 여유가 있어서 상황을 제대로 인식할 것 같다. 그런데 사회적 불안이 남들보다 높은 사람들은 평소보다 불안이 조금만 증가해도 상황파악을 잘 못하는 경우가 많다. 왜 그럴까? 이유는 불안 자체는 심하지 않지만 대신에 남은 심리적 공간을 불안을 불러일으키는 부정적인 생각들이 차지하고 있기 때문이다. 또한 이들은 작은 불안 신호가 와도 부정적인 생각이 빠르게 활성화된다.

11장의 주인공인 단독 작업을 좋아하는 회사원 S씨와 일대일 레슨만 하는 피아노 교사 P씨를 떠올려보자. 이들이 발표나 공연을 꺼려하고 낯선 사람과 일하는 것을 피하며, 사람이 많은 장소를 피하는 이유는 이들이 사회적 상황에 대해 가지고 있는 생각 때문이었다.

S씨와 P씨는 '자신은 다른 사람들의 기대에 미치지 못할 것이다. 다른 사람들이 자신을 이상하게 볼 것이다. 다른 사람에게 나쁜 인상을 줄 것이다.' 같은 부정적인 생각을 반복했다. 심지어는 S씨나 P씨 같은 사람들은 자신이 같은 자리에 있는 것만으로도 '다른 사람에게 폐가 될 것이다.'라는 생각을 하기도 한다. 이런 생각들은 사회적 불안을 일으키고 더욱 악화하는 데 기여한다.

게다가 S씨와 P씨는 '남이 나를 어떻게 보느냐(관찰자).'에 생각의 초점이 맞추어져 있다. 그래서 S씨와 P씨는 사회적 상황에서 안절

부절못하고 주눅 든 행동을 하게 되고 이들의 생각과 행동은 눈치를 보는 모습으로 비춰진다.

가짜 청중 몰아내기

그렇다면 이들은 실제로 눈치를 보고 있는 걸까? 본인들은 눈치를 보고 있다고 하겠지만 실제로 타인의 눈치를 보고 있는 건 아니다. 이유는 눈치를 보는 청중이 진짜 청중이 아니라 자기 생각 속에 있는 가상의 청중이기 때문이다. 행위자도 관찰자도 모두 자기 자신이라는 의미다. 머릿속에 있는 관찰자는 부정적인 평가로 가득 차 있어서 행위자의 사회적 행동에 대해서 편파적인 판정만 한다. 스스로 행동을 하고 스스로 자동적인 평가를 하는데 잘하거나 못하거나에 상관없이 대답은 미리 정해져 있다. 어떻게 행동하든 상관없이 '애석하게도 역시 잘못했습니다.'라고 스스로 되새김질하는 자기 폐쇄적인 작동 체계이기 때문이다.

   스스로가 관찰자가 되어도 '나'라는 관찰자가 비판적이기만 해서는 아무런 도움이 되지 않는다. 이 경우는 부정적 생각이 주요 원인이므로 사회적 불안을 일으키는 습관적 생각을 알아차려서 감정과 행동을 생각에서 분리하는 것이 중요하다. 마음챙김 방법을 이용해서 자신에게 일어나는 일을 자각하는 것이 그 첫걸음이다. 그래야 마음속에 있는 부정적인 가짜 청중과 지나치게 자기에게만 초점을 두는 생각을 몰아낼 수 있다.

유령 눈치를 현실에 초대하기

폐쇄성이 사회불안증을 일으키는 유일한 이유는 아니다. 그러나 폐쇄성은 사회적 불안 때문에 생기는 눈치와 예외 없이 관련이 있다. 원래 눈치는 사회적 상황에서 사람을 대할 때 비언어적 상호작용과 맥락을 알아차리는 기능을 한다. 그래서 눈치가 지금 당장의 경험을 향해서 개방되어 있지 않으면 눈치가 반응해야 할 맥락이나 상호작용을 모두 놓치고 만다.

이렇듯 실재하지 않는 것에 반응하는 눈치는 유령 눈치, 가상 눈치다. 허깨비 눈치를 보면 눈치를 보고 있는 사람도, 이 사람과 상호작용을 하고 있는 상대방도 실제로는 아무것도 주고받을 수 없다. 이러한 눈치는 눈치가 아니라 착각이다. 착각에서 빠져나오려면 닫힌 마음을 열고 현실과 만나야 한다.

개인뿐만이 아니라 사회도 마찬가지다. 강한 불안에 빠진 사회는 정상적인 눈치가 정지되고 폐쇄적으로 반응하게 된다. 그러면 자신의 안전과 생각에만 집착하게 되어서 다른 사람들은 신경 쓰지 못한다. 불안이 강하면 아무것도 보이지 않고 들리지도 않기 때문이다. 오직 자기에게만 사로잡혀서 남이 어떤지를 알아채지 못하는 사회는 탐욕 사회일 수도 있지만 불안 사회일 수도 있다. 그러므로 폐쇄성으로 인해서 정상적인 눈치는 정지되고 유령 눈치만 헛바퀴를 돌고 있다면 개인이든 집단이든 마음을 열고 현실과 마주하기를 바란다.

㉑ 비교를 멈추고 휴식하기

계속되는 상향비교는 사람을 지치게 한다. 비교하는 눈치에서 벗어나려면 비교를 멈추고 휴식을 취해야 한다. 21장에서는 일상생활에서 실천해볼 수 있는 작은 휴식에 대한 몇 가지 예를 소개해놓았다. 또한 지치지 않으려면 생활 속에서 휴식을 취하는 것과 일을 추진하는 것 사이의 비율을 적절하게 조절하는 눈치도 중요하다.

옆자리에 있는 동료나 친구가 5분 안에 당신의 눈치를 보게 만드는 방법을 하나 소개한다. 우선 옆 사람의 손을 보면서 "다른 사람보다 손가락이 짧네."라고 말한다. 그리고 눈에 띄게 그 사람의 손을 몇 번 쳐다본다. 이렇게 몇 번 반복하고 나서 다시 옆 사람의 손을 쳐다보면 그 사람은 슬그머니 주먹을 쥐거나 손을 책상 아래로 감출 것이다.

이제 당신이 옆 사람의 손을 바라보면 옆 사람은 당신의 눈치를 볼 것이다. 어쩌면 앞으로 다른 사람들이 그의 손을 바라볼 때도 눈치를 보면서 주머니에 손을 넣을지도 모른다. 그리고 다른 사람들의 손가락을 힐끔힐끔 쳐다보면서 스스로 자신의 손가락 길이를 타인과 비교할 것이다. 강박적 성향이 있는 사람이라면 혼자 있을 때마저도 손가락 길이에 신경을 쓸 수도 있다.

그럴 수도 있다는 말이지 한번 해보라는 말은 아니다. 이런 행동실험을 잘못했다가는 옆 사람의 분노를 사서 곧장 응징을 당할지도 모른다. "그러는 너는 뭐 잘났다고 그런 말을 하는 거냐? 너는 남보다 팔도 짧고 다리도 짧은 것 같지 않냐? 그러니 남의 손가락 길이는 신경 쓰지 마라."와 같은 반격의 말을 들을 가능성이 높다. 비교는 짧고 앙심은 길기 때문에 상상으로 끝내는 것이 좋다. 하여간 이 이야기에서 옆 사람이 눈치를 보게끔 하거나 화를 내게 만드는 핵심은 비교다.

장난이든 실제든 비교를 많이 하면 눈치가 늘어난다. 그런데 비교 때문에 늘어나는 눈치는 사는 데 도움이 되는 눈치가 아니라 방해가 되는 눈치다. 비교해서 생기는 눈치는 서서히 사람의 힘을 빼서 급기야 사람의 힘을 모두 고갈시킨다. 그래서 비교에 근거한 눈치는 소진적이며 심신이 지쳐서 꼼짝하지 못하는 우울 상태를 초래한다. 12장에 다룬 '우울에 이르는 눈치-비교'가 바로 여기에 속한다. 12장에서 첫 번째 사례로 소개했던 M씨가 이 경우다. M씨는 일어나서 잘 때까지 종일 자신과 타인을 비교하는 사람이었다. M씨에 대한 처방은 지쳐 쓰러지지 않으려면 비교하는 눈치를 멈추라는 것이었다.

비교가 사람을 지치게 하는 이유
▶

사실 많은 사람들이 비교가 끼치는 해악을 언급해왔다. 특히 부모가 남과 비교하는 말을 자주 하면 아이는 자신감이 없어져서 나중에는 수동적으로 남의 눈치만 살피는 사람이 된다. 혹은 지나치게 경쟁적인 성향이 되어서 남보다 더 인정받기 위해 적극적으로 눈치를 보기도 한다. 2가지 모두 행동하는 사람도 보는 사람도 편하지 않다. 불편하기 때문에 비교하는 사람 주위에는 다른 사람들이 잘 모이지 않는다. 그럼에도 비교하는 습관이 쉽게 사라지지 않는 이유는 비교가 서열과 지배, 권력과 복종을 유지하는 주요 인지과정이기 때문이다.[10]

그런데 비교는 왜 기분을 상하게 할까? 조립식 물건을 만들려면 크고 작은 여러 개의 나사와 너트가 필요하다. 조립을 할 때 나사와 너트의 크기를 비교해서 끼울 곳을 찾는 일이 나쁘다고 여기는 사람은 없다. 조립을 하는 사람은 비교를 통해서 각각의 나사와 너트가 필요한 곳을 찾는 것이지 좋은 나사와 나쁜 나사를 구별하는 것이 아니다. 크든 작든 제자리에 맞게 사용해야 조립이 완성되므로 우열이 있을 수 없다. 여러 차원에서 공평한 비교가 이루어지면 사람도 물건도 적재적소에 배치될 수 있다. 그러므로 단순한 측정과 묘사에 쓰이는 비교는 우열을 가리기 위한 것이 아니기 때문에 기분을 상하게 하지 않는다.

　문제는 비교에 해석적 판단이 더해질 때 시작된다. 특히 한 가지 특성만으로 비교해서 서열을 평가할 때가 문제다. 이렇게 되면 '더 좋다.' '더 나쁘다.' 혹은 '더욱 우월하다.' '좀더 열등하다.' 등 촘촘하고도 끝이 없는 평가가 매겨진다. 예를 들어 '돈이 많으면 좋고 돈이 적으면 나쁘다. 돈이 더 많으면 더 좋은 것이다.'라고 여기는 배금주의적인 비교 판단을 보자. 배금주의에서는 돈만이 유일한 척도이므로 금전의 비교가 사람에 대한 판단으로 바로 이어지게 된다. 이것은 비교와 판단이 습관적으로 붙어서 작용하는 전형적인 경우다.

　평가 기준이 딱 하나이기 때문에 비교를 하면 저절로 유쾌하거나 불쾌해지게 된다. 비교를 하자마자 습관적인 평가와 정서 반응이 일어나는 것이다. 이렇게 되면 불쾌함을 피하기 위해서 이런저런 궁리를 하게 된다. 그리고 점수를 높여서 차이를 줄여보려는 행동을 하게 되지만 이런 행동이 반드시 도움이 되는 것은 아니다. 게다가 비교 때문에 하는 행동은 지칠 때까지 멈추지 않는다.

비교를 멈추고 휴식모드에 들어가는 방법
▶

이렇듯 비교 자체보다는 비교 후에 이어지는 판단적 평가와 판단에 뒤따르는 불쾌감과 부정적 생각이 문제를 일으킨다. 이 같은 일이 반복되면 비교와 동시에 판단적 평가를 하는 습관이 배게 된다. 그러므로 비교 눈치를 멈추려면 우선 판단과 평가를 멈추어야 한다. 그래야 비교에 따라오는 생각과 감정에 휘둘려서 스스로를 곤경에 빠뜨리는 습관에서 벗어날 수 있다.

이런 까닭에 마음챙김에 기초한 모든 심리치료들은 사람을 이해할 때 '평가를 하지 않는 태도'를 강조한다. 비교하는 눈치를 조절하려면 원하는 순간에 마음의 작동 양식을 추진모드doing mode에서 휴식모드being mode로 바꾸는 방법을 익히는 것이 좋다.

해야 할 일에 쫓겨서 분주한 심리 상태가 마음의 추진모드다. 마음이 이토록 바쁜 이유는 자신이 소망하는 목표를 이루지 못했다는 비교 평가 때문이다. 자신이 원하는 상태와 현재의 상태를 비교해서 차이를 감지하면 마음은 차이를 줄이기 위해서 추진모드에 돌입한다.

예를 들어 1억 원을 갖고 싶은데 1천만 원 밖에 없다면 9천만 원이라는 차이를 줄이기 위해서 어떻게 해야 하는지를 마음속으로 고민하고 그 방법을 찾으려고 할 것이다. 이 차이에 집중하고 있는 동안 마음은 늘 돈에 골몰한다. 돈이 좀더 많은 사람과 자신의 처지를 비교하고 자신은 돈을 적게 가졌으니 무능하다고 여긴다. 또한 어떻게 하면 돈을 모을 수 있을지만을 반복해서 생각한다. 그러다 어찌해서 1억 원을 모으면 그다음에는 더 많은 돈을 가진 사람과 자신을 비교하고 더 모아야 한다고 여긴다. 이런 과정이 계속 반복되므로 쉬지 않고 노력하는데도 만족을 얻지 못한다.

사회로 치자면 개인의 성과에 근거해서 계속 상향비교가 이루어지는 성과사회와 똑같은 방식으로 마음이 작동하는 것이다. 사회가 100명의 성과를 비교해서 서열화하면 99명은 피곤하고 불만스럽다. 마찬가지로 스스로 비교를 해서 더 하라고 다그치는 추진모드는 자기 자신을 불만과 피로 속으로 몰아넣는다.

이러한 추진모드에서 '자기self'란 자기가 성취한 것의 총합을 의미한다.[11] 다시 말해 이전에 이룬 것(과거)과 앞으로 이룰 것(미래)을 합한 것을 자기라고 말할 수 있다. 자기를 '과거 더하기 미래'라고 한다면 현재는 어떤 의미가 있을까? 추진모드에서 현재란 과거를 평가하고 미래를 준비하는 시간으로, 과거와 미래 사이에 잠깐 끼어 있는 시간일 뿐이다. 목표를 달성하기 위해서 뭐라도 하지 않으면 참지 못하는 탓에 현재를 정신없이 흘려보낼 뿐 현재를 느끼거나 누리기가 어렵다.

이에 비해 무엇을 이루려고 애쓰지 않는 심리 상태가 휴식모드다. 목표를 이루겠다고 동동거리지도 비교하지도 않는다. 아무것도 하지 않을 수 있는 자유를 허용하는 상태이기도 하다. 휴식모드는 현재 이 순간에 전념한다. 생각과 감정을 자각하지만 이에 반응하지 않고 그냥 지나가도록 내버려둔다. 휴식모드일 때 마음은 자기가 어떤 사람인지를 규정하려고 애쓰지 않는다.[12]

현재만 강조하는 휴식모드에서 과거와 미래는 어떤 의미가 있을까? "지나간 일은 잡아둘 수 없고 내일 일은 모르지요."가 휴식모드에 있는 마음의 대답이다. "사람은 과거나 미래가 아니라 오직 지금, 여기에서 현재만을 살 수 있습니다."라는 메시지는 휴식모드가 사람들에게 보내는 삶에 대한 간결하고도 단호한 통보이기도 하다.[13]

마음을 휴식모드로 전환하는 마음챙김의 방법은 20장에서 이미 소개했지만 다시 한 번 정리하면 다음과 같다. 첫째, 현재를 비판단적으로 알아차린다. 둘째, 자신을 압도하는 자동적 감정이나 생각이 실제가 아니라는 것을 깨닫는다. 셋째, 습관화된 감정과 생각을 행동과 분리한다. 이 과정을 평소에 반복적으로 연습해서 마음의 상태를 조절할 수 있게 되면 원하는 순간에 마음의 모드를 바꿀 수 있다. 지쳤다면 휴식모드의 스위치를 켜야 한다.

아주 작은 방학
▶

휴식모드를 취하는 방법을 읽으면 가만히 조용하게 앉아 있는 아주 정적인 휴식을 상상할지도 모른다. 그러나 여기서 말하는 휴식모드는 반드시 가만히 앉아서 호흡을 가다듬고 명상을 하거나 요가나 이완을 연습하는 것만을 의미하지 않는다. 정적인 방법을 좋아하는 사람들이 있는 반면에 가만히 있는 것 자체를 아주 재미없어 하는 사람들도 있다. 또한 비교적 구조화된 순서를 따르는 마음챙김은 특별한 장소와 시간이 필요하기 때문에 귀찮고 스트레스라고 여기는 사람도 있다. 정통적인 명상 훈련을 하는 사람이라면 이러한 스트레스는 이겨내야 할 대상이다.

그러나 눈치 문제에서 마음챙김을 사용하는 이유는 하루에 몇 시간씩 정통 명상을 하는 데 목적이 있는 것이 아니다. 눈치로 인해서 불편하고 지칠 때에 자신을 괴롭히는 마음 상태로부터 거리를 두어서 마음속에 여유를 만드는 것이 목적이다. 때문에 구조화된 호흡이나 명상, 요가 등을 좋아하는 사람이 아니라면 구태여 이런 방법을 쓰지 않아도 된다. 그보다는 좀더 일상적이고 자기 나름대로의 즐거움을 느낄 수 있는 마음챙김을 하는 것이 좋다.

예를 들어 맛있는 음식을 먹을 때가 가장 즐거운 사람이라면 평소에 자신이 먹고 싶은 음식과 이것을 먹을 수 있는 장소나 식당의 리스트를 작성한 후에, 휴식이 필요할 때 그중 하나를 골라서 느긋하게 음식을 먹으면서 음식의 모양, 냄새, 감촉, 맛 등을 느끼면서 음식을 음미하고 자각하면서 먹는 것이 휴식의 방법 중 하나가 될 수 있다. 평소에 시간에 쫓겨서 허겁지겁 먹으면서 잃어버렸던 음식 먹기의 세세한 부분을 되살리고 즐거움을 다시 찾는 것이 휴식의 핵심이다.

또한 운동을 즐기는 사람이라면 자신의 운동 능력이나 기술 등을 평가하려는 마음을 버리고 승부에 집착하지 않으면서, 운동할 때의 자세, 근육의 상태, 주변의 소리 등을 한 번에 하나씩 자각하면서 운동 자체에 몰입하며 휴식을 취하는 방법도 있다. 이외에도 무엇이든 자신이 즐거움을 느끼는 것을 하며 작은 휴식을 취할 수 있다.

작은 휴식은 꼭 어딘가 멀리 떠나는 거창한 휴가가 아니어도 좋다. 잠시 휴대전화 꺼놓기, 반나절 휴가 내기, 집 근처 산책로 걷기, 좋아하는 음악 듣기 등 여러 가지가 있을 수 있다. 작은 휴가 만들기에서 중요한 점은 미리 작은 휴가를 취하는 방법이나 종류를 여러 가지 정해놓는 것이다. 그래야 휴식이 필요한 순간에 "뭘 하지?"라는 망설임이나 스트레스 없이 편한 휴식을 취할 수 있다.

휴식모드와 추진모드를 교대로 사용하기
▶

이렇게 놓고보면 휴식모드가 추진모드보다 바람직하다고 여길 수도 있다. 그러나 눈치를 조절하면서 한쪽 모드에 계속 머무르는 것이 중요한 것은 아니다. 휴식모드와 추진모드를 교대로 오갈 수 있는 능력을 기르는 것이 더 중요하다. 눈치가 없는 생활인이 되고 싶지는 않지만 그렇다고 해서 세속적인 눈치에 압도당하고 싶지도 않다면, 두 가지 모드를 상태에 따라서 교대로 오갈 수 있어야 한다. 이 과정은 일종의 균형 잡기라고 할 수 있다.

목표를 세우고 이루기 위해서 안달복달하는 추진모드가 사람을 지치게 하는 것은 사실이다. 그러나 추진모드가 있었기에 인류의 문명이 발전했다. 길을 닦고 다리를 만들고 건물을 짓고 제도를 만드는 것은 모두 추진모드가 있었기에 가능했다. 추진모드는 잘만 사용하면 개인이 공부를 하고 자기계발을 하는 원동력이 된다.

예를 들어 차를 운전하고 싶다면 학원 등록을 하고 운전을 배운 후 시험에 합격해서 면허증을 받아야 한다. 그러고 나서 주행 연습을 하고 차를 구입해야 한다. 시작부터 마지막까지 추진모드 없이는 이루어지지 않는 일이다. 반면에 '아, 내가 운전을 하고 싶어하는구나.'라고 자각만 하고 아무것도 하지 않으면 평생 운전을 할 수가 없다. 이와 같이 추진모드도 필요한 때가 있고 이유가 있어서 작동하는 것이다.

이 책에서 다루고 있는 심리치료적 방식으로서 마음챙김의 뿌리는 일종의 명상이다. 알려진 대로 마음을 조절하는 명상수련은 아주 오래전에 생긴 방법이다. 오랫동안 사라지지 않고 다음 세대로 전달되었다는 것은 그만큼 사람들에게 효과가 있었다는 의미다. 아울러 오늘날에는 뇌 과학이 발달한 덕분에 마음챙김 명상의 효과에 대한 과학적 자료도 제시되고 있다. 그러나 오래된 방법이라는 사실에는 또 다른 의미가 들어 있다.

이 방법이 처음에 만들어졌던 당시의 사회 환경과 지금의 사회 환경에 큰 차이가 있다는 의미도 있다. 이 방법은 지금보다 세상이 느리게 변하고 환경적 자극이 적었던 시대의 산물이다.[14] 옛날에는 천재지변이 없다면 "산은 산이요, 물은 물이다."라는 말이 이치에 맞는 말이었다. 그때는 20~30년 전에 가 보았던 산세나 강의 물길이 금세 변하지 않던 시절이다. 그러나 지금은 한번 가보았던 기억에만 의지해서 길을 찾아다녔다가는 낭패를 본다. 있던 산이 없어지고 없던 물길이 나 있기도 한다. 도시에 산다면 불과 몇 개월 전에 갔던 길이 완전히 변해 있는 경우도 많다.

그래서 현대인에게 변화는 익숙하고 멈춤은 생소하다. 이는 추진모드는 과잉 작동하는 반면에 휴식모드는 과소 작동한다는 의미다. 21세기를 살아가는 현대인에게 마음챙김 명상이 치료 효과가 있는 이유는 결핍된 휴식모드를 회복시켜주기 때문이다. 변화가 빠르고 자극이 넘치는 환경에서 바쁘게 사느라고 느림과 휴식이 부족하니까 쉬어가라는 의미지, 휴식모드에 들어간다고 문제가 모두 해결되는 것은 아니다.

그리고 마음 챙기기를 사용할 때 한 가지 더 염두에 둘 것이 있다. 인간은 선천적으로 신경학적 다양성을 타고난다. 사람마다 자극에 대한 민감성, 자극에 대한 추구, 자극을 수용할 수 있는 범위가 다양하다. 주의나 각성과 관련된 요소들이 상대적이라는 의미다. 그러므로 마음을 챙기는 방법도 원칙에 따라서 자신에게 맞는 방법을 찾아야 한다. 다르게 타고난 사람들이 각자의 마음을 깨우고 현재를 알아차리는 데 천편일률적인 방법을 따라할 수는 없다.

성과에만 몰두해서 비교하느라고 허둥대고, 더 노력하라고 자신을 채근하는 눈치 때문에 지쳤다면 비교하고 판단하는 눈치를 멈추고 내려놓아야 한다. 추진모드로 인생을 주행하면서 정신없이 가속 페달만 밟다가는 머지않아 모든 에너지가 고갈되고 소진될 것이다. 그러므로 너무 지치기 전에 휴식모드로 들어가서 알아차림이라는 느리고 느긋한 눈치를 깨워 쉬면서 에너지를 충전해야 한다.

그렇게 해서 기운이 났다면 다시 추진모드로 변환하고 그러다 지쳤다면 다시 휴식모드로 변환하기를 반복하는 눈치조절 훈련이 필요하다. 잘 조절된 눈치는 언젠가 지혜로 환골탈태할 수도 있다. 휴식과 추진처럼 상반되는 마음 상태나 갈등이 문제가 될 때 한쪽으로 치우치지 않고 어떻게 균형을 잡을지의 문제는 24장에서 다루었다.

우울 증상과 우울한 스토리텔링은 위험하다
▶

이번 장을 마무리하기 전에 한 가지 덧붙일 것이 있다. 우리는 12장에서 우울 때문에 부적응적 눈치가 극심해졌던 중년 여성의 사례를 살펴보았다. D부인은 우울증으로 인해서 예민하게 주변 사람들의 눈치를 보다가 대인관계가 악순환에 빠져서 관계가 파괴될 위험에 처해 있었다. 이에 대한 해결책을 알아보자.

부정적 감정 상태에서는 부정적인 생각이 더 잘 떠오르는 것으로 알려져 있다. 한 실험에서 슬픈 음악이나 슬픈 영화를 보여주고 슬픈 기분을 유도한 결과, 실험 참가자들이 부정적인 생각을 더 많이 하는 기분유도편향mood induced bias을 나타냈다. 보통 사람들은 잠시 우울했다가 잠깐 시간이 지나면 기분유도편향이 사라져서 평소의 기분으로 돌아갔다. 반면에 현재 우울증 상태이거나 과거에 우울증을 경험했던 사람들은 우울한 기분이 더 오래가고 부정적인 생각도 더 오랫동안 지속되었다.

흔히 우울한 사람은 우울하지 않을 때도 부정적인 생각과 역기능적 태도가 높다고 생각하지만 그렇지 않다. 연구 결과에 따르면 우울한 사람도 증상이 없을 때는 특별하게 부정적으로 사고하지 않았다.[15] 그러나 일단 우울한 기분이 들기 시작하면 부정적인 생각이 걷잡을 수 없이 커지고 좀처럼 가라앉지 않는다는 점이 문제다. 결국 시간이 지날수록 친밀한 관계도 파괴시킬 정도의 부정적인 눈치만 자꾸 생겨난다.

마음속에서 우울 반응이 습관이 된 것이라고 볼 수도 있다. 특히 재발성 우울증에서는 이러한 특징이 두드러진다. 우울증이 되풀이되면 우울을 유발하는 뚜렷한 사건이 있어서라기보다 부정적인 기분이 생길 때 빠르게 우울회로에 들어가게 된다. 이때는 강력해진 우울회로에서 벗어나지 못하는 것이 문제가 되기 때문에 기분의 변화를 알아차리고 조절하는 것이 치료에 중요한 초점이 된다. 이렇게 접근하는 대표적인 치료 방법이 마음챙김에 기반한 인지치료다.

그러므로 D부인의 경우처럼 우울증 때문에 활성화된 부정적 눈치는 내려놓고 흘려보내는 연습을 하는 것이 필요하다. 이렇게 하지 못하고 우울한 기분을 되새김질하면 스스로 우울을 점점 키우게 된다. 이는 마치 조그만 눈덩이가 눈이 쌓인 가파른 언덕을 빠르게 굴러떨어지면서 걷잡을 수 없이 커지는 과정과 같다. 습관화된 우울회로에 들어가지 않도록 다른 대처 방법을 찾지 못하면 우울증이 반복된다.

어떤 경우든 우울한 상태일 때 보는 눈치는 자신을 더 우울하게 만들거나 혹은 좋은 관계마저 고갈시키는 눈치인 경우가 대부분이다. 그러므로 자신이 우울한 상태라는 것을 알아차렸다면, 그때는 마음에서 일어나는 눈치에 반응하지 말고 눈치에 따라서 행동하지도 말기를 권한다. 대신 나쁜 기분이 지나가기를 기다리거나 기분을 바꾸기 위한 행동을 해야 한다. 기분에 반대되는 행동을 하거나 우울감을 낮출 수 있는 활동을 미리 준비해놓는 것도 좋은 방법일 수 있다.

이외에 우울증 진단을 받을 정도의 높은 우울은 아니지만 약한 정도의 우울 상태가 계속되어 삶의 활력이 없고 의욕도 없다는 사람들도 꽤 있다. 이들이 우울한 이유는 앞에서 말한 것과는 약간 다르다. 이 경우는 자기 자신과 자신의 인생에 대해서 부정적이고 우울한 스토리텔링에 사로잡혀서 빠져나오지 못하는 경우가 많다. 흔히 이들은 "내가 언제는 잘되는 일이 있었나. 다 소용없는 일이야."

같은 말이 후렴구처럼 반복되는 인생의 이야기를 가지고 있다. 이러한 문제를 다루는 방법을 여기서는 다루지 않았다.

어떤 이유에서건 부정적 감정과 부정적 기분이 강할 때 나오는 눈치는 붙잡지 말고 일단 마음에서 그냥 지나가도록 두기를 바란다.

22

자기 찾기와
주장하기

의존적인 사람들은 대체로 눈치를 많이 본다. 의존적인 눈치가 반복되다 보면 마음이 어린아이 같은 상태에 남아 있거나 혹은 자신이 어떤 사람인지를 잘 모르게 되기도 한다. 이런 경우는 다른 사람과 자기 간의 경계를 정하고, 자기를 회복하고, 자신이 원하는 것과 원하지 않는 것을 상대방에게 표현할 수 있는 능력이 필요하다. 의존심 때문에 눈치를 많이 보는 사람은 자기 찾기와 자기 주장하기를 연습하는 것이 좋다.

의존심이 높아서 눈치를 많이 보는 사람은 혼자 있으면 당황한다. 당황하는 이유는 혼자 있는 외로움을 견디지 못하고 특히 혼자서는 무엇을 어떻게 해야 할지 모르기 때문이다. 예를 들어 남이 선택해주는 것에 익숙해지면 어떤 옷을 입을지 무엇을 먹을지 등 사소한 결정도 스스로 하지 못한다.

또한 혼자서 일을 하거나 책임자의 역할을 맡으면 일을 진행하지 못하고 어떻게 할지 몰라서 우왕좌왕한다. 눈치를 봐서 시키는 일만 하다 보면 이전에 여러 번 했던 일도 혼자서는 낯설고 생소하게 느껴지기 때문이다.

의존심 때문에 마음의 성장판이 닫힌 사람들
▶

사실 더러운 옷과 해로운 음식만 아니라면 입는 것과 먹는 것을 고를 때 망설이는 것은 단지 조금 불편할 뿐 중요한 일은 아니다. 지나치게 의존적인 사람들의 진짜 문제는 인생의 위기를 맞으면 남들보다 훨씬 큰 어려움을 겪는다는 데 있다. 인간이 성장하는 과정이란 크고 작은 위기의 연속이므로 위기를 넘길 능력이 없으면 성장이 멈춘다.

예를 들어 기어 다니던 아기가 일어나서 걸을 때 처음에는 균형을 잡지 못해 주저앉거나 넘어지고 다치기도 한다. 그러므로 기다가 걷는 일은 아기에게는 하나의 위기라고 할 수 있다. 이러한 위기는 시간이 지나고 되돌아보면 정상적인 성장의 과정이다. 그러나 두려움을 극복하고 꾸준한 연습이 있어야만 비로소 아기는 능숙하게 걸을 수 있다. 만약 넘어지는 것이 무서워서 걷기를 포기하면 달릴 수 없고 서서 하는 운동도 모두 포기해야 한다.

정상적인 성장의 위기는 걷기 이후로도 반복된다. 특별히 방해하지만 않으면 몸은 때가 되면 성장한다. 그러나 마음은 평생 동안 위기의 연속인 데다 나이를 먹는다고 해서 저절로 성숙해지는 것도 아니다. 그러므로 당장은 힘들더라도 참고 견디면서 위기에 대처할 수 있는 능력을 쌓지 않으면 마음이 성숙하지 못해서 계속 어린아이로 남아 있게 된다.

특히 의존심이 지나친 사람들이 위기가 생겼을 때 가장 견디지 못하는 것은 상실이다.[16] 13장에서 다루었던 헬리콥터맘을 둔 '마마걸' D의 사례와 회사에 과잉충성한 중년의 '파파맨' P의 사례가 모두 여기에 해당한다. D나 P와 같은 사람들은 특히 관계의 상실을 두려워한다. 왜냐하면 의존하는 상대가 없어지면 자기도 의미가 없다고 여기기 때문이다. 그래서 의존하는 상대와 관계가 끊길까 봐 상대의 눈치를 많이 살피고 상대가 원하는 대로 행동한다. 이러한 일이 되풀이되어 자신이 어떤 사람인지도 모를 때 가장 복종적인 눈치가 나타난다.[17] 상대가 보이건 안 보이건 상관없이 의미 있는 타인과 연결되어 있다는 느낌은 살아가는 데 중요한 요소이지만[18] 의존심이 강해서 자기부재selfless의 상태에 빠지면 반드시 문제가 생긴다.

내가 어떤 사람인지, 뭘 원하는지 모르는 경우
▶

이런 사람들은 위기와 상실이 겹칠 때 우울과 불안을 한꺼번에 경험한다. 그리고 대개 "시키는 대로 살아와서 내가 어떤 사람인지, 내가 원하는 삶이 무엇인지를 모르겠다."라는 호소를 한다. 앞서 말한 D와 P도 인생의 위기를 맞아서 "내가 누구인지 모르겠다."라고 한탄했다. 의존적이기만 하고 자기가 없어서 문제가 생겼으면 자기를 찾는 것이 문제를 해결하는 방법일 것이다.

그런데 일단 자기 찾기를 시작하면 의존적인 사람일수록 "자기를 찾고 싶지만 어디서부터 어떻게 시작해야 할지 모르겠다."라고 한다. 또한 이전에 하던 일과 행동을 그만두고 자기를 찾으려고 방황하고 시행착오를 거듭하다가 "자기를 찾는 일이 이렇게 힘든 일이면 차라리 옛날로 돌아가고 싶다."라고도 한다.

의존심과 맞서 싸워야 독립적인 자기 자신이 생긴다는 생각에 사로잡혀 있기 때문이다. 그러나 의존심과 싸우는 대신에 한 발짝만 물러나서 자기를 바라볼 수 있으면 원래의 자기를 느낄 수 있다. 왜냐하면 "내가 누군지 몰라서 혼란스럽다."라고 말하는 주체가 바로 자기 자신이기 때문이다. 다음의 대화를 살펴보자.

"내가 어떤 사람인지 모르겠어요."
"그렇다면 내가 누군지 모르겠다고 말하는 사람은 누군가요?"
"… 접니다…."

이 대화에서 자기가 누구인지 모르겠다고 말하는 사람, 바로 그 사람이 자기다. 즉 자기를 보는 맥락을 조금만 바꾸어보면 정말로 자기가 없거나 자기를 모르는 사람은 없다. 다만 자기를 정의하는 기준이 여러 가지라는 것을 알지 못할 뿐이다. 이런 이유에서 자기 찾기는 바로 자기 자신이 출발점이자 목적지다.

내가 어디에서 떠돌고 있건 얼마나 지쳤건 혹은 남의 눈치만 보다 주눅 들어 있건 어떻건 간에 늘 한결같이 나를 지켜보고 있는 것은 바로 자기 자신인 '나'다. '나'는 자기를 만나는 과정에서 가장 든든한 베이스캠프로 자리 잡고 있다.

"나는 혼란스럽다. 나는 내가 누군지 모른다."라는 사실을 알려주는 '나'를 관찰자로서의 자기라고 한다.[19] 이것은 내가 경험하는 것을 바라보고 있는 자기다. 이러한 '나'는 내가 알든 모르든 조용히 나를 바라보면서 평생을 함께하는 동반자다. 그래서 지나친 의존심 때문에 혹은 상대가 떠나는 것이 싫어서 남의 눈치만 보며 살아온 사람들도 자기 자신을 찾는 일을 두려워하지 않아도 된다. 내가 어떻게 살아왔건 나라는 사람은 나이기 때문이다.

나의 생각이나 감정, 역할, 신체는 수없이 변화해왔지만 나는 인생을 살아가는 내내 나다.[20] 이 사실을 자신을 쭉 지켜본 관찰자인 자기는 알고 있다. 그러므로 자기 찾기를 두려워할 필요는 없다.

자기 찾기의 방법과 함정
▶

"나를 찾아야겠다."라고 말하는 사람 중에는 간혹 이전의 자기를 부정하고 비난하는 데 몰두하는 사람들이 있다. 과거의 자기를 청산하고 새 출발을 하고 싶어한다. 이러한 심정을 "자기 줏대도 없이 남의 눈치만 보는 성격이 변해야 제대로 살 것 같다."라는 말로 표현하기도 한다.

"이러이러한 성격은 없애고 싶다(부정적 자기)."라거나 "어떠한 사람이 되고 싶다(이상적 자기)."라고 할 때의 '자기'는 자신의 생각 속에 정해져 있는 자기다. 생각 속에 있는 자기를 개념화된 자기라고 하는데 '의존적인 사람, 자기가 없는 사람' 같은 말은 언어적으로 개념화된 자기의 예다.

인정의 조건과 이별하기

대인관계에서 눈치 때문에 괴롭다는 사람들의 자기개념은 자기 만족이 아니라 타인을 만족시키는 쪽으로 심하게 치우쳐 있다. 상대가 기뻐하고 상대가 인정을 해야 비로소 자기가 있다고 생각을 한다. 그래서 이들의 자기개념은 타인이 만족하거나 만족하지 못하는 조건들로 이루어져 있다.

"상대가 원하는 것을 하지 않으면 상대는 나를 떠날 것이다." "그 사람이 없다면 나는 삶의 의미를 잃어버릴 것이다." 등은 지나치게 의존적인 사람들이 흔히 하는 조건부 생각들이다. 이러한 가정에서 생기는 대처 방법 중 하나가 '상대의 눈치를 봐서 행동하기'다.[21] 그러므로 의존심으로 채워진 눈치가 괴롭다면 우선 내 존재를 쥐락펴락하는 조건들과 이별해야 한다. 이렇게 해야 다른 사람과 자신 사이의 경계를 회복할 수 있다.

조건에 얽매인 자기개념 때문에 의존심이 높은 사람들일수록 원하지 않는 일에 대해서도 "하기 싫다."라는 말을 못하는 경우가 많다. 앞에 나온 D와 P는 모두 상관이 지시하는 일이 벅차거나 옳지 않아도 그냥 따라서 한 사람들이었다. 이들은 기본적으로 "아니오."라고 말하는 것을 불편해했다. 자신이 거절하면 관계가 단절될 것이라고 생각했기 때문이다.

요청하기와 거절하기

그러나 자신의 감정, 바람, 의견 등을 표현한다고 해서 상대와 관계가 끝나는 것은 아니다. 물론 이러한 표현이 단기간의 갈등을 일으킬 수도 있다. 그러나 표현을 하지 않으면 상대는 점점 더 나를 이해할 수 없게 되어서 그 사람과의 관계는 시간이 흐를수록 더 불안전해진다.

상대에게 너무 맞추려고 하다가 내가 사라지거나 혹은 답답해서 참지 못하고 어느 날 갑자기 이별을 통보하거나 돌변할 작정이 아니라면 자신이 원하는 것을 말하거나 혹은 원하지 않는 것을 거절하는 연습을 자꾸 해야 한다.[22] 이때 조심할 것은 주장이나 요구를 할 수 있는 적절한 시간과 상황을 구별하고 온화하게 표현해야 한다는 점이다.

스스로 칭찬하고 보상해주기

지나치게 의존적인 사람들은 자기통제기술 self-control skill 을 숙달하면 눈치를 조절하는 데 도움이 된다. 자기통제기술에는 '자기감찰, 자기평가, 자기강화'라는 3가지 방법이 있다.[23] 자기감찰 self-monitoring 은 의존적 눈치가 나타나는 상황을 파악하고 얼마나 자주 눈치를 보고(빈도), 얼마나 심하게 눈치를 보고(강도), 얼마나 오래 눈치를 보는지(지속 시간) 등을 스스로 기록하면서 변화를 알아차리는 방법이다. 자기평가self-evaluation는 타인의 기준으로 자기를 평가하기 때문에 자꾸 눈치를 본다는 것을 반복해서 알아차리는 방법이다. 자기강화self-reinforcement는 스스로 자기 행동에 대해서 칭찬을 하고 상을 주는 방법이다.

이 중에서 특히 자기강화 방법은 의존적인 눈치를 줄이는 데 유용하다. 왜냐하면 의존성이 높은 사람들은 인정과 칭찬을 다른 사람에게서 구하는데 자기강화 방법을 연습해서 익숙해지면 자신에게서 인정과 칭찬을 찾을 수 있기 때문이다.[24] 자신이 목표로 하는 일을 했을 때 스스로에게 "애썼다. 잘했다."와 같은 칭찬을 해주는 것도 자기강화의 한 가지 방법이다. 이러한 자기칭찬을 하찮게 여기거나 쑥스러운 일이라 여기는 경우가 많다. 그러나 자기칭찬과 자기격려는 자신이 한 일에 대해서 마음을 집중해 스스로를 인정하는 좋은 방법이다. 이 순간에 자기신뢰와 자기존중을 느낄 수 있다.

사소한 즐거움을 회복하기

혹은 자신에게 즐거움이 되는 것들을 미리 적어두었다가 때가 되면 스스로에게 상을 주는 것도 자기강화의 한 방법이다. 즐거움을 주는 것이 사람마다 다르기 때문에 각자 자기에게 잘 맞는 즐거움의 목록을 작성하는 것이 중요하다.

예를 들어 사교적이고 외향적인 사람에게는 클럽에 가는 것이 보상이 될 수 있지만 반대로 내성적이고 민감한 사람이라면 산책을 하거나 책을 읽는 것이 보상이 될 수 있다. 자신에게 즐거움이 되는 것들을 미리 적어두어야 하는데 즐거움의 목록에 여러 가지 것들이 들어 있을수록 다양한 상황과 문제에서 쓸모가 있다. 소소한 것에 집중할 수 있을수록 즐거움은 늘어난다. 이와 같은 자기칭찬과 자기보상 등의 자기강화는 자기개념을 직접 다루지 않고도 주체로서의 자기를 반복적으로 체험할 수 있는 좋은 방법 중에 하나다.

예전의 나와 싸우느라 힘 빼지 않기
위에 말한 방법들은 모두 좋은 방법들이고 의존적인 눈치를 조절하는 데도 효과가 있다. 그러나 의존적인 자기개념을 바꾸려고 너무 애쓰다가는 함정에 빠지는 수도 있다. 의존심을 버리자는 생각에만 자꾸 얽매이다 보면 정작 무엇 때문에 의존심을 줄이려고 하는지 그 목적을 잃어버리는 수가 있다.

이것은 목적지를 향해 가야 하는데 출발도 하기 전에 자기 생각과 싸우느라 제대로 발걸음을 떼지 못하는 것과 같다. 이런 일이 벌어질 때 '나'와 '생각'과의 관계는 마치 옛 애인을 잊기 위해서 옛 애인을 자세히 반추하는 것과 같다. 그러나 지나간 사람을 계속 생각해서는 상대방을 떠나보내기가 어렵다. 나쁜 점이든 좋은 점이든 옛 애인의 이야기를 반복한다면 주변 사람들은 대개 "너 아직도 그 사람한테 미련 있니?"라고 물을 것이다.

똑같은 일이라고 해도 사람 대 사람의 관계, 사람 대 물건의 관계로 놓고 보면 미련을 금방 알아차리지만 옛날의 자기와 새로운 자기에 대입하고 보면 눈치채지 못하는 경우가 허다하다. 이별한 사람의 나쁜 점을 떠올리면 잠깐은 도움이 되지만 계속 반복하다 보면 상대방에게서 벗어나지 못한다. 상대에게 무심해져야 벗어날 수 있다. 그러므로 의존적인 자기개념이 완전히 사라질 때까지 싸우는 것보다는 생각이야 어떻든 신경쓰지 말고 일단 목적지를 향해 출발해보는 것이 더 중요하다.

'나는 의존적이다.'라는 생각은 생각일 뿐이다
▶

'자기'가 남의 요구와 기대에만 맞춰져 있어서 자기에 대해 잘 모르겠다면 자기개념을 실제의 자기에 맞게 변화시키는 것도 자기를 찾는 방법이다. 자신의 반응을 탐색해서 자기에게 알맞고 도움이 되는 자기개념으로 수정하면 된다.

예를 들어 자기관찰을 통해서 '나는 파란 옷을 좋아한다.'라거나 '나는 산에 오르는 것을 좋아한다.'와 같은 자신의 취향을 알아낼 수도 있다. 혹은 자신의 흥미를 탐색해서 '나는 비행기 조종사가 되고 싶다.'라거나 '나는 식량 문제 전문가가 되고 싶다.'와 같은 진로를 정할 수도 있다. 즉 '나'에 관련된 기준을 만드는 것이 한 가지 방법일 것이다.

자신에게 알맞은 자기개념은 사회적 상호작용에 중요한 역할을 한다. 왜냐하면 자기개념이 모호하고 정체성이 시시때때로 변하는 사람은 예측이 불가능해서 함께 일을 하려는 사람이 없기 때문이다. 또한 자기개념에는 인생의 목표와 가치도 포함되어 있다. 그래서 인생을 살아갈 때 항해도의 역할을 하기도 한다. 특히 가치는 단기간에 변하지 않는 생각이다.

그러나 새로운 자기기준과 새로운 자기개념도 기본적으로는 생각일 뿐이어서 생각이 바로 자기 자신은 아니라는 문제가 여전히 남아 있다. 좋은 자기개념이든 나쁜 자기개념이든 마찬가지로 개념 자체가 자기 자신은 아니다. 나는 파란색 옷을 좋아한다고 말해도 빨간색 옷에 더 끌릴 수 있고, 지금은 비행기 조종사가 되고 싶지만 몇 달 후에는 공예가가 되고 싶을 수도 있다. 공예가가 되고 싶다고 생각하면서 제빵 공부를 하고 있을 수도 있다. 요점은 생각과 행동, 생각과 실제, 생각과 내가 일치하지 않는다는 것이다. 나에 대한 나의 생각이 바로 나인 것은 아니다.

자신이 의존적이라고 계속 생각을 하면서도 실제로는 의존적이지 않은 행동을 할 수 있다. 예를 들어 '나는 의존적인 사람이라서 혼자서는 외출을 할 수 없다.'라는 생각을 계속 하면서도 혼자서 외출을 하고 여기저기 돌아다닐 수도 있다. '나는 의존적이어서 남을 실망시키는 것이 싫다.'라는 생각을 반복하면서도 동시에 남의 부탁을 거절할 수도 있다.

이러한 불일치를 좀더 분명히 느끼고 싶다면 자기가 생각하는 자기를 종이에 써서 읽으면서 반대되는 행동을 해보면 된다. "나는 늘 좀 일찍 가서 기다리는 사람입니다."라고 말하면서도 지각을 하는 사람을 주변에서 볼 수 있듯이, 자기가 생각하는 자기는 그저 생각 속에만 있는 경우도 많다.

이와 같은 불일치는 '자기'에 여러 측면이 있다는 것을 보여준다. 언어적으로 개념화된 자기뿐만 아니라 말로는 표현할 수 없는 자기도 있다. 또한 쉽게 알아차릴 수 있는 자기가 있는가 하면 평소에 알아차리기 어렵거나 혹은 알아차리지 않고자 하는 자기도 있다.[25]

9장에서 말한 그림자 자기를 다시 한 번 떠올려보자.[26] 자기가 의존적이라고 여기는 사람의 그림자 자기는 반대로 독립적이다. 자기가 눈치를 많이 보는 사람이라고 여기는 사람의 그림자 자기는 반대로 눈치를 전혀 안 보는 독재자일 수도 있다. 그리고 이 그림자들은 조금만 마음을 챙기고 자신을 관찰해보면 비교적 쉽게 의식할 수 있다. 자기에 대해서 한 가지만 보고 있을 때도 다른 쪽 끝에는 반대의 것이 원래부터 있었다. 사회적 역할을 수행하는 자기, 자기가 의식하는 자기, 그리고 그림자 자기도 모두 그저 자기일 뿐이다.

나의 토대는 바로 나
▶

자기가 반영된 여러 가지 측면을 융통성 있고 일관성 있게 알아차리는 자기가 바로 관찰자로서의 자기다. 관찰자로서의 자기가 자주 작동하면 순간순간의 과정을 경험하는 유동적 자기(과정적 자기)나 자신을 개념화하려는 공고한 자기(개념적 자기)를 모두 장기판의 말을 바라보듯 통합적으로 바라볼 수 있다.

이 방법은 새롭게 자기를 정의하고 만드는 일이라기보다는 원래 있었던 자기를 알아차리고 회복하는 일이다. 과거에도 현재에도 그리고 미래에도 늘 함께 있을 관찰자로서의 자기를 깨우는 것이 단기간에 변화를 일으키지는 않는다. 그러나 느리더라도 평생 함께

갈 관찰자로서의 자기와 친해지게 되면 위기나 변화를 맞을 때 두고두고 활용할 수 있다.

관찰자로서의 자기를 만나는 기본적인 방법은 마음 챙기기의 기초인 '멈추고 물러서서 관찰하기'다. 단순하지만 자기관찰을 하고 마음의 중심을 잡고 다시 상황과 관계에 참여할 수 있는 연습을 반복하면 언제 어디서나 활용할 수 있는 '자기 자신'을 문제 해결과 자기탐색의 토대로 삼는 방법을 익힐 수 있다.[27]

그래서 의존적인 눈치를 조절하는 방법으로는 새로운 자기개념에 집착하기보다는 늘 있었던 자기를 회복하는 쪽을 권한다.[28] 그 이유는 다음과 같다.

개념화된 자기는 규칙과 통제로 이루어져 있어서 개념화된 자기가 너무 확고하면 눈치가 개념화된 자기에게 끌려다니게 된다. 지나치게 의존적인 사람은 변화를 시도하기 이전의 자기개념에 '~해야만 한다must'가 많았던 사람들이다. 상대가 원하는 것을 해야만 한다는 생각 때문에 스스로 검열하고 규제하고 자신의 의지를 포기하는 데 익숙했다는 의미다. 그래서 열심히 탐색해서 자기개념을 만들고 나면 또다시 여기에 얽매이고 고지식하게 매달리는 새로운 종류의 의존성을 보일 가능성이 높다.

반면에 관찰자 자기는 친해지기만 하면 의존적인 눈치를 자유롭게 풀어준다. 의존적인 눈치가 높은 사람들은 새로운 자기규율보다는 자신이 가진 행동과 선택의 자유를 느끼는 것이 더 중요하다.

지나친 의존성으로 인해서 눈치를 보는 것이 괴로운 사람이라면 우선 비판단적인 관찰자로서의 자기를 만나서 자유를 체험하고 '자유와 구속 간의 균형'을 회복할 것을 권한다. 또한 자신과 평생 동행하는 자기를 만나서 타인에게서 구하던 안심을 자기 자신에게서 얻게 되는 것도 중요하다.

자신을 찾아 헤매지 않아도 이미 가장 가까운 곳에서 자신을 지켜보아온 '자기'가 있다. 그러므로 불안해하지 말고 자신을 믿어도 괜찮다. 눈치가 보여서 하고 시켜서 했더라도 자신이 한 일들의 수행 방식^{knowhow}은 자기 안에 남아 있다. "그건 내가 아니었다."라는 생각 탓에 진짜 내가 사라져버리는 일은 없다. 자기를 회복하고 싶다면 무엇보다도 스스로가 자기 자신을 믿기를 권한다.

23

피하지 말고
감정에 머무르기

타인의 관심을 끌려는 눈치가 높은 사람들이 있다. 타인의 애정이나 인정을 받지 못하면 자신이 가치 없는 사람이라고 여기기 때문이다. 그런데 이들은 남의 관심을 끌 수 있는 모습이나 역할을 연기하느라고 진짜 자기로 살지 못한다. 또한 고통스러운 갈등이나 감정을 피하려고 변덕을 부리는 바람에 실제 자기 감정이 무엇인지를 느끼지 못하는 경우도 있다. 남의 관심에만 민감한 눈치를 조절하려면 자기 자신과 자기 감정을 피하지 않고 받아들여서 머물러야 한다. 이것이 그럴듯한 가짜 관계가 아니라 진짜 관계로 나아가는 방법이다.

모임에 참석했는데 아는 얼굴이 없고 앉을 자리도 없다면 그 모임에 간 것을 후회하게 된다. 이런 상황이면 대개는 금방 그 장소에서 벗어난다. 반면에 똑같은 조건이라도 누군가 다가와서 자기도 여기에 아는 사람이 없고 앉을 자리도 없다고 말을 걸어온다면 이야기가 달라진다. 둘이 함께 불평을 하면서라도 그럭저럭 시간을 보낼 수 있다. 이처럼 같은 모임이라도 누군가가 나에게 관심을 보이느냐 아니냐에 따라서 다른 시간이 될 수 있다.

한편 모임 때문에 피곤하고 지쳤다 하더라도 가족, 연인, 친구 등과 어울려서 즐거운 시간을 지내면 다시 힘이 난다. 모임뿐만 아니라 일터나 학교 등 사람이 모이는 곳이라면 다 마찬가지다. 친한 사람과 주고받는 따뜻한 감정은 재충전의 원동력이 된다. 이렇듯 타인의 관심과 애정은 사회에서 편안함과 안정감을 느끼며 살아갈 수 있도록 도와준다.

관심과 애정을 왜 자꾸 확인하고 싶을까
▶

타인의 관심과 애정은 세상이 안전하다고 여길 수 있는 안전장치의 역할을 한다. 또한 삶의 갈등과 위기가 닥쳤을 때 충격을 완화시키는 역할도 한다.[29] 자동차로 치면 에어백이나 범퍼와 같은 역할이다. 자동차에 에어백이 있고, 튼튼한 범퍼에, 차체에 단단한 철판을 사용했다면 주행할 때 걱정을 덜하고 충돌사고가 났을 때도 치명상을 줄일 수 있는 것과 같다. 인생에서는 관심과 애정이 바로 안전장치다. 그러므로 타인의 관심과 애정을 바라는 것은 자연스러운 일이다.

그러나 어떤 상대도 하루 24시간 내내 끊임없는 관심과 애정을 보여줄 수는 없다. 그래서 관심과 애정의 바탕에는 서로에 대한 신뢰가 필요하다. 여기서 신뢰란 당장에 챙겨주거나 사랑을 보여주지 않아도 상대방의 관심과 애정이 지속된다는 것을 믿는 능력이다. 이 능력이 부족하면 상대의 관심과 애정을 반복적으로 시험하고 확인하려 한다. 그런데 자꾸 시험하고 확인하는 사람일수록 타인의 관심과 애정을 아주 많이 원하는 사람인 경우가 많다. 이들은 타인의 관심과 애정을 받지 못하면 자신이 가치 없는 사람이라고 여기기 때문에 관심을 끌 만한 행동을 반복해서라도 애정을 확인하기를 원한다.

관심과 애정을 확인하는 방법은 나이에 따라 다르다. 어려서는 울거나 보채고 떼를 쓴다. 그러나 성인이 되어서도 울고 보채다가는 관심의 대상이 아닌 귀찮은 대상이 되기 쉽다. 그래서 성인은 매력적인 모습을 보이거나 그럴듯한 일을 해서 관심과 애정을 확인하고자 한다. 예를 들어 눈에 띄는 옷을 입고 눈길을 끄는 외모를 만들기 위해 노력하는 것은 내면 보다는 외모가 쉽게 눈에 띄기 때문이다. 또한 이벤트성의 일을 많이 하고 그럴듯해 보이는 일을 벌이기는 하는데 꾸준히 지속하지 못하고 금방 흐지부지되는 경우도 많다. 왜냐하면 일을 해서 결과를 얻는 것이 중요한 것이 아니라 일을 벌여서 사람들의 관심을 끄는 것이 중요하다고 여기기 때문이다.

이와 같이 여러 사람의 관심을 확인하기 위해서 자신의 매력을 과장하고 주인공이 될 만한 상황을 연출하는 성격적 특징을 연극성 성격이라고 한다. 14장에서 다룬 H부부가 여기에 속한다. 다른 유형과 달리 이런 사람들의 눈치는 자신이 어떻게 하면 관심을 받을 수 있는지에 굉장히 민감하다. 눈치를 봐서 좀더 관심받을 수 있는 방법을 찾으려는 것이다. 이러한 관심 끌기가 개인적 관계에서 일어나면 연극성 성격이고, 공적인 관계에서 일어나면 인기에 대한 집착이나 포퓰리즘으로 나타나기도 한다.

끊임없이 애정을 추구하는 또 다른 이유는 애정을 받지 못하는 순간에 느끼는 외로움과 두려움을 견디지 못해서이기도 하다. 예를 들어보자. 드라마 〈착한 남자〉30를 보면, 한 여자(박시연 분)가 옛 애인(송중기 분)의 마음을 확인하려고 강에 뛰어드는 장면이 나온다. 여자는 야망 때문에 주변 사람들을 조종하고 다른 사람을 유혹한다. 심지어는 옛 애인을 경찰서에 신고하기도 하는데 그럼에도 정작 옛 애인의 사랑을 잃는 것을 견디지 못한다. 이와 같이 연극성 성격을 가진 사람이 상황마다 이익에 따라서 다르게 행동하는 변덕을 보이고 관심을 확인하기 위해서 타인을 조종하는 행동을 하는 것은 관심과 애정을 잃었을 때의 고통을 피하려는 데서 비롯된다.

운전자는 위험한 곳에서 자동차를 운전할수록 안전에 더 신경을 쓴다. 마찬가지로 관심과 애정이라는 인간관계의 안전장치에 집착하는 사람들일수록 자신이 사는 세상이 위험하다고 여긴다. 그래서 애정을 받지 못할 수도 있다는 눈치가 위기와 고통의 신호가 된다. 그리고 일단 신호가 감지되면 고통을 피하려고 방법을 바꾸어가면서 관심과 애정을 더욱 확인하려고 든다.

〈착한 남자〉에 나오는 여자보다 덜 극적인 예를 들어보면 외모나 스타일을 바꾸고 상대가 알아차리는지 모르는지를 확인해보기도 하고, 일부러 무엇인가를 해달라는 요구를 해서 들어주는지 확인하기도 한다. 확인을 하기 위해서 피상적인 변화와 자극을 자꾸만 추구하는 것이다. 또한 상대가 자신에게 관심을 갖지 않을 때는 꾀병을 앓거나 동정받을 만한 이야기를 해서 관심을 이어가려고도 한다.

그러나 이런 행동을 반복하면 변덕스럽고 요구가 많은 사람으로 보인다. 그 결과 애정을 얻으려는 행위자의 기대와 달리, 상대방은 행위자가 귀찮아져서 떠나버리거나 어떠한 행동을 해도 반응이 없고 무신경해진다. 그러므로 관심과 애정을 얻으려는 지나친 확인이 단기간에는 상대방을 자기 옆에 잡아 두는 효과가 있어 보일지 몰라도, 시간이 흐르면 오히려 관계 유지에 역효과를 끼치는 셈이다.

관심과 애정을 받고 정서적 고통을 피하기 위해 변덕을 부리고 요구가 많은 것이 연극성 성격을 가진 사람들의 습관이다. 그러나 안타깝게도 바로 이 습관 때문에 이들은 자신이 원하는 관심과 애정을 유지할 수 없다.

예를 들어 14장에 나온 H씨는 결혼 전에 남자친구가 수시로 바뀌었다. 왜냐하면 연애 초기에 남자가 애정을 넘치게 표현해주는 낭만적인 기간이 끝나면 감정이 무뎌지거나 갈등이 생기는데 이 시기를 견디지 못했기 때문이다. 그러나 H씨가 진짜 자기편을 만들고 싶었다면 그녀가 보였던 행동과는 반대로 행동했어야 했다. 감정적 변덕과 관계의 얄팍함을 버리고 갈등과 불편한 감정을 수용해서 견디거나 혹은 해결할 수 있는 문제라면 기꺼이 해결을 시도했어야 한다. 그렇다면 변덕을 버리고 관계와 감정에 깊이를 만드는 방법에는 무엇이 있을까? 다음 3가지 방법을 살펴보자.

방법 1 _ 아는 사람과 친한 사람 구별하기
▶

상황에 따라서 기분이 잘 변하고 상대에 따라서 말이 자꾸 바뀌는 사람이라면 관심을 끄는 사람이 되려고 하기보다는 속이 깊은 사람이 되어보는 연습을 권한다. 인생은 잠깐의 관심을 끄는 것이 중요한 30초짜리 텔레비전 광고가 아니다. 인생은 2시간 동안 상영하고 엔딩 크레딧을 올리는 상업적 영화도 아니다. 인생은 평생 스스로 감독하면서 촬영하는 긴 다큐멘터리와 같다. 그래서 극적인 반전이나 화려한 볼거리보다는 투박하더라도 버티고 머무르는 것이 더 중요하고 절실할 때가 많다.

관심 끌기에 열심인 사람은 관심을 받기 위해서 고만고만한 감정과 관계를 대량생산하는 사람인 경우가 많다. 반면에 속이 깊은 사람은 맞춤식의 감정과 관계를 만드는 장인이다. 관심받고 싶어하는 사람은 아는 사람이 많고 속이 깊은 사람은 친한 사람이 더러 있다. 물론 아는 사람이 많은 것이 중요하기는 하다. 그러나 관심 끌기에 집착하는 사람의 대인관계에는 특징적인 맹점이 있다. 이런 사람일수록 상대와 자신이 얼마나 가까운 사이인지를 제대로 판단을 못한다. 친밀감을 과장하는 경우가 많아서 본인은 친한 사람이라고 말하는데 상대방은 그렇게 생각하지 않는 경우도 많다.

그러므로 관심과 애정에 대해 너무 민감한 눈치를 가졌다면 우선 대인관계의 에너지를 효율적으로 사용하기 위해서 주변 인물 정리부터 시작하자. 간단한 방법을 하나 소개하면 다음과 같다. 빈 종이에 과녁 모양으로 동심원을 3개 그리면 준비가 끝난다. 다음과 같은 모양이다. 이 과녁의 중앙에 자신이 있다고 상상하고 자기를 중심으로 친한 사람들의 이름을 적어보자. 가장 안쪽 원에는 정말 친밀한 사람, 중간 원에는 가까운 사람, 그리고 가장 바깥쪽 원에는 꽤 잘 아는 사람 순서로 적어보면 된다.[31] 이 동심원을 채우다 보면 적지 않은 사람들이 그냥 아는 사람이거나 우연히 만난 정도라는 사실을 깨닫게 된다.

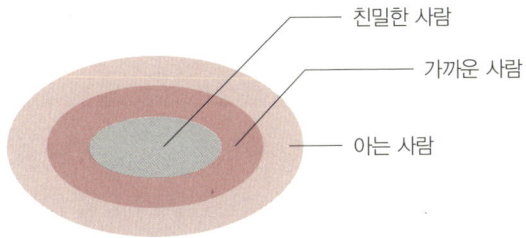

이 동심원을 처음 채울 때는 맞느냐 틀리느냐보다는 일단 이름을 써넣으면서 관계의 거리를 가늠해보는 것만으로도 충분하다. 만약 가장 바깥쪽 원에도 적을 수 없는 사람이라면, 그들의 애정과 인정을 받기 위해서 노력하는 것은 별 의미가 없는 일이다. 반대로 안쪽에 있는 원으로 들어갈수록 에너지를 집중해야 할 관계다. 원 3개를 그리는 일은 언제라도 다시 할 수 있는 간단한 일이다. 그러므로 일단 작성하고 나서 생각이 바뀌면, 다시 그리면 그만이다. 하나의 도

구일 뿐이므로 여기에 얽매일 필요는 없다.

누구라도 이 방법을 한 번 써보면 현재 자신의 대인관계 상태를 생각해볼 기회를 가질 수 있다. 원을 그리고 사람들의 이름을 채워 넣다 보면 사람마다 독특한 특성이나 재미있는 점을 발견할 것이다. 우선 물리적 거리와 심리적 거리가 꼭 일치하지 않는다는 사실을 발견하는 사람이 있을 것이다. 예를 들어 유명을 달리했지만 여전히 자기 인생에 버팀목이 되는 사람이 있을 수도 있다. 혹은 친밀한 사람이라고 적어놓고도 서로를 힘들게 하는 악연인 사람이 있을 수도 있다. 이 경우는 건강하지 않은 관계일 가능성이 높다. 관계의 건강성을 알아보는 방법은 이름을 적은 사람과 자신이 각각 서로 심리적으로 주고받는 것이 무엇이고, 어떤 도움을 주고받을 수 있으며, 원하는 순간에 도움을 받을 수 있는 관계인지를 판단해보면 된다.[32]

방법 2 _ 해결할 일과 견딜 일을 구별하기

▶

대인관계를 정리했다면 원에 이름을 쓰지 않은 사람이나 쓸까 말까를 망설였던 사람의 관심과 인정을 얻기 위해 열심히 눈치를 볼 필요는 없다. 여러 사람에게 신경을 쓰면서 그들이 자기를 알아보지 못한다고 속상해하고 화가 났던 사람이라면 아마도 이 작업만 마쳐도 한짐을 덜 수 있을 것이다.

앞에서 그린 동심원의 중심부에 들어오는 사람일수록 일관성있게 대하는 것이 중요하다. 그리고 그림에서 원의 크기가 좁아질수록 관계와 감정의 깊이가 필요하다.

대개 동심원 중앙에 위치하는 친한 사람이나 혹은 속이 깊은 사람은 서로가 무슨 일을 하든지 다 받아주고 이해해주는 사람이라고 생각하는 경우가 많다. 서로에게 울타리가 되어준다는 점에서 서로가 의지하고 버텨주는 사람이라는 생각이 어느 정도는 맞다. 그러나 이런 역할에 사로잡혀서 아무 문제나 다 받아주거나 갈등과 부정적 감정을 모두 참으려고만 하다가는 머지않아 부담스러운 관계로 변해서 관계가 깨질 가능성이 높다. 그래서 해결할 일과 받아들일 일을 구별하고 선택하는 것 또한 중요하다. 그러므로 '견뎌보기'가 관계 유지와 자기 성장에 도움이 되려면 문제에 부딪칠 때마다 다음의 질문을 반복해보아야 한다.[33]

질문 1 내가 해결할 수 있는 문제인가?
질문 2 해결을 시도할 만한 적절한 순간인가?
질문 3 내 마음이 적당한 상태인가?

3가지 질문에 모두 "예."라고 답했다면 해결해야 할 문제이지 참고 견딜 문제가 아니다. 〈질문 1〉은 자신의 문제 해결 능력에 대해서 정확히 알고 있어야 답할 수 있는데 눈치보다는 합리적인 사고가 작동해야 대답할 수 있는 질문이다. 해결 방법이 있다면 〈질문 2〉로 넘어가자. 만약 해결 방법이 없다면 일단 상황을 참고 견딜 필요가 있다.

〈질문 2〉와 〈질문 3〉을 답하는 데는 눈치가 필요하다. 〈질문 2〉는 타이밍 잡기로 상대와 주변 상황을 고려해야 하는 문제다. 아무리 좋은 방법이 있어도 상대가 응할 수 없는 상황이라면 타이밍이 좋지 않은 것이다. 예를 들어 일의 마감 시간을 앞둔 사람에게 다른 문제에 대해 이야기를 꺼내는 것은 나쁜 타이밍이다. 이것은 내가 가지고 있는 해결책이 좋은지 나쁜지 혹은 상대가 나에게 관심을 갖고 있는지 아닌지와는 별개의 문제다. 적당한 타이밍이라고 여겨지면 〈질문 3〉으로 넘어가자. 그러나 만약 타이밍이 나쁘다면 일단 참고 기다리는 것이 좋다.

〈질문 3〉은 자신의 상태를 묻는 질문으로 자신을 점검해보아야 답할 수 있다. 자신이 문제 해결을 시도할 적당한 상태인지를 알아보는 가장 간단한 방법은 자신의 주의력과 신체적 지표를 확인하는 것이다. 평소에 연습했던 마음챙김을 활용하면 된다. 예를 들어 어떤 생각이 반복해서 떠오르거나 흥분해서 근육이 긴장되고 호흡도 고르지 않다면 해결을 시도할 적당한 상태가 아니다. 생각이나 감정 중에서 어느 하나에 얽매지 않고 균형이 잡혀 있다면 해결을 시도해보자.

질문 3가지 모두 "예."에 해당한다면 관계에서 생긴 문제나 갈등을 해결해야 한다. 해결할 수 있는 것을 해결하지 않고 쌓아두면 그 관계는 꼭 해야 할 숙제가 되어 밀리고 쌓여서 힘들어진다. 그러나 〈질문 3〉에 대해서도 "아니오."라고 답했다면 우선 참고 견디는 것이 좋다.

방법 3 _ 해결책이 없는 불편이나 고통 다루기

▶

해결할 수 있는 문제는 해결하고 해결책이 없는 문제는 갈등과 감정을 당분간 받아들일 필요가 있다. 중요한 사람과의 관계에서 생기는 어쩔 수 없는 불편이나 고통을 수용해야 하는 이유는 그래야만 상황을 악화시키지 않고 적절하게 대처할 수 있기 때문이다.

이러한 고통감내[34]는 문제가 있어도 없다고 우기거나(부인) 혹은 문제를 피하려고 하는 것(회피)과는 다르다. 왜냐하면 고통감내는 부인이나 회피와는 달리 문제를 분명히 인식하고 어떻게 대처하는 것이 그 상황에서 가장 효율적인 방법인지를 알고 스스로 선택한 것이기 때문이다. 이는 또한 체념과도 다르다. 체념은 문제 해결을 포기하는 것이지만 고통감내는 대처 방법 중 하나이면서 더 나은 해결책이 생기면 언제라도 다른 해결책을 시도할 수 있는 자각 상태이기 때문이다.

관계에 갈등이 생겨서 고통스러운 감정이 드는데 이것이 당장에는 내가 어떻게 할 수 없는 문제라면 불편과 고통을 다룰 몇 가지 방법이 있다.

우선 고통스러운 감정을 판단하지 않고 자각하면서 그대로 경험하는 방법이다. 감정을 변화시키거나 회피하려고 하지 말고 수용한 후에, 현재의 감정이 얼마나 강렬한지 혹은 얼마나 고통스러운지의 정도를 일정한 간격으로 관찰하는 것이다.[35]

자신의 고통스러운 감정을 피하지 않고 그 감정에 머물러서 관찰하는 것이 무슨 도움이 되랴 싶을 수도 있다. 그러나 자신의 감정을 피하지 않고 견디면서 관찰할 수 있으면 고통스러운 감정이 마치 파도와 같다는 것을 알게 된다. 즉 파도처럼 높아진 다음에는 낮아지고 밀물과 썰물처럼 몰려온 다음에는 쓸려나가는 감정의 변화과정을 경험하게 될 것이다.

대개 고통스러운 감정이 높아지는 단계에서 사람들은 점점 고통이 더 커질 것만을 예상하고 피해버린다. 그러므로 자기 감정에 머물러서 관찰해보지 않으면 고통스러운 감정도 올라간 다음에는 내려온다는 것을 알 수 없다. 반면에 고통스러운 감정의 진행 과정을 똑바로 관찰하게 되면 감정이 고조되었다가 사그라지는 것을 알고 이 과정을 참고 견디며 넘길 수 있게 된다.

이때 반드시 주의할 것은 부정적인 감정을 비판단적인 관찰자로서 경험해야 한다는 점이다. 자연스럽게 그대로 두면 밀려왔다 빠져나가는 것이 감정이지만 만약 여기에 판단과 해석, 예상 등을 덧붙이거나 그 감정에 몰두해서 반추하게 되면 고통스러운 감정의 힘이 점점 강해져서 회오리를 일으키게 되고, 그 결과 헤어나지 못할 강한 감정의 중심으로 스스로가 자기를 밀어 넣기 때문이다. 그러므로 감정이 지나가는 것을 가감 없이 관찰하는 것이 중요하다.

그러나 아무리 작정을 하고 견디더라도 고통스러운 감정이 즐거워질 리는 없으며 때로는 고통스러운 감정이 강렬해져서 압도당해버리는 수도 있다. 이럴 때는 현재에 초점을 맞춰서 감정을 분산시키는 방법을 함께 써보기를 권한다. 건강하게 감정을 분산하는 방법으로는 깊이 숨쉬기, 밖에 나가서 맑은 공기 마시기, 잠깐 산책하기, 좋아하는 음악 듣기, 근육 이완하기, 자신의 오감에 집중하기 등이 있다. 이러한 방법을 활용할 때는 한 번에 한 가지씩에만 집중하는 원칙을 꼭 지켜야 한다. 이러한 분산 방법을 사용하는 주된 이유는 고통스러운 감정이 높아져도 이전에 했던 습관적인 반응이나 행동을 하지 않고 자신이 조절할 수 있게 된다는 데 있다.

관심을 끄는 데 몰두하는 사람들의 습관적인 행동은 관계에서 스트레스와 갈등이 생기면 상대방에게 애정을 더 많이 요구하고 상대방의 관심을 끄는 행동을 더 많이 하는 것이었다. 그래도 안 되면 다른 관계로 옮겨가버린다. 그러나 인위적인 관심 끌기, 과도하게 요구하기, 변덕 부리기 등은 오히려 가까운 사람들과의 관계에서 생기는 문제를 악화시킨다. 또한 자신이 바라는 대로 되지 않는다고 상대를 자꾸 바꾸면 늘 얄팍한 관계만을 반복하게 된다.

여기서 제시한 방법들은 상대방이 자기 인생에서 의미 있는 사람이라고 결정을 했을 때, 상대를 바꾸지 않으면서 머물고 견뎌서 진짜 관계와 진짜 감정을 발전시키는 방법들이다. 머물고 견딜 수 있어야 타인과의 관계에서 상대방의 관심, 인정, 애정에만 유난히 민감한 눈치를 조절할 수 있다.

24

중간지대를 만들어서
균형 잡기

이분법적이고 극단적인 눈치에 사로잡혀 있는 사람은 양극단 사이에 있는 중간지대를 회복하는 것이 중요하다. 왜냐하면 극단적인 반응은 일상생활에서 경험하는 대부분의 일에 도움이 되지 않기 때문이다. 이번 장에서는 사고와 감정의 이분법을 탈출해서 선택의 폭을 넓히고 감정을 풍부하게 만들 수 있는 방법을 제시했다. 그리고 양극단 사이에서 균형을 잡을 수 있는 방법도 적어두었다. 연습하면 충분히 스스로 적용해볼 수 있는 방법이다.

잘잘못을 떠나서 내가 의지하는 친한 사람이 내 편을 안 들어주면 섭섭하고 화가 난다. 어린 형제가 싸울 때 엄마가 와서 한 사람만 야단치면 아이들은 자신의 잘못을 반성하기보다는 화부터 낸다. 야단맞는 아이들이 하는 말은 한결같다. "엄마는 형 편만 들어." 혹은 "엄마는 동생 편만 들어."와 같은 말이다. 엄마가 자기편이 아니라는 것이 다른 무엇보다 서러운 것이다.

아이뿐만 아니라 어른도 마찬가지다. 미운 사람에 대해 이야기하는데 연인이나 배우자가 상황을 따져서 그 사람 편을 들면 대화는 다툼으로 이어지기 쉽다. 다툼의 시작을 알리는 첫마디는 "너는 지금 누구 편을 드는 거냐?"라고 하는 반문이다.

내 편이 아니면 적이라는 이분법
▶

잘잘못을 판단하는 것은 합리적인 이성의 작용이다. 그러나 내 편인지 아닌지 편 가르기를 하는 것은 정서적 작용인 경우가 많다. 편 가르기를 할 때의 주된 관심은 '내 편이다, 내 편이 아니다.'라는 딱 2가지인데, 이는 대인관계에서 잘 나타나는 이분법이다. 일단 '내 편, 네 편'을 가르고 나면 흥미로운 일들이 벌어진다.

축구나 야구 같은 스포츠 경기를 볼 때 응원할 팀을 마음속에 굳히고 나면 경기에서 보이는 선수들의 행동들이 이전과는 달리 보이기 시작한다. 똑같은 공격 행동도 내가 응원하는 팀이 하면 기술이고 상대 팀이 하면 폭력으로 보이는가 하면 상대 팀이 이기면 운이고 우리 팀이 이기면 실력으로 보이기도 한다. 여기서 한 발 더 나가서 다른 팀을 응원하는 사람과 경기장 안팎에서 싸우기도 한다.

이와 같이 편 가르기 이후에 따라오는 행동과 반응을 보면 편 가르기만큼 감정이 듬뿍 들어간 분류도 드물다.

그런데 보통 사람들보다 편 가르기에 훨씬 민감한 사람들이 있다. 이런 사람들의 눈치는 대개 '내 편이냐, 내 편이 아니냐.'에 온통 관심이 쏠려있다. 이러한 이분법적 눈치가 가장 극단적으로 나타난 사례가 15장에서 다룬 B씨 같은 경우다. B씨는 상대가 자기편이라고 여길 때는 부드럽지만 자기편이 아니라는 눈치가 조금이라도 느껴지면 상대가 죽든 자신이 죽든 결단을 내리고 사력을 다해 덤볐다. B씨는 균형이 깨진 극단적인 이분법식 눈치 때문에 결국 자기를 가장 아끼는 사람과의 관계가 깨졌고 자신마저도 해치는 비극적인 삶을 살았다.

이분법식 눈치가 과도해지는 이유는 여러 가지가 있다. 그중 가장 주된 이유는 세상이 안전하지 않다고 느끼기 때문이다. 15장에서 말했듯이 이분법적 눈치가 가장 유용한 때는 전쟁터나 생명이 위협받는 순간이다. 그래서 일반적으로 사람들이 편 가르기에 몰두한다는 것은 사회가 불안정하고 위험이 높아졌다는 방증이기도 하다.

그러나 B씨와 같은 사람들의 문제는 전시나 위기 상황이 아닌데도 이분법식 눈치에 따라서 감정, 생각, 행동 등이 2가지로 갈린다는 점이다. 중간지대가 사라져버린 것이다. 중간지대가 없어지면 단절 때문에 양극단 사이에 커다란 벼랑이 생기게 되어 한 발만 잘못 디디면 깊은 낭떠러지로 떨어질 듯한 위험을 느끼게 된다. 물론 이 벼랑은 실제가 아니라 당사자의 생각과 감정 속에 있는 낭떠러지다. 이제 이분법식 눈치에서 벗어나 중간지대를 회복하는 방법 3가지를 살펴보자.

방법 1 _ 생각의 이분법에서 탈출하기
▶

눈치가 이분법식 편 가르기에만 지나치게 민감해지면 경험하는 것이 둘 중 하나로 나뉜다. 자신의 감정, 생각, 행동, 관계 등이 좋지 않으면 나쁘고, 옳지 않으면 그르고, 내 편이 아니면 적일 뿐 다른 분류는 없다. 그러나 평생 동안 경험하는 것 중에서 다 좋기만 하거나 다 나쁘기만 한 것, 혹은 다 옳기만 하거나 다 그르기만 한 것은 별로 없다. 그래서 특별한 경우가 아니라면 양극단 중에서 하나만 고르는 이분법식 눈치는 일상생활에서 별 쓸모가 없다.

둘 중 하나만 맞는 것이 아니라 반대되는 것들이 공존하는 경우도 많다. 사람들이 하루도 빼지 않고 경험하는 맛을 예로 들어보자. 아주 단 음식을 만들 때 설탕만 넣는 것이 아니라 소량의 소금도 함께 넣는다고 한다. 짠맛이 들어가야 단맛이 분명하게 느껴지기 때문이다. 맛뿐만 아니라 낮과 밤, 여름과 겨울, 불과 얼음도 모두 다른 이유에서 필요로 하고 서로 연결되어 있다. 이와 같이 반대로 보이는 것들도 대부분 함께 있을 만한 이유가 있다.[36]

양쪽 모두 가치가 있다고 여기게 되면 한쪽만 편들고 다른 쪽을 버리는 것이 아니라 양쪽을 동시에 수용할 수 있다. 서로 반대인 것을 동시에 자각하고 받아들일 수 있어야 세상을 2개로 나누면서 사라져버렸던 중간지대가 되살아난다. 그리고 중간지대가 회복되면 흰색 아니면 검은색이라는 틀에서 벗어나서 명도가 다른 다양한 회색을 인정할 수 있다. 회색이 무슨 대수랴 싶을 수도 있다. 그러나 회색을 받아들이면 선택의 폭이 매우 넓어진다. 색깔을 고를 때 흑백만 인정하면 흰색과 검은색, 2개 중에서만 골라야 한다. 반면에 회색을 인정하면 수를 헤아릴 수 없을 정도로 많은 회색 중에 하나를 고를 수 있다.[37]

"감정, 생각, 행동, 관계의 회색지대를 수용하고 나면 더이상은 선택의 여지가 없었다."라는 말은 하기가 어렵다. 왜냐하면 회색지대에는 수많은 선택 가능성과 대안이 있기 때문이다. 상대가 내 편이냐 적이냐를 나눌 때도 마찬가지다. 흑백을 벗어나면 '현재 문제가 되는 부분에서 나와 의견이 다를 뿐이다.'와 같은 대안을 고려할 수가 있다.

또한 회색이라는 중간지대가 생기면 마음의 균형을 잡기가 쉬워진다. 〈그림 25-1〉을 보자. ⓐ는 이성과 감정 중에서 한쪽만 인정하는 상태다. 둘 중 하나만 인정하기 때문에 마음속의 저울은 한쪽으로 심하게 쏠린다. 균형이 깨진 상태다. ⓑ는 감정과 이성을 모두 인정하는 상태다. 이때 양쪽의 무게가 반드시 같을 필요는 없다. 해결해야 할 문제나 상황에 따라서 감정과 이성의 비율이 달라지기 때문이다. 대신 양쪽을 모두 인정해서 다른 쪽을 회복시키면 마음이 중심을 잡고 균형을 맞출 여지가 생긴다는 점이 중요하다.

이 그림에서는 감정과 이성의 예를 들었지만 살아가면서 이와 같이 상반된 것들 사이에서 갈등하고 선택해야 하는 일은 무수히 반

그림 24-1 :: 마음속의 변증법 저울[38]

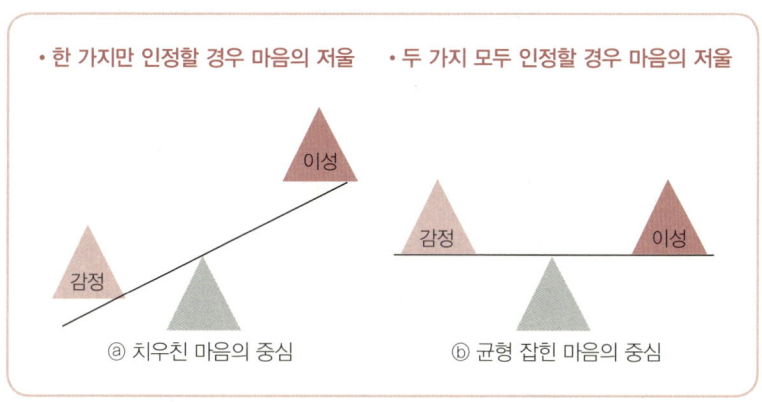

복된다. 가령 해야 할 일과 하고 싶은 일이 따로 있다거나 어딘가에 소속되고 싶은 마음과 자유롭고 싶은 마음이 동시에 있는 것도 이에 속한다. 또한 자기를 수용하는 것과 자기가 변화할 필요가 있다고 느끼는 마음, 옛날의 자기와 새로운 자기가 밀고 당기는 것도 이러한 예다.[39]

대인관계와 눈치에 직접 관련된 예는 자기와 타인 간의 균형을 어떻게 맞출지, 자기의 가치와 타인의 가치를 어떻게 절충할지, 얼마나 남에게 의존할지 혹은 독립할지, 자신의 비밀을 얼마나 지킬지 혹은 개방할지 같은 것들이 모두 여기에 속한다. 자기 주장을 하려고 할 때도 이런 갈등이 있을 수 있다. 남들의 요구를 다 받아주기만 하고 가만히 있으면 만만한 동네북이 되기 쉽지만 자기가 원하는 것만 요구하면 다른 사람들이 피하는 부담스러운 사람이 되는 것도 이런 갈등의 양극에 속한다. 상반된 바람, 요구, 감정, 생각, 행동을 관계와 상황 등의 맥락에 맞추어서 중심을 잡는 것이 살아가는 데 도움이 되는 건강한 눈치다. 한쪽으로 치우친 마음에서는 한쪽으로 치우친 눈치만 나온다.

　이분법식으로 눈치를 보는 습관이 있는 사람은 대개 내 것, 내 편이 아니라고 생각하는 쪽은 무조건 위험하다고 여기고 강렬한 부정적 감정으로 반응하곤 한다. 그러므로 〈그림 25-1〉의 ⓐ와 같이 눈치가 한쪽으로만 쏠렸을 때 균형을 회복하려면 다음과 같이 연습해보기를 바란다.

　첫째, 내가 선택하지 않은 것, 내 편이라고 여기지 않는 쪽을 상상해보자. 우선 자기가 맞는 것이라고 여기는 것에 일부러 저항해보자. 혹은 자신이 아주 싫어하거나 미워하는 사람의 입장을 상상해볼 수도 있다. 규칙에 집착하는 사람이라면 제멋대로인 사람을 옹호하는 상상을 해본다. 혹은 가족 중에 누군가와 사이가 유난히 안 좋다면 그 사람이 왜 그러는지 이유를 설명하는 상상을 해볼 수도 있다. 이렇게 하면 나와는 반대되는 관점을 이해할 수 있다. '맞다, 틀리다.' 혹은 '허용한다, 허용하지 않는다.'라는 구분을 떠나서 '그럴 수도 있겠다.'라고 생각해보는 여유를 만드는 것이 이 연습의 핵심이다.

　둘째, 상대의 피드백은 의견이지 자신에 대한 비난이나 거절이 아니라는 사실을 기억하자. 이분법식의 눈치가 지나친 사람들은 자기가 원하는 쪽으로 관계나 일이 진행되지 않으면, 상대의 의견이나 피드백을 자신에 대한 비난과 거절이라고 여기는 경우가 많다. 자신이 어떤 의견을 내거나 계획을 세웠을 때, 옆에서 누군가가 부족한 점이나 더 생각해볼 점을 이야기하면 이를 상대의 피드백이라고 여기지 않는다. 오히려 그 사람이 자기를 싫어한다고 여기거나 그 사람이 자기의 적이라고 여겨서 화부터 내는 식이다. 이런 식의 눈치 습관이 있으면 주변에 아첨꾼만 남든지 아니면 주변 사람들이 솔직한 이야기를 하지 않는다. 또한 주변 사람들의 피드백에 대해서 너무 고슴도치같이 반응하다가는 자신에게 호의를 가진 사람과의 관계마저도 금이 가게 된다. 그러므로 이 연습의 핵심은 피드백 혹은 정직한 대답과 거절을 구별하는 데 있다.

셋째, 의도적으로 중간 입장을 취하는 연습을 해보자. 이분법식 눈치가 높은 사람은 극단적인 선택을 해서 행동하는 습관이 배어 있다는 점을 명심해야 한다. 혹시 극단적인 선택을 해야 하는 경우라면 자신의 가치, 목표, 우선순위, 효율성 등을 모두 심사숙고해서 가장 엄격한 결정을 해야 한다. 반대로 타협의 여지가 있는지, 다른 대안이 있는지, 내가 확실히 중간지대에 있는지 등은 일부러 신경을 더 쓸 필요가 있다. 이 연습의 핵심은 취약한 중간지대를 평소에 견고하게 만드는 데 있다.

방법 2 _ 감정의 이분법에서 탈출하기
▶

여기까지 읽고 나면 이분법을 벗어나서 마음의 균형을 회복하기 위해 생각을 바꾸는 것이 중요해 보일 것이다. 물론 생각의 변화는 중요하다. 그러나 앞에서 말했듯이 편 가르기의 이분법은 참과 거짓을 따지는 이성적 논리와는 달리 감정이 많이 작용한다. 이런 이유에서 부모나 배우자가 자신의 입장은 고려하지 않고 잘잘못만 따지면 머리로는 맞다고 생각해도 내 편이 아닌 것 같아서 못내 섭섭하고 화가 난다. 논리에서의 이분법과 달리 일상생활에서의 이분법은 감정의 지배를 받는 경우가 많다. 그래서 중간지대를 회복하는 또 하나의 중요한 방법은 감정의 이분법을 벗어나는 것이다.

감정적인 이분법적 반응에서 벗어나면 세상이 풍부해지고 넓어진다. 감정을 세분화해서 그 차이를 감지할 수 있게 되면 감정에 따라서 나오는 생각과 행동도 여러 개로 나뉘게 되어 다양한 대처를 할 수 있다. 감정적 이분법과 극단적인 감정적 반응을 벗어날 수 있는 방법은 다음과 같다.

우선 가장 흔히 생각할 수 있는 감정의 양극을 떠올려보자. 아마도 기쁨과 슬픔, 낙관과 비관, 평온과 불안 등이 먼저 떠오를 것이다. 관계나 눈치에 좀더 관련되어 있는 감정에는 사랑과 증오, 친절과 교활, 매력과 반감, 신뢰와 의심 같은 것이 있을 것이다.

이 중에서 한쪽의 감정만을 강렬하게 느낀다면 앞에서 본 저울 ⓐ처럼 습관적으로 극단적인 감정에 반응하는 생각과 행동이 나타나게 된다. 극단적인 감정을 줄이고 감정의 중간지대를 회복하려면 양쪽 감정을 모두 수용하면서 동시에 그 사이에 있는 소소한 감정을 되살려야 한다. 이렇게 하려면 이전에 구별하지 못했던 감정을 구별하는 연습이 필요하다. 예를 들어 슬픔과 분노와 같은 가장 기본적이고 일반적인 부정적 감정을 분류해볼 수 있다.

다음 그림을 보면 슬픔이나 분노 같은 흔한 감정도 그 단계와 정

그림 24-2 :: 여러 가지 슬픔

언짢다 → 속상하다 → 울적하다 → 슬프다 → 절망하다 → 넋 나가다

그림 24-2 :: 여러 가지 분노

거슬리다 → 불쾌하다 → 화가 나다 → 분노하다 → 격분하다 → 폭발하다

도가 여러 가지로 나뉜다는 사실을 알 수 있다. 이 그림은 하나의 예일 뿐이다. 이를 통해서 도움을 받으려면 자신의 문제에 맞게 자기 감정표를 만들어야 한다. 다음의 순서를 따라서 하면 된다.

자신이 잘 구별할 수 없거나 혹은 격한 반응을 일으키는 감정을 골라, 위의 그림처럼 다양한 단계와 정도로 구분한 후 이름을 붙이는 것이 첫 번째 단계다. 더 여러 단계로 나눌 수 있다면 더 나누고, 나누기 어렵다면 주변 사람이나 전문가에게 도움을 청하자. 전문가들은 대개 감정을 나타내는 단어 목록이나 단어 표, 감정을 나타내는 그림 등을 가지고 있다.

그다음으로 어떤 감정이 들 때 자신이 분류한 감정스펙트럼 중 어디에 속하는지 표시해본다. 이 단계는 반복적인 연습이 필요하다. 처음에는 나누기 어렵더라도 자꾸 하다 보면 방법을 익힐 수 있다. 그리고 연습을 거듭할수록 좀더 세분화해서 관찰할 수도 있다. 이 과정을 되풀이하면 자신의 감정을 관찰하는 자기^{self}가 자주 활동하게 된다. 그래서 감정에 지나치게 몰두한 상태에서 한 발짝 물러날 수 있다. 이 단계에서는 판단하지 않고 감정을 그대로 기술하고 관찰하는 것이 가장 중요하다.

 이 연습을 숙달했다면 마지막으로 다양한 감정을 실제 문제와 상황에 활용하는 단계로 들어간다. 문제를 일으키는 감정을 세분화해서 자각할 수 있게 되면 극단적이고 습관적 반응이 튀어나올 일이 줄어든다.

 슬픔을 예로 들어보자. 언짢거나 속상한 정도의 낮은 슬픔을 느끼는 상태임을 자각할 수 있다면 너무 슬퍼서 넋이 나간 것 같은 상황에 맞지 않는 강렬한 반응은 하지 않을 것이다. 분노를 예로 들어도 마찬가지다. 거슬리거나 불쾌한 정도의 낮은 분노를 느끼는 상태라면 상황에 맞지 않게 너무 화가 나서 폭발할 것 같은 반응을 하지도 않을 것이다.

 또한 낮은 정도의 감정이 느껴질 때 더 부정적인 감정이 올라오는 것에 미리 대비하거나 상황을 악화시키기 않을 방법을 쓸 수도 있다. 즉 감정 자체를 자기 상태에 대한 지표로 삼아서 자신에게 도움이 되는 방식으로 활용할 수 있다는 의미다. 따라서 감정은 중간 지대가 넓고 다양할수록 일상생활에 도움이 된다.

방법 3 _ 마음의 균형 잡기 달인에 도전하기
▶

생각과 감정의 이분법에서 무사히 벗어났다면, 이제 '마음의 균형 잡기 달인'에 도전할 준비가 된 셈이다. 마음에 갈등이 있을 때, 문제를 해결해야 할 때, 불편을 견뎌야 할 때도 반복해서 적용할 수 있는 '마음의 균형 잡기' 방법은 다음과 같다.

일단 멈춰서 마음을 챙기고, 관찰해서 살피고, 자신의 가치와 우선순위에 따라서 자기 위치를 결정하고, 실행해보고, 도전 자체를 스스로 칭찬하는 과정이다. 달인이 되려면 물론 반복이 가장 중요하다.[40]

그림 24-3 :: 마음의 균형 잡기 과정

멈추기 → 숨 고르기 → 살피기 → 중심 잡기 → 도전 → 자기강화

이 연습을 할 때 좀더 동기를 강화하고 싶다면 다음의 방법을 함께 써보기를 바란다. 먼저 이분법을 버리고 마음의 균형을 잡으면 일상생활과 인생이 어떻게 달라질 수 있는지를 생각해보고 적어보자. 이렇게 적은 것을 연습을 그만두고 싶을 때 꺼내서 읽어보면 도움이 될 것이다.

또한 연습을 반복해서 행동에 변화가 느껴질 때 자신을 칭찬하고 자신에게 선물을 할 방법과 시기를 미리 정해두기를 권한다. 그리고 금방 변화를 못 느끼더라도 도전하고 시도했다는 사실 자체를 칭찬해야 한다. 생각만 하거나 의심만 하고 시도하지 않는 사람은 아무것도 얻지 못한다. 그러나 도전하는 사람은 최소한 이 방법이 자신에게 어떻게 작동하는지 알 수 있는 기회를 얻는다. 효과가 있다면 자꾸 해보고, 실행하기 어렵다면 무엇이 방해가 되는지 혹은 어떤 부분이 자기에게 맞지 않는지를 찾으면 된다. 시도하지 않

으면 얻는 것도 없다.

　이상의 방법을 적용할 때 자신이 균형 잡힌 상태인지를 알 수 있는 방법을 하나 소개하면 다음과 같다. 자신의 마음이 균형 잡힌 상태인지를 알 수 있는 가장 직접적이고 간단한 지표는 자신의 신체 상태와 호흡이다. 균형 잡힌 상태에서는 마음챙김에서 훈련했던 호흡과 감각, 근육 상태 등을 느낄 수 있다. 그러므로 복잡하게 생각하지 말고 자신의 자각이 보내는 피드백을 통해서 균형 상태를 확인하면 된다.

Special Box
3

MIT 미디어랩과 두뇌 증강, 그리고 눈치

 마음의 균형 잡기에 대해서 이야기하면 다음과 같이 생각하는 사람들이 있다. 요즘처럼 혁신과 도전이 중요한 세상에서 한쪽으로만 미친 듯이 달려가도 일이 될까 말까 한데 참으로 한가한 소리를 한다는 것이다. 혹은 "바쁜데 그런 데 신경 쓸 시간이 어디 있어? 그 사람 혼자서 구름 위에서 지내나?"라는 말을 하기도 한다. 물론 사회의 모든 평균 속도[41]가 빨라진 것이 개인의 탓만은 아니다.

 그러나 마음의 균형 잡기가 정말로 비실용적이고 한가한 연습인지 잠시 생각해보자. 현재 세계에서 가장 창의적인 아이디어들을 쏟아내고 있는 곳 중 하나가 MIT 미디어랩MIT Media Lab이다. 이곳에서 연구를 하는 디지털 세대의 마법사들이 지키는 8가지 방침이 있다. 이 8가지 방침 중에 하나가 "어느 한쪽에만 치우치지 마라."이다.[42] 인간의 미래 생활을 바꿀 혁신적인 기술을 연구하는 사람들의 창조적 자유가 치우침이 아니라 균형에서 나오고 있다는 의미다. 이들은 기초연구와 응용연구의 이분법을 거부하는 것뿐만 아니라 지능과 감성, 장애와 강인함, 일과 재미, 성공

과 실패 등의 모든 이분법적 구분을 거부하고 융합과 균형을 강조하고 있다. 이분법을 탈피해서 균형을 잡는 것이 첨단 기술과 상상력을 끌어내고 있는 것이다. 그뿐만 아니라 이러한 균형을 가장 '장기적인 투자'라고까지 표현하고 있다.

이미 타계한 미디어 연구의 선구자인 마샬 맥루한 Marshall McLuhan이 이 미디어랩에 들른다면 무슨 말을 할지는 잘 모르겠다. 미디어랩에서 이루어지는 일들은 기본적으로 두뇌의 상상력을 실연할 수 있는 디지털 기기의 힘에서 비롯된다. 이러한 디지털 기기는 자동차의 바퀴가 발의 기능을 확장한 것이라고 하는 맥루한의 관점에서 보면, 일종의 두뇌 기능의 확장인 셈이다.[43] 입을 수 있는 IT 기기 시대가 도래했고 손안의 스마트폰은 인간 뇌의 기억을 확장시키는 장치로 이미 기능하고 있다.

이러한 기술의 발달이 사람들에게 주는 메시지는 매우 인간적이다. 이 메시지는 '인간만이 할 수 있는 고유한 심리적 기능을 회복해야 기술이라는 수단을 바로 쓸 것이다.'라는 아주 평범한 것이기 때문이다. 눈치는 원시적이지만 기계가 흉내낼

수 없는 인간 심성 중에 하나이며 첨단 기술을 사용할 때 균형을 잡을 수 있는 가장 흔한 심리적 작용의 예기도 하다. 개인의 심성이 당장 지혜에 이르지 못한다면, 평범한 눈치라도 건강하고 균형 있게 길러야 하는 실용적인 이유다.

25
인생의 불확실성
수용하기

무언가에 집착하는 눈치는 심리적 유연성을 크게 떨어뜨린다. 이번 장에서는 집착적인 눈치에서 벗어나는 방법을 살펴보자. 집착적인 눈치를 일으키는 사고오류에는 몇 가지가 있다. 이러한 사고오류에서 나오는 눈치는 관계 유지와 문제 해결을 방해한다. 집착적인 눈치에서 벗어나고 싶다면 적극적으로 정보를 모아서 다른 가능성을 생각해보고, 불확실성은 인생에서 어쩔 수 없는 부분이라는 점을 수용하는 것이 좋다.

앞으로 무슨 일이 일어날지를 100% 확실하게 안다면 눈치를 보지 않아도 된다. 확실히 정해졌다면 눈치를 보든 안 보든 어차피 일어날 일은 일어나기 때문이다. 그러나 살면서 이렇게 분명한 일은 그다지 많지 않다. 오히려 인생살이는 대개 불확실성을 무릅쓰고 무엇인가를 선택해서 행동해야 하는 상황의 연속이다. 그래서 사람들은 시시때때로 망설이기도 하고 눈치를 살피기도 한다. 그런데 불확실성을 견디는 정도는 사람마다 다르다. 확실하지 않아도 느긋한 사람이 있는가 하면, 확실하지 않다고 안달복달하는 사람도 있다.

한편 불확실성을 대하는 태도도 사람마다 다르다. 확실하지 않으니 도전의 기회라고 여기는 사람이 있는가 하면, 확실하지 않아서 위험하다고 여기는 사람도 있다. 이 중에서 불확실하면 위험하다고 여기는 사람들에게는 불확실성을 인정하는 것 자체가 스트레스가 된다.

집착하면 관계를 해치는 눈치만 생긴다
▶

불확실성이 곧 위험이라고 생각하고 심한 스트레스를 받는 사람들은 심리적인 불확실성을 피하기 위해서 정보를 왜곡하거나 축소하는 일이 흔하다. 예를 들어 몇 가지만 선택적으로 듣고 보고 생각해서 꿰어 맞춘 후에 다 알았다고 여기는 것이 가장 전형적인 태도다. 이런 태도는 고집에서부터 시작해서 집착에 이르기까지 다양하게 나타난다. 그리고 집착이 지속적으로 생활에 영향을 끼치는 경우를 편집적 성격이라고 한다.

16장에서 다룬 의심 많은 회사원 P씨의 사례가 여기에 속한다. P

는 자신이 집착하는 문제에 대해서만 눈치가 지나치고 나머지는 무시하는 사람이었다. P는 남들이 자신을 속이거나 자신에게 해를 입히는 것은 아닌가 하는 데만 늘 눈치를 보았다.

P와 같이 집착이 강한 사람은 자기 생각에 사로잡혀 있는 상태가 익숙하고 습관이 되어 있다. 이들이 사로잡혀 있는 주제는 다양하다. 다른 사람들은 모두 믿을 수 없다는 생각에 사로잡히거나 예쁜 사람만 사랑받는다는 생각에 사로잡히기도 한다. 그리고 스펙이 없으면 무시당한다는 생각에 사로잡히거나 권력이 있으면 무엇이든 할 수 있다는 생각에 사로잡힌 경우도 있다. 반대로 사람을 무조건 믿어야 한다든지, 자기에게는 나쁜 일이 일어나지 않을 것이라든지, 결과가 무조건 좋을 것이라는 식의 긍정적인 생각에만 사로잡힌 사람도 있다. 내용이 긍정적이든 부정적이든 간에 사람을 사로잡는 생각은 수없이 많다.

어떤 생각을 하든 그 생각이 맞아 떨어지는 상황도 있다. 그러므로 완전히 틀리고 부정확하기만 한 생각이 따로 정해져 있는 것은 아니다. 대신 내용이 부정적이든 긍정적이든 상관없이, 상황에 적합한 생각일 수도 있고 부적합한 생각일 수도 있다. 그래서 상황에 맞지 않을 때조차도 한 가지 생각에만 집착하면 일상생활에 문제를 일으킨다. 왜냐하면 집착이 클수록 사실을 무시하고 작은 융통성도 발휘할 수 없기 때문이다. 이들은 자신이 집착하는 생각과 다르다면 모두 거짓이라고 여기고 궁금하게 생각하지도 않는다.

관계 대신 생각에 집착하고 있음을 알아차리기

▶

심리적 유연성이 낮으면 일상생활에서 큰 걸림돌이 된다. 그러므로 살아가는 데 도움이 되는 눈치를 만들고 변화에 적응하기 위해서는 필요 없는 집착에서 벗어나야 한다.

그런데 집착에 빠진 사람들은 대개 자신이 집착에 빠졌다는 사실을 알지 못하므로, 문제에서 벗어나려면 집착을 알아차리는 것이 무엇보다 중요하다. 왜냐하면 집착 상태와 효율적인 상태를 구별할 수 있어야 집착에서 물러나 유연하게 대처할 수 있기 때문이다. 다음의 몇 가지는 자신이 집착에 빠졌다는 것을 알 수 있는 생각의 신호들이다.[44]

'넌 내게 읽혔어.'

우선 남의 마음을 꿰뚫어 본다는 생각은 집착의 신호다. 마음읽기나 독심술이라고도 하는데 이 생각은 엉뚱한 눈치 보기의 주요 원인 중에 하나다. 이들은 상대가 어떤 생각을 해서 어떤 말을 하고 어떤 행동을 할지를 다 안다고 생각한다. 예를 들어 16장의 P씨는 상대가 자신을 속이려고 하는 것을 자기가 다 알고 있다고 생각한다. 상대의 의도를 다 꿰뚫고 있다고 여기는 것이다.

P는 좀 극단적인 예지만 이와 비슷한 일은 일상에서도 많이 일어난다. 부모와 자식 관계에서 자식이 무엇을 생각하는지 무엇을 원하는지를 다 안다고 장담하는 부모도 여기에 속하는 경우가 많다. 남녀 관계에서 상대가 자기를 좋아하는 것이 확실한데 단지 표현을

못하는 것뿐이라고 강력하게 주장하는 지나친 짝사랑도 여기에 속
한다.

배우자나 연인이 부정한 일을 한다는 것을 100% 느낌만으로 알
수 있다는 사람도 비슷한 문제를 가지고 있다. 눈빛을 보니 나를 무
시하는 것이 틀림없다면서 폭력을 사용하는 위험천만한 경우도 있
다. 마음읽기 오류에 사로잡힌 사람들은 "누구나 그 정도는 당연히
느낄 수 있는 거 아니냐."라고 말하기도 한다.

그러나 남의 마음을 잘 읽는다고 장담하는 사람일수록 상대의 말
이나 상대의 직접적인 행동은 무시해버리는 경우가 많다. 대신에
자신이 집착하고 있는 주제나 문제에 관련된 단서가 있는지에 대해
서만 자꾸 몰두한다. 이들은 상대방이 하는 평범한 이야기나 행동,
표현 중에서 자기 생각에 맞는 것만을 골라서 본다. 별로 중요해 보
이지 않는 사소하고 관련 없는 부분에서 상대의 마음을 추측하는
경우도 흔하다. 또한 눈에 보이는 단서나 증거가 없어도 상대의 마
음을 저절로 알 수 있다고 말하며 스스로 눈치가 매우 빠르다고 주
장한다.

그러나 아무리 가까운 사이라고 해도 상대의 마음을 정확히 읽을
수는 없는 것으로 알려져 있다.[45] 사람은 대개 남의 마음은 고사하
고 자기 마음도 제대로 읽지 못하는 경우가 허다하다. 그러므로 남
의 생각이나 감정을 다 안다고 생각하면서 다른 사람을 대하고 있
다면 무언가 집착에 빠져 있다는 위험신호다. 마음읽기에 사로잡혀
있을 때 나오는 눈치는 상대방과 의사소통을 하거나 상황을 파악하
는 데 도움이 되지 않는 눈치다.[46]

'내 말대로 이루어진다.'

앞으로 무슨 일이 일어날지 미래를 다 알 것 같다는 생각이 들면 이는 집착의 신호다. 이러한 집착을 '예언자' 혹은 '점쟁이 오류'라고 한다. 예를 들어 다음과 같은 생각들이다. '자신이 원하는 것을 이전에 이룬 적이 없으니 앞으로도 못 이룰 것이다, 우울하게 살아왔으니 앞으로도 우울할 것이다, 나는 남들에게 호감을 주지 못하므로 앞으로 만나는 사람들도 나를 싫어할 것이다.'와 같은 생각들이 여기에 속한다. 마치 예언자가 앞으로 닥칠 일을 확신하듯이 앞으로 자신에게 일어날 일도 확실하다고 여긴다.

사실 미래는 늘 불확실하며 현재의 행동이 미래를 바꾸기도 한다. 때문에 예언한 바가 이루어지느냐 아니냐 자체가 현재에서 중요한 것은 아니다. 또한 많은 사람들이 사건이 발생한 이후에 '내가 진작에 그럴 줄 알았다.'라는 식으로 사건을 역추론하기 때문에 마치 자기가 미리 알았던 것처럼 오해를 하기도 한다. 그러므로 예언자적 생각의 진짜 문제는 생각의 정확도가 아니라, 자신이 예언한 미래에 맞추어서 스스로 행동하게 된다는 점이다.

예를 들어 다른 사람들이 자신을 싫어할 것이라고 예언하면 상대방에게 방어적으로 대하거나 퉁명스럽게 행동해서 실제로 상대에게 나쁜 인상을 주게 된다. 또한 자신이 운이 없다고 생각하면 앞으로도 운이 필요한 일에는 아예 도전하지 않을 것이고, 자신이 매력이 없다고 생각하면 앞으로도 다른 사람을 만나지 않으려고 할 것이다. 이렇게 되면 예언적 생각 자체가 회피행동을 불러일으켜서 변화의 기회를 놓치게 된다. 이와 같은 심리적 과정이 불러오는 결말은 별 수가 없어서 어쩔 수 없이 예언이 실현되는 것이다.

그러므로 자신에게 앞으로 어떤 일이 일어나게 될지 잘 아는 듯이 생각한다면 집착 상태인지부터 점검해야 한다. 부정적인 내용의 예언자적 생각에 사로잡혔을 때 보는 눈치는 현재 나의 행동을 왜곡시켜서 앞날이 자연스럽게 흘러가지 못하도록 방해한다. 또한 예언자적 사고는 부정적인 미래에 집착하고 현실을 제대로 보지 못하게 해서 현재 만나고 있는 사람과의 상호작용에 필요한 눈치마저도 방해한다.

'내가 겪어봐서 다 아는데.'
자신이 이전에 다 경험해봐서 상대가 어떤 처지인지 당연히 알고 있다고 여기는 것도 집착의 신호다. 일종의 '올마이티 오류'다. 올마이티는 야구 경기를 할 때 한 게임에서 1루, 2루, 3루, 홈런까지를 모두 치는 것을 말한다. 타자가 타석에 들어서서 할 수 있는 일을 모두 해봤다는 의미다. 이와 비슷하게 자신이 타인의 인생 문제를 해결해줄 수 있는 올마이티라고 생각하는 사람은 '네가 말하는 것을 난 다 경험해봐서 문제가 무엇인지, 해결책이 무엇인지까지도 다 알고 있다.'라고 믿는다.

예를 들어 상대가 이별 문제 때문에 괴롭다고 말할 때 "나도 연애하다 헤어져봐서 무슨 말인지 다 아는데." 같은 대답을 하는 경우가 여기에 속한다. 혹은 상대가 무슨 일을 하고 살아야 할지 모르겠다고 고민할 때 "나도 젊어서 뭘 하고 살지 고민해봐서 네가 무슨 고민하는지 다 아는데." 같은 대답도 올마이티 오류다.

이는 대개 자신이 상대방보다 인생의 선배거나 더 어른이라고 생각할 때 흔히 나타나는 오류다. 상황과 관계없이 자신은 최선의 충고와 해결책을 준다고 생각하는 사람들에게 잘 나타난다. 그러나 유감스럽게도 인생의 타석에는 안타와 홈런만 있는 것이 아니다. 비슷한 문제나 어려움에 처해 있어도 각자의 마음, 자원, 능력, 상황, 처지 등이 다르기 때문에 자신과 꼭 같은 경험일 가능성은 낮다. 그뿐만 아니라 자신이 이미 겪어본 문제라고 해도 전문가는 따로 있을 수가 있다. 또한 "나도 다 겪어봤는데." 혹은 "나도 그런 시절 있었는데."라는 말을 꺼낸 이후에 하는 말은 이미 자신의 개인적 경험에 대한 이야기일 뿐, 상대의 경험이 무엇인지에는 초점이 맞추어져 있지 않다. 그래서 '내가 겪어봐서 다 아는데.'라는 생각에 사로잡히면 상대의 경험을 이해할 수가 없다.

따라서 대화를 할 때 남이 한두 마디만 꺼내도 자기가 다 아는 듯이 생각된다면 이것은 자기에 사로잡힌 생각이다. 대화를 시작할 때 첫마디만 들어봐도 벌써 뭐가 문제인지 알겠다는 식의 올마이티 오류에 사로잡혔을 때 나오는 눈치는 상대를 이해하고 의사소통을 하는 데 도움이 되지 않는다. 이렇게 되면 상대방은 맞장구만 칠뿐 자기 말은 하지 않게 되어 오히려 대화의 흐름이 끊긴다. 또한 이러한 사람은 일을 할 때 큰일부터 작은 일까지 다 나서서 하려 하고, 남이 자기의 의견을 따르지 않으면 답답하게 여기기 때문에 일을 적임자에게 나눠주고 권한을 위임하는 데 어려움을 겪기도 한다.

'증거, 그까짓 것.'

사실을 너무 하찮게 여기거나 사실을 지나치게 과장하는 것도 분명한 집착의 신호다. 이를 '축소와 과장의 오류'라고 한다.

무엇인가에 집착하고 있어서 반대되는 사실이나 증거를 너무 하찮게 여기는 것을 '축소의 오류'라고 한다. 예를 들어 짧은 시간 동안 자산을 많이 늘리고 싶다는 생각에 사로잡히면 가입하려는 금융상품의 이자가 높은 것만 생각하고 원금을 손해볼 수도 있다는 위험을 간과하게 되는 경우가 여기에 속한다. 혹은 상대의 스펙만 보고 필요한 사람이라는 생각에 사로잡히면 그 사람의 단점을 보고도 깨닫지 못하기도 한다.

반대로 '과장의 오류'는 별일 아닌 것도 큰일로 여기는 것이다. 예를 들어 아이가 숙제를 어쩌다 한 번 빼먹은 것을 보고 저러다 나중에 취직도 못하고 먹고살 일도 막막해질 거라고 생각한다거나 계단을 오르느라 숨이 가쁜 것을 두고 곧 심장마비가 와서 죽을 수도 있다고 생각하는 것도 이러한 예다.

축소와 과장은 실제와 사실을 인정하기보다는 자신이 집착하는 생각에 따라서 자기 마음대로 중요함이나 심각함의 정도를 변형시키는 특징이 있다. 수사 과정에서 없는 증거를 만들려고 함정수사를 하거나 증거를 조작하면 피의자는 억울해진다. 물론 있는 증거를 무시해도 억울해지기는 마찬가지다. 두 경우 모두 사실을 왜곡하기 때문이다. 그래서 사실을 축소하거나 과장하는 데 사로잡혀 있다면 이때 나오는 눈치는 집착적인 관계나 왜곡된 인상이나 평가 등을 일으키게 된다. 축소하거나 과장하는 사실에 따라서 상대방을 과소평가하거나 과대평가하기 때문이다. 이래서는 관계에 도움이 되는 눈치가 작동할 수 없다.

마지막으로 다음과 같은 단어가 머리에 떠오른다면 어떤 생각에 집착하고 있다는 위험신호다. '항상, 늘, 결코, 전혀, 전부, 절대' 같은 단어가 들어간 말은 집착의 신호이므로 주의해야 한다. 예를 들어 '항상 그렇다, 결코 아니다, 전부 똑같다, 절대 안 변한다.'같은 말이 연이어 떠오른다면 무언가에 집착한다는 신호다. 이런 생각에 사로잡혀 있을 때도 눈치는 이미 균형이 깨져서 제구실을 못한다.

집착하지 않고 불확실성을 다루는 법
▶

앞에서 살펴본 4가지 유형에 사로잡혀서 관계에 방해되는 눈치를 보지 않으려면 어떻게 해야 할까?

첫째, 집착적으로 생각하는 습관 4가지 모두 선택적 주의집중이라는 공통점이 있다. 자기 생각의 습관에 따라서 자기 관점에 맞는 것만 선택해 주의를 기울이고 처리하는 특성이 있다는 의미다. 이렇게 되면 주의를 기울이는 단계에서 이미 정보를 걸러버려서 마음속에 입력되는 정보의 수가 아주 적어진다. 그러나 정보와 대안이 많아야 융통성을 발휘하기 쉽다. 그러므로 4가지 유형 중 어딘가에 속한다면 먼저 정보와 관점을 적극적으로 수집해야 한다.

정보량을 늘리는 가장 간단한 방법은 상대의 말이나 행동을 자기 판단이나 생각에 따라서 선택하지 않고 그대로 관찰하는 것이다.

정보가 많아지면 누구의 도움 없이도 이전과 다르게 대처할 방법을 스스로 떠올릴 수 있다.

만약 상대에게 직접 물어봐도 괜찮은 사이라면 자기의 생각이 맞는지를 직접 물어볼 수도 있고, 아니면 주변의 믿을 만한 사람에게 어떤 대안이나 다른 관점이 있는지를 물어볼 수도 있다. 자신과 다른 관점에 꼭 동의할 필요는 없다. 그러나 다른 정보와 관점을 알게 되면 유연성이 생겨서 더욱 효과적인 선택을 할 수 있다.

둘째, 4가지 집착적 사고 유형은 불확실성을 피하려는 공통점이 있다. 앞서 말한 것처럼 정보가 많아져서 선택의 폭이 넓어지면 행동을 할 때 압박감이 줄고 좀더 자유롭게 행동할 수 있다. 하지만 확실하지 않고 가능성만 너무 늘어나면 선택하기 어려운 경향이 늘어난다. 왜냐하면 선택 가능성이 지나치게 많아지면 무엇이 최선인지를 판단하기가 복잡해지므로 계속 망설이게 되거나 다른 선택에 대한 미련이 남기도 하기 때문이다.

예를 들어 슈퍼마켓 진열대에 비슷한 과자나 샴푸 등을 많이 늘어놓으면 사람들이 선택을 어려워하거나 구매를 미루는 경우까지 발생한다. 선택할 수 있는 상품의 종류가 지나치게 많지 않아야 오히려 판매가 잘된다는 행동실험 결과가 있다.

살아가는 것도 비슷하다. 나이가 들면 젊은이들을 보고 "뭐든지 할 수 있어서 좋겠다."라고 말하며 젊음의 가능성을 부러워한다. 그러나 정작 젊은이들은 너무 많은 가능성과 불확실성이 부담스럽다. 뭘 해야 할지 선택을 못하거나 가능성을 믿고 여기저기 기웃거리다 이도 저도 안 되는 경우도 생긴다. 젊음의 가능성을 부러워하는 나이 든 사람들도 자신의 젊은 날을 회상해보면 갈팡질팡하는 젊은이들과 크게 다르지 않았을 것이다.

이때 필요한 것은 인생과 불확실성을 떼어놓고 생각할 수 없다는 사실을 받아들이는 수용 능력이다. 불확실성은 사람의 인지와 생각 속에 깔려 있는 사고의 여백이자 가능성이기 때문에 어떤 방법으로도 없앨 수가 없다. 그러므로 집착적 생각에 몰두해서 인생의 자연스러운 불확실성을 줄이려고 억지로 애를 쓰면 눈치, 생각, 판단이 모두 흐려지게 된다. 인생에서 절대로 떠나보낼 수 없는 것이라면 받아들이고 함께 가기를 권한다. 또한 받아들이는 대신에 한 번에 한 가지씩만 집중하기를 권한다. 그러면 불확실성은 커졌다 작아졌다 하면서 옆에 머무르기는 해도 선택과 행동에 방해가 되지는 않을 것이다.

이를 믿기 어렵다면 다음과 같은 행동실험을 한번 해보자. 우선 현재 고민하고 있는 몇 가지 문제를 적어보자. 그중에서 고민의 정도가 중간쯤 되는 것을 하나 고른다. 그다음에 고민을 해결할 방법을 다음 2가지 상황 중에서 선택해본다. 첫 번째 상황은 불확실성이 없어야 비로소 시도할 수 있다고 믿고 고민을 해결할 방법을 선택해보는 것이다. 두 번째 상황은 불확실성이야 늘 있는 거라고 내버려두고 고민을 해결할 방법을 선택해보는 것이다.

어느 쪽이 더 선택하기가 쉬운가? 아마도 불확실성을 수용하고 내버려둔 채로 선택하는 쪽이 더 빠르고 실행하기도 쉬울 것이다. 현실을 왜곡하거나 현재를 떠나지 않고도 효율적으로 선택할 수 있는 방법이 있다면 그 방법을 선택하지 않을 이유가 없다.

26

삶의 가치에 따라
행동하기

남을 이용하려는 눈치가 높은 사람은 자기 만족을 추구하는 데 몰두한다. 대개 이런 사람들은 기다리거나 참지 못하고 금방 만족을 얻는 것을 더 좋아한다. 그러나 당장은 즐거워도 삶의 방향이나 가치에 대해서는 소홀해서 장기적으로는 삶이 혼란에 빠지거나 공허감에 빠진다. 이 경우는 즉각적으로 남을 이용하고 만족을 취하려는 눈치에서 벗어나서 가치에 따라 행동해야 삶의 의미를 회복할 수 있다. 이번 장에서는 가치를 선택하고 가치에 따라 행동하는 방법을 다룬다.

눈치를 잘 보는 사람에는 3가지 유형이 있다. 첫째, 눈치를 봐서 다른 사람을 기쁘게 해주거나 다른 사람의 인정을 받고자 하는 사람이다. 둘째, 눈치를 봐서 자기가 원하는 것과 타인이 원하는 것 간의 균형을 맞추려는 사람이 있다. 셋째, 눈치를 봐서 남을 이용한 후 자신이 원하는 것을 얻으려는 사람도 있다. 이 3가지 유형은 눈치를 보는 목적이 각각 다르다.

남을 이용하기 위해서 눈치를 보는 사람들은 자신의 이익만 추구하고 상대의 이익은 무시하는 특징이 있다. 이들은 자신이 원하는 것을 상대가 가지고 있으면 속이거나 해를 입혀서라도 빼앗으면 그만이라고 여긴다. 그래서 자신의 이익만 추구하는 사람들은 대인관계와 눈치를 통해서 상대를 착취한다.

이같이 타인을 이용하고 착취하는 눈치만 발달한 경우가 17장에서 다룬 A1씨와 A2씨의 사례다. 반사회성 성격을 가진 A1과 A2는 자신이 원하는 바를 얻기 위해서 직접적이거나 교묘한 범법 행위까지 망설이지 않는 착취적인 눈치를 보인 극단적인 경우였다. 이와 같은 뚜렷한 범법 행위나 반사회적 행동은 아니라 하더라도 자신의 필요와 이익 혹은 즉각적인 만족을 지나치게 추구하는 사람들은 대인관계에서 상대를 이용하려는 착취적인 생각과 행동을 많이 한다.

남을 착취하는 눈치가 지나친 사람들은 대인관계에서 공감 능력이 낮다. 그리고 인생에서 장기적인 가치를 추구하는 능력도 낮다. 이러한 특징이 당장에는 남에게만 피해를 주는 것 같지만 길게 보면 다른 사람과의 관계 맺기를 방해하고 자신의 인생을 파괴하는 결과를 가져온다. 그래서 오히려 자기 자신에게 피해를 준다. 그러므로 당장의 만족과 단기적인 이익에만 사로잡혀서 갈팡질팡하며 살고 있는 자신을 변화시키고 싶다면 다음의 방법을 실천해볼 것을 권한다.

됐어, 여기서 그만둬 _ 한계 선택하기
▶

즉각적인 만족을 추구하는 사람일수록 참고 기다리는 능력이 낮다. 예를 들어보자. 스마트폰 게임에 빠진 한 사람이 가족과 친해지기 위해 하루에 30분 이상 가족들과 마주 보고 대화하는 것을 목표로 잡았다고 가정해보자. 그러나 대화가 부족했던 사람이 갑자기 가족과 대화를 하려면 할 말이 없어서 지루하거나 당황스러울 수 있다.

그에 비해서 다양한 자극을 제공하는 스마트폰 게임은 계속해서 즉각적인 재미를 준다. 그러므로 가족과 대화하기보다는 하던 게임을 다시 하는 것이 당장은 편하고 만족스럽다.

한 가지 더 예를 들면 경마나 도박 중독에 빠진 사람들은 배팅할 돈이나 판돈을 마련하려고 집에 있는 돈을 모조리 가지고 나와 써버리기도 한다.

과도한 스마트폰 사용이나 도박이 당장은 만족스러울지 모른다. 하지만 스마트폰 중독은 결국 가족과의 관계를 해치고 도박 중독은 집안을 풍비박산이 나게 만든다. 더군다나 궁지에 몰려서 다른 출구가 없다고 생각할수록 즉각적인 자극과 만족을 주는 중독 행동에 더 집착하게 되어 문제가 점점 더 악화된다.

이 악순환에서 빠져나올 수 있는 첫 번째 방법은 자신이 하면 안 될 한계행동을 선택하는 것이다. 스마트폰 게임에 허비하는 시간을 제한하거나 게임을 안 하는 것이 한계 선택하기의 한 예가 될 수 있다.

즉각적 만족을 추구하는 사람이나 이들의 가족은 게임이나 쇼핑 등 문제를 일으키는 행동만 중단하면 아무런 문제가 없다고 말하는 경우가 흔하다. 그러나 행동의 한계를 선택하는 것은 이런 종류의 문제를 해결하는 최종 목표라기보다는 최초의 출발점이다. 왜냐하면 상황을 더 악화시키지 않을 최소한의 선택이기 때문이다.

즉각적이고 자극적인 만족을 추구할수록 장기적인 인생의 방향을 찾기 어렵고 무언가를 향해 나아가기도 어렵다. 그러므로 우선 행동의 한계를 정해야 한다. 그래야 당장의 만족에 길들여져서 삶을 공허하게 만드는 눈치를 줄일 여지가 생긴다.

눈치에도 나침반이 필요해 _ 가치 선택하기
▶

행동의 한계를 정하는 것은 배가 산으로 가지 않도록 하기 위한 최소한의 선택이다. 그러나 항해를 하든 등반을 하든 사막을 건너든 혹은 오지 탐험이나 도시 관광을 하든, 지니고 있어야 할 가장 중요한 것은 길을 찾는 지도와 방향을 가리키는 나침반이다. 지도의 역할을 하는 것이 삶의 크고 작은 목표라면 나침반의 역할을 하는 것은 삶의 가치다.

가치란 자기 인생에서 진정으로 중요한 것이 무엇인지를 선택하

> **가치에 대한 질문 1**
> 가치를 선택하기 위해서 잠시 다음의 질문에 대해 생각해보자.
>
> - 인생에서 가장 중요한 것은 무엇입니까?
> - 어떤 사람이 되고 싶습니까? 혹은 어떤 사람이 되기를 원하셨습니까?
> - 인생에서 자신이 진정으로 원하는 것은 무엇입니까?
> - 아무런 방해 없이 인생을 마음대로 선택할 수 있다면 어떤 삶을 선택하겠습니까?
> - 지금까지 살면서 가장 감동스러웠던 순간에 느꼈던 것은 무엇입니까?
> - 지금까지 살면서 자신에게 감명을 준 사람은 누구였습니까? 진심으로 존경할 만한 사람은 누구였습니까? 혹은 영화나 소설 등에서 닮고 싶은 인물은 누구였습니까? 특정 사람이 떠오른다면 그 사람이 당신에게 어떻게 살기를 권할 것 같습니까?
> - 바로 앞의 질문에 해당하는 인물이 안 떠오른다면 이번에는 마음대로 상상을 해보십시오. 어떤 사람에게 감명을 받을 것 같습니까?
> - 지금 이 순간에 자신이 원하는 것이 무엇이든 일어날 수 있다면 무엇을 원하십니까?
> - 세상에 있는 모든 것을 내줄 수 있는 가게에 들렀다고 상상해보십시오. 딱 한 가지만을 받을 수 있다면 무엇을 달라고 하겠습니까?
> - 자신이 원하는 것이 실현된다면 삶이 어떻게 바뀔까요?
> - 자신의 장례식을 상상해보십시오. 가까운 사람들이 자신을 어떤 사람이었다고 말하기를 원합니까?
> - 자신의 묘비에 어떤 말이 적히기를 원하십니까?

는 것이다. 감정이나 생각은 왔다가 지나가고 변한다. 그러나 자신이 선택한 가치는 일시적인 감정이나 생각보다 훨씬 오랜 기간 변하지 않고 남아 있다. 그러므로 가치는 인생에서 길을 잃거나 인생의 지도에 없던 장애물이 나타나서 혼란에 빠졌을 때도 어느 방향으로 가야 할지를 알려줄 수 있다.

가치가 자기 행동의 맥락이 되면 즉각적 만족에 따라서 행동하는 대신 가치에 따라서 행동하고 현재의 행동에 의미를 부여할 수 있다. 또한 장기적인 만족을 위해서 당장의 불편을 피하지 않고 수용할 수도 있다. 이렇게 되면 자신의 가치가 현재 겪는 힘든 일을 참을 수 있는 이유가 되기도 한다.

그러나 가치가 중요하다는 것을 알아도 막상 인생에서 가치를 두는 것이 무엇인지 물으면 답하지 못하거나 잘 모르겠다고 대답하는 경우가 많다. 이런 경우라면 〈가치에 대한 질문1〉을 스스로에게 해보면 좋겠다.[47] 이 질문들을 제대로 사용하려면 장애물이나 실현 불가능성을 생각하기보다는 자신이 원하는 바를 솔직하게 답하고 가치를 선택하는 것이 중요하다.

이 질문들 외에도 가치 선택에 중요한 질문이 하나 더 있다. "무슨 일을 할 때 자신이 가장 생기 있게 느껴지십니까? 그 일은 어떤 가치와 관련이 있습니까?"이다. 이 질문이 중요한 이유는 스스로 생기있고 활기차다고 느끼는 순간에 하는 일이 가치와 연결되는 경우가 많기 때문이다. 이 질문은 앞서 살펴본 마음의 균형 잡기와 마찬가지로 가치를 선택하는 데 자신의 신체와 감각에 대한 자각을 활용하는 마음챙김 방법이다.

가치는 일상생활에서 의미를 느끼는 데도 중요하지만 무엇보다도 위기나 어려움에 빠졌을 때 더욱 중요하다. 눈치를 볼 때도 마찬가지다. 주변 사람들이 자신에게 요구하는 것들 사이에 차이가 크거나 자신이 원하는 것과 타인이 요구하는 것 사이에 차이가 클 때는 행동을 선택하기 어렵다. 이와 같은 갈등에 빠졌을 때 가치는 눈치를 조절할 수 있는 가장 중요한 나침반의 역할을 한다.

가치의 중요성은 말할 수 없이 큰데도 자신이 생각하는 인생의 가치에 대해서 이야기하는 것을 추상적이라고 여기거나 현실과 동떨어진 일이라고 여기는 사람들도 있다. 특히 타인을 이용하고 즉각적인 자기 만족을 추구하는 사람일수록 인생의 가치를 정하는 것은 의미가 없을 뿐더러 "그냥 하고 싶으면 하는 거지, 가치 같은 건 없다."라고 말하는 경우가 많다.[48]

그러나 "가치 따위는 상관없다."라거나 "가치가 자신을 더 절망에 빠뜨릴 뿐이다."라고 말하는 사람일수록 인생의 가치를 생각하는 것 자체가 너무 고통스럽거나 절박한 경우가 많다. 이런 사람들은 자신의 현재 상태나 처지가 가치있다고 하더라도 그 가치를 실현하지 못하거나 앞으로의 삶이 지금보다 더 나아질 리가 없다고 여기는 사람일 가능성이 높기 때문이다. 삶의 가치를 말하는 것에 대해서 불편하게 느낀다면 〈가치에 대한 질문2〉를 참고해 스스로에게 질문해보기를 바란다.

가치에 대한 질문 2
사는 데 가치가 아무런 상관이 없다고 여기는 사람은 아래 질문에 대해 생각해보자.

- 지금 하고 있는 일 중에서 앞으로도 하고 싶은 일이 있습니까?
- 앞으로 10년 후나 20년 후에도 지금과 똑같이 살고 있다고 가정해보십시오. 미래에도 지금과 같이 하루하루를 살고 있어도 괜찮겠습니까?
- 당신에게 소중한 사람이나 자녀가 자신과 똑같은 삶을 살고 있다면 뭐라고 말하고 싶습니까?

훈수만 두는 눈치는 소용이 없다
▶

앞에서 선택한 가치를 행동으로 옮기는 방법은 사람마다 다를 것이다. 왜냐하면 비슷한 가치를 선택했다고 해도 그 가치를 향해 나아가는 방법은 개인의 상황, 관계, 특성에 따라 다르기 때문이다. 더러 눈치와 가치를 별개의 것으로 여기는 사람도 있다. 그러나 가치의 선택은 개인 행동 전반에 영향을 끼치기 때문에 가치에 전념하는 사람의 경우는 가치가 눈치에도 직접 영향을 끼친다.

17장에 나왔던 A1씨 사례를 살펴보자. 남의 물건을 자주 훔쳤던 A1씨가 '아들에게 믿음직스러운 아버지 되기'를 가치로 선택했다면, 물건을 훔치려고 주변을 살피고 눈치를 보는 행동을 중단하기 위해서 노력할 것이다.

한편 진실한 인간관계를 맺는 것이 가치라면 가까운 친구의 지위나 돈을 이용하려는 눈치는 무시하려고 노력할 것이다. 또한 다른 사람과 공존하는 것이 가치라면 다른 사람의 처지나 감정을 살피는 눈치를 좀더 많이 볼 것이다. 이와 같이 가치는 건강한 눈치의 방향을 잡아주는 것이지, 가치와 건강한 눈치가 서로 다른 방향을 향해서 나아가는 경우는 드물다.

그런데 건강한 눈치든 인생의 가치든 행동하지 않으면 어떤 변화나 결과도 가져올 수가 없다. 눈치를 봐서 이 상황에서는 이렇게 하는 것이 낫겠다고 여기거나 혹은 어떤 행동이 가치 있다고 생각하기만 해서는 변화를 향해서 한 발짝도 나아갈 수가 없다. 늘 한자리에만 있을 작정이라면 지도나 나침반은 삶에서 아무런 실용성이 없다. 그래서 가치는 행동으로 이어져야 비로소 실용적인 의미가 생긴다. 가치만 있고 실행이 없는 것은 마치 바둑을 구경하면서 훈수만 두는 경우와 같다. 자신이 직접 경기에 참가하기 전에는 바둑판에서 아무리 좋은 훈수를 두더라도 뜻대로 바둑알을 움직이거나 수를 바꿀 수가 없다.

가치와 행동을 연결하는 것은 목표다. 가치는 행동의 근원에 있다. "왜 그것을 원하느냐?"라고 물었을 때 더는 이유를 댈 수 없는 것이 가치의 특징 중 하나다. 가치는 그 자체로서 목적이면서 방향일 뿐 도달할 수 없는 것이기도 하다. 그러나 가치를 향해 나아가고 있는지를 확인할 수 있는 방법은 있다. 이러한 확인은 목표를 통해서 이루어진다. 이러한 점에서 목표는 이정표와 같다. 목표는 가치에 기여하며 어떤 식으로 가치를 현실에 적용할 수 있는지에 관한 가능성을 다루기 때문이다. 그렇다면 목표를 달성했는지 어떻게 알 수 있을까? 목표가 달성되었는지는 구체적인 행동을 실행해서 확인할 수 있다.[49] 결국 가치를 향해 나아가고 있는지를 현실에서 확인할 수 있는 방법은 오직 행동뿐인 셈이다. 행동이 없는 가치는 무의미하다.

예를 들어 A1씨의 가치가 아들에게 믿을 만한 아버지가 되는 것이라면 이러한 가치를 향해 나가는 A1씨의 목표는 아들에게 정직하고 충실해지는 것과 아이가 필요할 때 옆에 있어주고 아이와의 약속을 지키는 것 등이다. 이러한 목표를 달성하려면 당장 오늘부터 아이와 약속한 놀이 시간을 지키고 제시간에 일어나 예측 가능한 일과를 보내야 한다. 또한 아이와 솔직한 감정과 표현을 하루 3

번 이상 주고받아야 하고 자신이 한 말을 지켜야 한다. 이처럼 지금 당장 해야 할 행동이 쌓여서 목표가 이루어지고 그 결과 가치를 향해 나아갈 수 있다.

물론 이렇게 해나가는 데는 실수와 실패, 샛길로 빠지기, 난관과 장애물에 부딪히기, 길을 잃기 등의 불확실한 과정이 도처에 숨어 있다. 그러나 가치를 선택한 사람은 이런 위기를 견디고 수용할 수 있는 가장 강력한 도구를 마음에 품게 된다. 가치 덕분에 견뎌야 할 이유가 생기기 때문이다. 반면에 가치를 선택하지 못한 사람은 인생의 위기에 부딪혔을 때 방향을 잃고 하루하루의 삶에서 의미를 잃어버린다.

우리는 살아가면서 여러 가지 눈치를 보지만 그중에서 행동으로 이어지는 눈치는 선택할 수 있고 건강한 눈치는 가치를 향해 나아가는 행동으로 연결된다는 점을 기억하자. 이렇게 살고자 노력하는 사람에게서는 진정한 생기를 느낄 수 있을 것이다.

27

눈치의 비밀을 풀어내는
3가지 질문

이 장에서는 눈치에 대한 3가지 근원적인 질문을 던진다. 진화, 지혜, 즐거움에 대한 질문이다. 이런 종류의 질문에 대한 답을 요약하는 것은 별 의미가 없다. 왜냐하면 때로는 대답보다 질문이 중요한 경우가 있는데, 이 3가지 질문이 바로 그런 경우에 해당하기 때문이다.

사람마다 눈치라는 말을 대하는 태도는 다양하다. 어떤 사람은 "남 눈치 볼 것 없다."라고 하고 어떤 사람은 "눈치를 안 보고 살아서야 되겠냐."라고 한다. 그런가 하면 어떤 광고에서는 젊은이가 "나는 남 눈치 안 보는 데 일등입니다."라고 하면서 전철 승강장에서 춤을 추고, 인터넷에 올라온 어떤 글에는 남에게 불쾌감을 주는 무례한

행동을 한 사람에게 "남 눈치 좀 보고 사시죠."라는 댓글이 꼬리를 물기도 한다.

이처럼 눈치에 대해서 사람들이 다양하다 못해 상반된 반응을 보이는 이유는 사람들의 태도가 변덕스러워서가 아니다. 그보다는 눈치 자체가 현실에서 상황과 맥락에 따라 다양하게 쓰이기 때문이다. 그래서 눈치에 대한 다양한 태도는 실은 눈치의 다양함에서 기인한다.

그러므로 눈치의 적응적인 면이나 부적응적인 면 중에서 한 가지만 보아서는 눈치가 무엇인지를 제대로 알 수 없다. 그보다는 눈치가 왜 어떤 때는 도움이 되고 어떤 때는 방해가 되는지를 보고 나서 도움이 되지 않는 눈치를 조절하는 방법을 아는 것이 '눈치를 봐야 한다.' 혹은 '눈치를 보지 말아야 한다.'라는 이분법식 논쟁보다 쓸모가 있을 것이다. 바로 이러한 생각을 토대로 이 책을 썼다. 이미 많은 이야기를 했지만 그래도 남아 있는 몇 가지 질문을 함께 생각해보면서 이 책을 마무리하자.

질문 1 _ 이것은 진화입니까

▶

불안이나 우울과 같은 정서가 사람에게 무언가 신호를 보내듯이 눈치도 사람에게 무언가 신호를 보낸다. 생존과 사회적 적응을 돕는다는 점에서 눈치는 감정과 마찬가지로 진화의 산물이다. 다만 눈치는 불안이나 우울보다는 인지적인 속성이 강하며, 또 한편으로 눈치는 비언어적 통로를 사용하는 습관이 강해서 신피질의 영향을 받는 논리적 사고보다는 원시적이다.

눈치를 조절할 수 있는 능력이 생긴다는 것은 진화적으로 어떤 의미일까? 눈치를 조절한다는 것은 눈치를 해독^{decode}하고 눈치의 과정을 재조립한다는 것을 의미한다. 이 책에서 다루고 있는 눈치를 조절하는 7가지 방법은 모두 눈치를 보고 눈치로 인해서 행동을 하는 것 사이에 일어나는 일들을 작은 단위로 나누어서 각 요소에 조절 장치를 다는 것과 같다.

오랜 시간에 걸쳐서 눈치행동으로 합쳐지고 습관화된 과정을 거꾸로 뒤집어서 나누고 자각하게 한다는 의미다. 이 과정을 거치면 눈치가 가지고 있었던 야생적이고 원시적인 생존력은 떨어져도 사회 속에 개인과 집단 간의 균형을 회복해서 개인의 사회적 적응력을 높일 수 있다.

또한 직관적 특성이 있는 눈치에 조절 장치를 단다는 것은 심리적 진화 과정에서 생긴 인지적 지름길이나 반사적인 해결책, 편향적 사고 등을 감속시켜서 다시 들여다본다는 의미이므로 마치 진화의 방향을 거꾸로 되돌리는 것과도 같다. 여기에는 2가지 이점이 있다. 첫 번째는 눈치가 잘못 습관화된 지점을 수리할 수 있다. 두 번째는 빠른 눈치를 사용할 상황과 느린 눈치를 사용할 상황을 세분화해서 더 다양한 사용법을 익힐 수 있다.

주눅이 들어서 눈치를 보거나 혹은 무엇인가를 하려고 눈치를 보는 것은 인간만의 행동 특징은 아니다. 침팬지 같은 유인원도 일정 비율은 태어날 때부터 예민하고 눈치를 많이 살피도록 타고난다고 한다. 그 외의 침팬지들도 집단적으로 서식하면 서열에 따라서 눈치를 살핀다. 그러므로 눈치를 보는 것 자체는 인간만의 특징이 아니다. 그러나 눈치를 스스로 조절할 수 있는 능력은 인간에게만 있다. 집단생활을 하는 동물이나 곤충 중에 심리치료자나 심리상담자의 역할을 하는 구성원이 있다는 이야기는 들어보지 못했다. 심리적 과정을 스스로 들여다보고 조절할 수 있는 능력은 인간만이 가진 고유한 능력이며 인간 외의 다른 종이 경험해보지 못한 진화적 과정일 것이다.

질문 2 _ 이것은 지혜입니까
▶

살아가는 데 도움이 되는 눈치는 새로운 경험에 대해서 개방적이면서도 균형을 유지한다. 자기 자신의 요구와 외적 요구 간의 균형, 이성과 감정 간의 균형, 혹은 그 외의 여러 양극단 간의 균형점을 찾지 못한다면 눈치는 제구실을 못하는 상태라고 할 수 있다.

"눈치껏 하라."라는 말이 얼마나 다양하게 사용되는지 생각해보라. 유난히 게으름을 피우는 사람에게는 눈치껏 하라는 말이 열심히 하라는 의미고, 지나치게 고지식한 사람에게는 눈치껏 하라는 말이 융통성을 발휘하라는 의미다. 이런 의미에서 눈치는 세속적 중용이고 세속적 지혜다. 눈치는 급수는 낮지만 자연스럽게 순리대로만 사용하면 중용이나 지혜의 문턱이 될 수 있다.

눈치의 작용에 가치와 성숙의 요소가 더해지면 지혜로 나아갈 가능성이 높아진다. 지혜가 무엇인가에 대한 의견은 다양하다. 그러나 비교적 많은 사람들이 동의하는 지혜의 요소도 있다. 심리치료 중에서 지혜를 가장 강조하는 상담 방법은 변증법적 행동치료다. 변증법적 행동치료자 중 한 사람인 토마스 마라Thomas Marra는 '감정, 이성, 직관'이 공통으로 겹쳐진 지점에 지혜가 있다고 했다.[50] 건강하게 균형 잡힌 눈치가 존재하는 지점도 바로 감정과 이성, 직관이 포개져 있는 지점이다. 눈치는 지혜와 비슷한 지점에 있다. 그러나 눈치는 아이와 같아서 지혜보다 훨씬 많이 흔들리고 즉각적 만족에 끌리는 경향이 강하다.

가치 있는 일을 하는 데 사용하는 건강한 눈치가 지혜의 낮은 형태라는 단서도 있다. 심리학자 로버트 스턴버그는 지혜가 어떤 종류의 지적 특성인지를 오랜 기간 연구했다.[51] 스턴버그는 지혜를 전문적인 실용 지식으로 분류했다. 예를 들어 앞에서 이야기한 뱃사람의 지혜와 농부의 지혜가 다르다는 말은 이러한 배경에서 나왔다. 관계를 유지하는 지혜와 필요에 따라서 물건을 분배하는 지혜가 다르다는 말도 마찬가지다.

그러나 모든 전문적 실용 지식이 지혜인 것은 아니다. "눈치가 빠르면 절에 가도 젓갈을 얻어먹는다."라는 속담을 예로 들어보자. 이 속담에서 만약 젓갈을 얻어먹은 사람이 걸인이라면, 이 걸인이 도달한 구걸의 실용적 전문성은 가히 최고의 경지라 할 수 있다. 그러나 사람들은 '구걸의 지혜'라는 말은 쓰지 않는다. 즉 아무리 실용적인 눈치를 체득해도 자신이 매진하는 영역이 무엇인가에 따라서 결코 지혜로 변하지 않는 영역도 있다는 의미다. 그러므로 균형 잡힌 눈치는 지혜와 비슷한 심리적 기제이지만 균형 있는 눈치가 지혜로 발전하려면 장기적 안목, 가치 지향성, 심리적 성숙이 더해져야 한다.

질문 3 _ 이것은 즐거운 일입니까
▶

"왜 상담을 받거나 자신이 변하기를 원하십니까?"라고 물으면 많은 사람들이 "즐겁게 살고 싶습니다." "행복하게 살고 싶습니다."라고 대답한다. 마찬가지로 이 책을 읽고 자신의 눈치행동에 변화가 일어나기를 바라는 사람들도 변화가 일어나면 막연히 즐겁거나 행복할 것이라고 기대할 수도 있다. 그래서 이렇게 묻고 싶을 수도 있다. "도무지 눈치가 없어서 혹은 괜히 눈치를 봐서 불편하고 힘이 듭니다. 사는 데 도움이 되지 않는 눈치를 조절할 수 있게 되면 지금보다 훨씬 즐거워지겠지요?"

이 질문에 "네. 물론입니다."라고 대답하고 싶은 유혹을 느낀다. 그러나 이렇게 대답한다면 나는 거짓말쟁이가 된다. 변화의 과정은 늘 기쁘고 기분 좋기만 한 것이 아니다. 오히려 익숙했던 이전의 습관적 행동을 통해서 피하고 덮어두려고 했던 문제가 겉으로 드러나서 힘든 처지에 놓일 수도 있다.

예를 들어 눈치가 건강해지려면 눈치에 가치와 장기적 목표가 더해져야 한다고 했는데, 눈치를 봐서 당장의 만족을 추구했던 사람이라면 이 과정을 참기가 어려울 것이다. 어쩌면 "눈치 빠르게 살 수 있는 방법이나 알려주지. 건강한 눈치 만들기는 너무 멀고 험하군."이라고 혼자서 투덜거릴 수도 있다. 그러나 인생에서 의미 있는 변화란 단순히 유쾌하고 편한 것이 아니다. 방해물이 나타나서 힘들 때도 포기하지 않고 인생의 가치를 향해 나아갈 수 있도록 도와주는 것들이다. "인생이란 살 만한 가치가 있구나."라고 중얼거릴 수 있도록 해주는 모든 변화는 의미 있다.

"변화가 즐거운 일입니까?"

"아닙니다. 때로 괴롭고 때로 힘들지만 마음의 나침반이 방향을 잡아주면 견딜 만한 과정입니다."

에필로그

눈치꾼과 영웅 사이에 균형을 잡자

이 책의 초고를 마치고 수정 작업을 하다가 문득 깨달았다. 영웅을 꿈꿔본 적이 없다는 것은 사실이 아니라는 것을 말이다. 이 생각이 떠올랐을 때 흑백 레이저젯 프린터는 '꺽꺽' 소리를 내며 A4 용지를 열심히 뱉어내고 있었다.

그래서 좀더 정확하게 덧붙여 쓰기로 했다. 나는 깨어 있는 동안은 영웅을 꿈꾼 적이 없다. 그러나 꿈 속에서는 여러 번 영웅을 꿈꾼 적이 있다. 나는 깨어 있는 동안 눈치를 보는 소심한 사람이다. 그러나 잊을 만하면 잠결에 엇비슷한 꿈을 다시 꾸게 되는데, 꿈 속에서 나는 아무도 모르는 지구 영웅으로 거듭나곤 한다.

그러니까 어쩌면 나처럼 소심해서 눈치를 보는 사람의 자기 그림자가 영웅일지도 모를 일이다. 결국 눈치꾼도 영웅도 모두 우리 마음속에 들어 있는 그 무엇일 것이다. 그리고 마음속에 있는 눈치꾼과 영웅 사이에서 균형을 잡을 수 있는 것이 건강한 눈치다.

마치려고 보니 고마운 분들이 많다. 우선 함께 근무하면서 내 아이디어에 대해서 가장 가까운 곳에 피드백을 해준 김정훈 과장, 정재원 전문의, 이정석 전문의, 안인화 간호사께 감사한다. 지난 몇 해 동안 아주대학교 대학원에서 나의 이상심리와 적응심리 강의를 수강하면서 좋은 질문과 토론으로 심리적 이상과 정상에 대한 생각을 다듬어준 교육학과 상담심리 전공 학생들에게도 감사한다.

또한 초고를 읽고 솔직하면서도 실질적인 조언을 해주었던 전 청룡시네마 편집장 임정식 평론가께 감사한다. 그리고 책이 나올 때까지 함께 고생한 소울메이트 출판사 분들께 감사한다. 마지막으로 몇 달간 불평 없이 격려해준 가족에게 고맙다.

박근영

주

1부 우리는 왜 눈치를 보는가?

1장 — 생존의 도구였던 사냥 기술과 눈치

- 1장에 나오는 원시인류의 사냥 장면은 다음의 책을 참고한 것이다. 브라이언 페이건 지음, 김수민 옮김(2012년), 『크로마뇽 : 빙하기에 살아남은 현생인류로부터 우리는 무엇을 배울 수 있는가』, 더숲(2장, 3장).

2장 — 적응하기 위해 눈치 조절하기

1. 에리히 프롬 지음, 원창화 옮김(1988년), 『자유로부터의 도피』, 홍신문화사(20쪽).
2. 미셸 푸코 지음, 오생근 옮김(2003년), 『감시와 처벌 : 감옥의 역사』, 나남(213~347쪽).
3. 에리히 프롬 지음, 원창화 옮김(1988년), 『자유로부터의 도피』, 홍신문화사(8~24쪽).
4. 스탠리 밀그램 지음, 정태연 옮김(2009년), 『권위에 대한 복종』, 에코리브르
5. 같은 책(196쪽).
6. 스티븐 핑커 지음, 김한영 옮김(2007년), 『마음은 어떻게 작동하는가』, 동녘사이언스(571쪽).

3장 — 사람의 숲에 숨겨진 눈치 푯말

7 B. F. 스키너 지음, 이장호 옮김(2006년), 『스키너의 월든 투』, 현대문화센터.
8 마틴 셀리그만 지음, 권오열 옮김(2011년), 『아픈 당신의 심리학 처방전』, 물푸레 (21쪽).
9 리차드 니스벳 지음, 최인철 옮김(2004년), 『생각의 지도』, 김영사.
10 같은 책(18쪽).
11 같은 책(192쪽).
12 일상생활에서 점화의 예를 들어보면, 로맨틱코미디 영화를 보고 극장을 나설 때 어쩐지 연애하고 싶은 생각과 감정이 드는 상태를 상상해보면 비슷하다. 로맨틱 코미디 영화가 연애의 낭만성에 관련된 생각과 감정을 점화시킨 경우다.

4장 — 눈치와 융통성이 없는 로봇 인간의 한계

13 로버트 스턴버그 지음, 정명진 옮김(2008년), 『실용지능』, 부글북스(58쪽).
14 하워드 가드너 지음, 문용린·유경재 공역(2007년), 『다중지능』, 웅진지식하우스 (25쪽). 원래 문장은 다음과 같다. "지능은 인간 생물학과 인간 심리학에서 기원하는 특정 종류의 정보를 계산하는 능력이다. 인간은 쥐, 새, 컴퓨터와는 다른 지능을 가지고 있다."
15 하워드 가드너 지음, 문용린 옮김(2001년), 『다중지능 인간지능의 새로운 이해』, 김영사(58쪽).
16 하워드 가드너 지음, 문용린·유경재 공역(2007년), 『다중지능』, 웅진지식하우스 (35쪽, 38쪽).
17 대니얼 골먼 박사의 '감성지능'은 국내에 두 개의 번역본이 출판되어 있다. 대니얼 골먼 지음, 황태호 옮김(1996년), 『감성지능(상·하)』, 비전코리아., 대니얼 골먼 지음, 한창호 옮김(2008년), 『EQ 감성지능』, 웅진지식하우스.
18 George A. Kelly, *The psychology of personal constructs : A theory of personality 2vols*(New York : Norton, 1995). 조지 켈리의 이론에 대한 국내 출판 서적은 다음이 있다. 프라이 프란셀라 지음, 이훈진 옮김(2008년), 『조지 켈리 : 인지 구성주의의 선구자』, 학지사.
19 하워드 가드너 지음, 문용린·유경재 공역(2007년), 『다중지능』, 웅진지식하우스 (243~245쪽).
20 같은 책(246~254쪽).

5장 — 이론 달인과 실전 달인의 눈치

21 KBS2 드라마, 〈성균관 스캔들〉.
22 정은궐 지음(2009년), 『성균관 유생들의 나날』, 파란미디어.
23 로버트 스턴버그 지음, 정명진 옮김(2008년), 『실용지능』, 부글북스. 원서 제목은 『Practical Intelligence in Everyday Life』다. 저자 스턴버그 교수는 누구나 쉽게 읽을 수 있는 대중적인 책이라고 자신했지만 심리학적 사전 지식이 없다면 이해하기 어려운 부분이 많다. 난이도로 보자면 아쉬운 책이지만 실용적 지식이 무엇인가에 대한 다양한 질문과 연구를 요약해놓은 책이다.
24 로버트 스턴버그 지음, 정명진 옮김(2008년), 『실용지능』, 부글북스(102쪽).
25 같은 책(107쪽).
26 같은 책(172~174쪽). 해당 페이지에 있는 절차적 지식에 대한 설명 부분을 요약 발췌하면 다음과 같다. "암묵적 지식은 절차적이다. 절차적 지식은 방법을 아는 것이다. 절차적 지식은 특별한 용도에 적용하는 과정에서 드러나는 지식이며 행동을 안내하는 지식이다. 의식적인 자기 성찰로는 쉽게 알 수 없는 지식이다. 그래서 자신이 그런 지식을 소유하고 있다는 것조차 모르고 있거나 그런 지식을 구체적으로 표현하는 것이 어려울 수도 있다. 한편 암묵적 지식은 모두 절차적이지만 절차적 지식이 모두 암묵적 지식은 아니다."
27 여기에서 지식의 분류에 사용하는 '명시적, 선언적, 절차적' 등의 말은 『실용지능』(로버트 스턴버그 지음, 정명진 옮김, 부글북스)에 나오는 다음 내용을 따른 것이다. 마이클 폴라니는 지식을 암묵적 지식(tatic knowledge) 대 명시적 지식(focal knowledge)으로 분류하고, 로버트 스턴버그는 지식을 절차적 지식(procedural knowledge) 대 선언적 지식(declarative knowledge)으로 분류한다.
28 '내 맘대로 하는 것'을 자유라고 생각한다. 그런데 자유도 수단이지 목표가 아니다. 무엇을 하기 위한 자유이기 때문이다. 목표와 수단을 정확히 구별하지 못하면 수단을 획득했을 때 공허해진다.

6장 — 성격에 따라 달라지는 눈치의 유형

29 최상진 지음(2011년), 『한국인의 심리학』, 학지사(7장. 눈치).
30 같은 책(184쪽).
31 같은 책(184~185쪽).
32 Theodore Millon, *Disorders of Personality DSM-IV and Beyond* (New

York: John Willey & Sons, Inc., 1995), p. 339. 테오도르 밀론은 미국 정신의학회 진단기준(DSM)에 나오는 성격장애의 기틀을 만드는 데 기여했다.
33 같은 책, p. 325~355.
34 아론 T. 벡·아서 프리만 등 공저, 민병배·유성진 공역(2008), 『성격장애의 인지치료』, 학지사(407쪽).
35 Sheri Van Dijk, *DBT made simple: A Step-by-Step Guide to Dialectical Behavior Theray*(Newharvingerpublications, inc., 2012), p. 165~166.

7장 — 변덕스러운 부모, 눈치만 보는 아이
36 존 보울비 지음, 김창대 옮김(2009), 『애착』, 나남.
37 같은 책(347~348쪽).
38 특히 부모 노릇과 짝짓기에서 이상 행동을 보였다.
39 안정적인 애착을 형성하는 사람은 열 명 중에 여섯 명 가량이다. 반면 열 명 중에 네 명은 대개 불안정한 애착에 속한다. 이 수치는 심리학자 아인스워스의 '낯선 상황 실험'의 결과다. 이후의 애착 연구들은 모두 이와 비슷한 결과를 보였다.
40 제레미 홈스 지음, 이경숙 옮김(2005), 『존 볼비와 애착이론』, 학지사(172쪽).
41 같은 책(184~185쪽).
42 같은 책(186쪽). '안정 애착과 불안정 애착의 연속성 표'의 일부를 발췌한 것이다. 표는 여러 연구를 요약한 것인데, 표에 들어 있는 내용을 읽기 쉽게 변경했다.
43 같은 책(188쪽).

8장 — 트라우마는 눈치에도 치명상
44 통제 소제-귀인의 방향. 귀인이란 행동이나 사건의 원인을 귀속시키는 과정이다. 귀인 분야의 연구를 촉발시킨 인물과 저서는 다음과 같다. 국내 번역서는 없다. Heider F, *The psychology of Interpersonal relationships*(New York: John Willey, 1958)
45 존 보울비 지음, 김창대 옮김(2009), 『애착』, 나남.
46 존 G. 알렌 지음, 권정혜·김정범·조용래·최윤경·권호인 공역(2010), 『트라우마의 치유』, 학지사(29쪽).
47 같은 책(73쪽).

48 여기서 사용한 부화의 의미는 다음 책에서의 맥락으로 사용했다. 마가렛 S. 말러, 프렛 파인, 애니 버그만 지음, 이재훈 옮김(1997), 『유아의 심리적 탄생』, 한국심리치료연구소(80쪽). 참조한 원문은 다음과 같다. "'부화 과정'이란 유아가 깨어 있는 동안 보다 영구적으로 기민한 감각 중추를 작동할 수 있게 하는 감각 중추-지각 의식 체계의 점차적인 발달과정이라고 믿는다. … 분화단계의 어느 시점에서 나타나는 '기민성, 지속성, 목표지향성' 등의 새로운 일면을 '부화'를 나타내는 행동 양상으로 간주했다. 그리고 이러한 면모를 보이는 유아를 '부화했다'고 느슨하게 표현했다."
49 주디스 허먼 지음, 최현정 옮김(2007), 『트라우마』, 플래닛(58쪽). 주디스 허먼은 하버드대학교 정신의학과 교수로 '폭력피해자 프로그램' 운영교육을 하고 있다.

9장 — 내 안의 눈치 그림자를 받아들이기

50 Daniel M. Wegner, *White Bears and Other Unwanted Thoughts: Suppression, Obsession, and the Psychology of Mental Control*(New York: Guilford Publications., 1994). 이 책은 하버드대학교 심리학과 교수 웨그너의 원저이며, 번역서는 현재 국내에 출판되어 있지 않다. 웨그너 박사의 백곰 실험을 검사로 만들어서 강박증 치료에서 임상적으로 활용한 예는 다음 책에 나와 있다. 크리스턴 퍼든·데이비드 A. 클라크 지음, 최가영 옮김(2012), 『더 완벽하지 않아도 괜찮아』, 소울메이트(147~157쪽). 이 책의 원서 제목은 『Overcoming Obsessive Thoughts』다.
51 칼 구스타프 융 지음, 한국융연구원 C.G. 융저작번역위원회 옮김(2004), 『인격과 전이 : 융 기본 저작집 3권』, 솔(209쪽).
52 그림자의 비유를 보면 철학적 사고와 심리적 경험의 차이를 느끼곤 한다. 플라톤의 이데아에 등장하는 동굴 속 그림자는 절대적 진리를 갈망하는 그림자였다. 반면 융의 글에 등장하는 그림자는 무엇이 옳다고 할 수 없는 복합적이고 상대적인 인간 그 자체일 뿐이다. 플라톤의 그림자가 탐구라면 융의 그림자는 경험이다. 물론 인생은 앎과 경험의 합작품이다.
53 칼 구스타프 융 지음, 한국융연구원 C.G. 융저작번역위원회 옮김(2002), 『원형과 무의식 : 융 기본 저작집 2권』, 솔(79쪽).
54 눈치가 극단적으로 한 가지만 선택하는 일을 반복해서 균형이 깨지게 되는 문제를 어떻게 해결할 것인지는 25장에서 변증법적 행동치료 방법을 통해서 다루었

다. 융이 말하는 자기의 개념은 무궁무진하고 의미가 있지만, 융이 제시한 치료적 방법은 경험적으로 검증되어 있지 않다. 그런데 변증법적 행동치료에서 보여주는 인간에 대한 이해는 융의 이해와 상당히 비슷하면서, 동시에 해결 방법은 대부분 연구에서 검증된 것들이다. 그러므로 이 책에서는 융의 개념은 사용했지만, 문제의 해결책은 변증법적 행동치료의 접근을 취했다.

55 이부영 지음(1999), 『그림자 : 우리 마음속의 어두운 반려자』, 한길사(43쪽). 페르조나란 집단 사회에 적응하는 가운데 형성된 외적 인격이다.
56 이부영 지음(2012), 『노자와 융 : 도덕경의 분석심리학적 해석』, 한길사(144쪽).
57 이부영 지음(1999), 『그림자 : 우리 마음속의 어두운 반려자』, 한길사(103쪽).
58 칼 구스타프 융 지음, 한국융연구원 C.G. 융저작번역위원회 옮김(2004), 『인격과 전이 : 융 기본 저작집 3권』, 솔(128쪽).
59 칼 구스타프 융 지음, 한국융연구원 C.G. 융저작번역위원회 옮김(2002), 『원형과 무의식 : 융 기본 저작집 2권』, 솔(72쪽).
60 칼 구스타프 융 지음, 한국융연구원 C.G. 융저작번역위원회 옮김(2004), 『인격과 전이 : 융 기본 저작집 3권』, 솔(257~258쪽).

10장 — 적응적 눈치와 부적응적 눈치의 특징

61 에리히 프롬 지음, 원창화 옮김(1988), 『자유로부터의 도피』, 홍신문화사(27쪽, 31쪽). 부분 발췌했다.
62 루쉰 지음, 공상철·서광덕 옮김(2010), 『루쉰 전집 제2권 : 외침, 방황』, 그린비(24~26쪽). 서문 부분에서 발췌했다.
63 예를 들어 히틀러 체계하의 독일의 상태다. 프롬은 『자유로부터의 도피』 38쪽에 다음과 같이 썼다. '개인은 아무 가치도 없고, 근본적으로 자신을 의지할 수 없으며, 강자에게 복종하고자 하는 욕구가 있다는 생각은 히틀러가 표방하는 이데올로기의 주제이기도 하다.
64 예를 들어 급격한 산업화에 의해 공동체가 와해되고 익명의 개인이 각자의 이익을 위해 서로 싸우는 상태다.
65 전문적 기술 습득에 관한 ACT이론으로 알려져 있다. 여기서 말하는 ACT는 A Cognitive Theory의 약자다.

2부 삶을 힘들게 하는 눈치증후군

11장 — 다른 사람의 시선 때문에 보는 눈치

1 리차드 G. 하임버그·로버트 E. 베커 지음, 최병휘 옮김(2007), 『사회공포증의 인지행동집단치료 : 이론과 실제』, 시그마프레스(21쪽). 이 책의 내용을 재인용했다. 템플대학교 교수이자 임상심리학자이자인 리차드 G. 하임버그는 사회불안증에 대한 인지행동치료를 개발 발전시킨 대표적 인물이다. 하임버그가 만든 워크북 '사회불안 다스리기'는 미국국립정신건강연구센터(NIMH)의 검증절차를 거쳤고 사회불안을 다루는 효과적인 상담 프로그램으로 알려져 있다. 여기에 인용한 '사회공포증의 인지행동집단치료-이론과 실재'는 '사회불안 다스리기'의 상담자용 지침서다. 〈표11-1〉 안의 소제목은 리보위즈의 사회불안척도에 포함된 4가지 사회 불안 유형을 기초로 한 것이다.

2 Alexander L. Champman eds., *The Dialectica Behavior Therapy skills workbook for Anxiety*(New harvinger publications, inc., 2011). p. 143~161. 이 내용은 다음 책에서 재인용한 것이다. David H. Barlow, *Anxiety and Its Disorders: The Nature and Treatment of Anxiety and Panic 2nd ed*(The Guilford Press, 2002).

3 호감은 유사성과 근접성의 영향을 받는다.

4 리차드 G. 하임버그·로버트 E. 베커 지음, 최병휘 옮김(2007), 『사회공포증의 인지행동집단치료 : 이론과 실제』, 시그마프레스(3장).

5 폐쇄성은 10장에서 열거한 7가지 부적응적 눈치 중에서 첫 번째 특성이다.

6 리차드 G. 하임버그·로버트 E. 베커 지음, 최병휘 옮김(2007), 『사회공포증의 인지행동집단치료 : 이론과 실제』, 시그마프레스(78~79쪽). 이 책에 인용된 실험을 재인용했다.

7 같은 책(106~107쪽). 이 책에 인용된 실험을 재인용했다.

8 같은 책(101쪽). 이 책에 인용된 실험을 재인용했다.

9 자아고양편파(self serving bias)이 적당히 나타나면 긍정적 경향이 생겨서 적응에 도움이 되지만, 이러한 경향이 지나치게 강하면 아전인수 격의 자기 고집에 빠진다.

10 반면 사회 불안증이 있는 사람들도 비사회적 상황에서는 자기 자신을 행위자의 시점에서 말했다.

11 모든 사람에게 성공과 칭찬이 긍정적으로 작용하지는 않는다. 사회적 불안이 높은 사람에게 칭찬을 잘못하면 상대가 자기에게 높은 기대를 한다고 여겨서 사회적 불안이 더 높아진다. 예를 들어 실험 상황에서 실험자가 대화에 대해서 긍정적인 평가를 했을 때도 사회적 불안이 높은 사람은 다른 사람들과 달리 대화 능력에 대한 자기 평가가 향상되지 않았다. 대신 앞으로의 대화에 대한 부담감이 더 늘어났다. 역설적이게도 사회적 불안이 높은 사람에게 성공은 미래의 실패를 예측하는 근거가 된다. 리차드 G. 하임버그·로버트 E. 베커 지음, 최병휘 옮김(2007), 『사회공포증의 인지행동집단치료-이론과 실제』, 시그마프레스. 이 책 86쪽에 실린 실험 결과다.

12장 ― 남과 비교하느라고 보는 눈치

12 그 외에 피로감, 무가치감, 죄책감 등이 나타날 수 있다. 또한 수면과 식욕, 체중의 변화, 자살 사고 등이 나타나기도 한다. 집중력 감소, 우유부단함 등도 나타난다.

13 우울증이 오랫동안 지속되면서 반복되지 않는 한은 사람들은 대개 일이나 대인관계에서 문제가 생길 때 우울감을 보인다. 그러나 우울증이 3번 이상 재발하고 만성화 되면, 우울증의 특성이나 성격이 달라진다. 우울증에 대한 책에서 흔히 다루는 원인이나 치료 방법 등은 첫 발병과 재발까지에 주로 관련된다.

14 여기서 다루는 우울은 우울한 경향에서부터 가벼운 우울과 중간 정도의 우울까지다. 꼼짝도 않고 먹지도 않고 멍한 상태에 빠진 심한 우울 상태에 있다면 우울이 어느 정도 완화될 때까지는 이 책에서 다루는 어떤 방법으로도 도움을 받기 어렵다. 또한 사고장애가 동반된 우울 상태도 이 책에 다룬 내용으로는 도움을 받을 수 없다.

15 사람을 끝까지 쥐어짜는 것이 성과주의다. 이런 면에서 다음 구절은 쉽게 공감을 불러 일으킨다. '다 쓴 치약 : 끝이 어딜까 / 너의 잠재력(하상욱의『서울 시』중에서)' 그래도 치약은 스스로를 다른 치약과 비교하다 끝을 맺지는 않는다. 또한 치약은 자신에게 충치 예방 기능, 미백 기능, 잇몸 강화 기능 등이 없다고 자책에 빠지지도 않는다. 다음 책은 성과주의와 피로사회의 관계에 대한 철학적 통찰을 보여준다. 한병철 지음, 김태환 옮김(2012), 『피로사회』, 문학과 지성사.

16 쥬디스 벡 지음, 최영희·이정흠 옮김(1997), 『인지 치료의 이론과 실제』, 하나의학사(134~135쪽).

17 놀이에서 시작했다 할지라도 스스로 멈출 수 없는 중독 상태에 이르면 더이상 놀이가 아니다.
18 노동하는 인간 호모 파베르와 놀이하는 인간 호모 루덴스의 구별에 근간이 되는 책은 다음의 두 권이다. 막스 베버 지음, 『프로테스탄트의 윤리와 자본주의 정신』 (막스 베버의 이 책은 여러 출판사에서 번역본이 나왔다). 요한 하우징아 지음, 이종인 옮김(2010), 『호모 루덴스 : 놀이하는 인간』, 연암서가. 놀이-일은 이 두 책에는 나오지 않는 개념이다. 이 개념은 다음 책에서 인용했다. 스튜어트 브라운·크리스토퍼 본 지음, 윤미나 옮김(2010), 『플레이, 즐거움의 발견』, 흐름출판.
19 SBS 드라마, 〈천일의 약속〉.
20 문인수 지음(1992), 『뿔』, 민음사.
21 행동주의적으로 말하자면 D씨와 상호작용을 하는 것은 강화는 없고 불쾌감만 있는 경우다. 대개 사람들은 이런 상황을 피하고자 한다.
22 아론 T. 벡 지음, 원호택 등 옮김(1997), 『우울증의 인지치료』, 학지사(214쪽). 이 책은 우울증에 대한 심리치료의 고전이다.
23 인지적 오류 유형 : 의미 확대와 의미 축소.
24 인지적 오류 유형 : 정신적 여과.
25 인지적 오류 유형 : 재앙화와 예언자적 오류.
26 제럴드 L. 크러만·메리 M. 와이즈만 등 지음, 이영호 등 옮김(2002), 『우울증의 대인관계 치료』, 학지사(111쪽). 이 책은 우울증에 대한 심리치료의 고전이다.
27 같은 책(115쪽).

13장 — 의존심 때문에 보는 눈치

28 '헬리콥터맘'은 2000년대 중반부터 현재까지 국내 신문기사나 방송 등에 종종 등장하는 말이다. 기사의 예는 다음과 같다. '엄마가 대신, 대학가에도 헬리콥터 맘 〈아시아경제, 2013년 2월 14일〉', '안방 극장, 헬리콥터 맘이 떴다 〈OSEN 2012년 10월 24일〉', '헬리콥터 맘 취업시장에도 떴다 〈문화일보, 2012년 7월 11일〉', '대학원생 논문까지 치맛바람…못 말리는 헬리콥터 맘 〈매일경제, 2011년 11월 30일〉', '아이 짝도 내 손으로…헬리콥터 맘 못말려〈한겨레, 2011년 10월 14일〉', '헬리콥터 맘, 인공위성 맘 넘어…우리 엄마는 매니저 맘〈헤럴드경제, 2011년 7월 19일〉' 등의 기사가 있다. 관련 저서로는 다음 책이 있다. 손석한 지음(2007), 『헬리콥터 부모는 방향을 틀어라』, 넥서스주니어.

'헬리콥터부모(Helicopter parent)'라는 표현은 1991년 뉴스위크지(Ned Zeman, "Buzzwords", Newsweek, September 9, 1991)에 처음 소개된 말로 알려져 있다(출처: 다음 카페 파피루스 아침 독서회). 한국 문화 특유의 현상은 아닌 것으로 보인다. 최근 '대학생 딸의 휴대폰·PC 추적한 '헬리콥터 부모'… 美법원 "스토커"판결〈조선일보. 2012년 12월 9일〉'이라는 미국 부모의 기사가 보도된 적도 있었다.

29 아론 T. 벡·아서 프리만 등 지음, 민병배·유성진 옮김(2008),『성격장애의 인지치료』, 학지사(404쪽). 여기서 말하는 의존적 성격은 정신적·신체적 질병 상태에서 일시적으로 나타나는 의존성과는 다르다. 성격은 훨씬 지속적이면서 생활 전반에서 영향을 끼치는 개인의 특성이다.

30 위의 책 406쪽의 내용을 재구성한 것이다.

31 완적은 죽림칠현의 한 사람이다. 위의 시구는 그가 말년에 쓴 5언시 「영회시」의 구절이다. 출처는 다음과 같다. 짜오지엔민 지음, 곽복선 옮김(2007),『죽림칠현, 빼어난 속물들』, 푸른역사(260쪽).

32 전형적인 우울증의 귀인양식은 실패에 대해 내부귀인, 안정적 귀인, 전반적 귀인을 한다. 반면 성공은 외부귀인, 불안정 귀인, 특수귀인을 한다. 이 두 가지 유형이 합쳐지면 실패에 대한 우울증적 귀인 양식이 완성된다. 내부 귀인은 우울증 발병에 영향을 끼치고, 안정적 귀인은 우울증의 만성화에 영향을 끼치며, 전반적 귀인을 우울증의 일반화 정도에 영향을 끼치는 것으로 알려져 있다. 반면 여기에서 말하는 '화병 형 우울증'은 비전형적 우울증으로 볼 수 있다.

33 일상의 사소한 스트레스가 아니라 인생 발달 주기와 관련 되에 일어나는 큼직한 생활 사건에 해당한다. 출구생활사건(exit life event)은 대개 이별과 상실이다.

34 그러나 반복해서 사사건건 묻고 자꾸 확인하면서 안심을 구하는 행동은 강한 의존성이다.

35 건강한 의존성은『우울증의 인지치료』(아론 T. 벡, 학지사)에서 다룬다. 나이든 사람이 필요한 도움을 적절하게 청하는 지혜는『실용지능』(로버트 스턴버그, 정명진 옮김, 부글북스)에서 다룬다.

14장 — 관심을 끌려고 보는 눈치

36 수동적 의존형(passive dependent)과 적극적 의존형(active dependent)은 테오도르 밀론의 분류다. 출처는 다음과 같다. Theodore Millon, *Disorders*

of Personality DSM-IV and Beyond(New York: John Willey & Sons, Inc., 1995), p. 68.
37 아론 T. 벡·아서 프리만 등 지음, 민병배·유성진 옮김(2008), 『성격장애의 인지치료』, 학지사(341쪽).
38 Theodore Millon, *Disorders of Personality DSM-IV and Beyond*(New York: John Willey & Sons, Inc., 1995), p. 372~376.
39 두에인 L. 도버트 지음, 이윤혜 옮김(2011), 『내 주변의 싸이코들 : 성격장애 완전분석』, 황소걸음(158쪽). 이 책에서는 해당 부분에서 여자에게만 초점을 맞춰서 연극성 성격을 설명하고 있지만 연극성 성격이 여성에게만 있는 것은 아니므로 남성의 경우와 균형을 맞추어서 기술했다.
40 Theodore Millon, *Disorders of Personality DSM-IV and Beyond*(New York: John Willey & Sons, Inc., 1995), p. 339.
41 Theodore Millon, *Disorders of Personality DSM-IV and Beyond*(New York: John Willey & Sons, Inc., 1995), p. 360.
42 Erich Fromm, *Man for himself*(Fawcett World Library, 1967). p. 69~78.
43 아론 T. 벡·아서 프리만 등 지음, 민병배·유성진 옮김(2008), 『성격장애의 인지치료』, 학지사(342쪽).

15장 — 어느 편인지 알려고 보는 눈치

44 온화한(warm)과 냉정한(cold)은 상대방을 판단하는 차원 중에 하나이다.
45 스피츠의 시설 아동 양육에 관한 연구다.
46 보르빈 반델로 지음, 엄양선 옮김(2009), 『스타는 미쳤다 : 성격장애와 매력에 대한 정신분석 리포트』, 지안출판사(71쪽).
47 MBC드라마 〈아일랜드〉
48 Veen, G., & Arntz, A., "Multidimensional dichotomous thinking characterizes borderline personality disorder"(2000), Cognitive Therapy and Research, 24, p. 23~45.
49 마샤 리네한 지음, 조용범 옮김(2007), 『경계선 성격장애 치료를 위한 다이렉티컬 행동치료』, 학지사. 마샤 리네한은 변증법적 행동치료를 만든 사람이다.
50 아론 T. 벡·아서 프리만 등 지음, 민병배·유성진 옮김(2008), 『성격장애의 인지치료』, 학지사(303쪽).

51 밀란 쿤데라 지음, 박창성 옮김(2000), 『향수』, 민음사.

16장 — 세상이 험해서 보는 눈치

52 아론 T. 벡·아서 프리만 지음, 민병재·유성진옮김(2008), 『성격장애의 인지치료』, 학지사(196쪽).
53 리차드 도너 감독(1997), 〈컨스피러시〉.
54 이사코 코타로 지음, 김소영옮김(2008) 골든 슬럼버. 웅진지식하우스.

17장 — 남을 이용하려고 보는 눈치

55 반사회성 성격을 연구하는 사람들은 범죄성의 정도에 따라서 반사회성 성격장애의 임상적 유형을 여러 단계로 분류한다. 분류표에 따르면, 두 사람의 범죄 유형은 전체 12단계 중에서 3단계에서 7단계 사이에 속하는 비슷한 수준의 심각성을 보이는 행동들이다. 분류 단계 출처는 다음과 같다 : 아론 T. 벡·아서 프리만, 민병배·유성진 옮김(2008), 『성격장애의 인지치료』, 학지사(259쪽).
반사회성 성격 중에는 악마적 특성을 보이는 싸이코패스도 있는데, 이들에 대한 이야기는 이 책의 관심 범위를 넘어서는 것이어서 여기서는 다루지 않는다. 싸이코패스의 범죄적 특성은 눈치 같은 일반적인 반사회성만으로는 묘사하거나 설명하기 어렵다.

3부 잘못된 눈치에서 풀려나는 7가지 방법

19장 — 잘못된 눈치, 그 해결의 실마리

1 크리스토퍼 거머·로널드 시걸·폴 풀턴 지음, 김재성 옮김(2012), 『마음챙김과 심리치료』, 학지사(60쪽).
2 로리 A. 그레코·스티븐 C. 헤이스 엮음, 손정락·이금단·이정화 공역(2012), 『수용과 마음챙김 치료』, 시그마 프레스(17~18쪽). 행동치료의 제1물결은 임상적 문제들에 대한 기초적 행동 원리의 적용 강조, 행동치료의 제2물결은 문제 사고를 제어 또는 대체함으로써 행동의 변화 추구, 행동치료의 제3물결은 사고와 정서의 내용 보다는 맥락을 변화 시켜서 행동 변화를 추구한다(사고나 정서 자체보다는 사고와 정서와의 관계성을 변화시킴).

용어의 뜻은 다음과 같다. 마음챙김 기반 스트레스 감소(MBSR, Mindfulness Based Stress Reduction), 수용전념치료(ACT, Acceptance and Commitment Therapy), 변증법적 행동치료(DBT, Dialectical Behavior Therapy), 마음챙김 기반의 인지치료(MBCT, Mindfulness Based Cognitive Therapy).

3 하슨 B 루오마·스티븐 C 헤이스·로빈 D. 왈서 공저, 최영희·유은승·최지환 공역(2012), 『수용전념치료 배우기』, 학지사(281쪽 각주). 'Pliance'란 가치와 관계없이 타인의 인정을 받기 위해 규칙을 따르는 것을 말한다.

4 크리스토퍼 거머·로널드 시걸·폴 풀턴 지음, 김재성 옮김(2012), 『마음챙김과 심리치료』, 학지사(30쪽).

5 엘렌 랭거 지음, 이양원 옮김(2008), 『마음챙김 : 생각을 여는 심리학』, 동인. 엘렌 랭거교수는 사회심리학과 임상심리학을 연구했다. 인용한 저서에서 마음놓음과 마음챙김을 비교 했는데 다음과 같다. 마음놓음은 닫힌 마음으로 '범주의 틀에 갇힌 상태, 자동화된 행동, 한가지 관점에만 근거한 행동'이라는 3가지 특성이 있다(22쪽). 반면 마음챙김은 '새로운 범주 만들기, 새로운 정보에 대한 개방성, 상황을 여러 가지 관점으로 볼 수 있는 능력'이라는 3가지 특성이 있다(77쪽).

6 Kabat-Zinn J., *Wherever you go, there you are: Mindfulness meditation in everyday life*(New York: Hyperion, 1994). p. 4.

7 마음챙김 기반의 접근 중에서도 특히 '수용과 변화'는 마샤 M. 리네한이 개발한 변증법적 행동치료(DBT)의 변증법적 기법의 핵심 개념이다(출처 : 마샤 M. 리네한 지음, 조용범 옮김(2007), 『다이어렉티컬 행동치료』, 학지사).

20장 — 마음을 열고 현재와 마주하기

8 마음챙김에 관련된 책은 다수 번역되어 있다. 존 카밧진의 책이 대표적이다.
9 이 책의 제 1부 1장 참고.

21장 — 비교를 멈추고 휴식하기

10 이 책의 2장 참고.
11 마음챙김 기반의 심리치료접근에서 말하는 마음의 행동모드(doing mode)는 에리히 프롬이 말한 '소유적 양식'과 같다. 프롬은 그의 저서 '소유냐 존재냐'에서 '자아 소유'가 '일신의 성공을 위해 정력을 쏟는 권리와 의무를 의미하게 되었다'는 막스 슈티르너의 지적을 인용한 바 있다. 출처는 다음과 같다. 에리히 프롬 지

음, 차경아 옮김(1996) 『소유냐 존재냐』, 까치(103쪽).

이 책 전체에서 내가 주로 인용한 분석적 전통의 심리학자는 칼 구스타프 융과 에리히 프롬 두 사람이다. 두 사람 모두 동양적 사상에 영향을 받았으며, 집단과 개인 혹은 사회와 개인의 맥락에서 개인의 심리적 문제에 접근했던 학자들이다.

12 수용전념치료에서는 자기를 3가지로 정의한다. 이 중에서 '내가 어떤 사람이다.'라고 언어적으로 규정하는 것을 '개념으로서의 자기'라고 하는데, 개념적 자기 때문에 언어와 생각에 집착해서 실제 자기를 보지 못하게 되는 경우에도 심리적 문제가 생겨난다.

13 실존주의와 동양적 수행의 혼합형이기도 하다.

14 릭 핸슨·리차드 멘디우스 지음, 장현갑·장주영 옮김(2010), 『붓다 브레인』, 불광출판사(266쪽).

15 주요 우울증 연구에서 역기능적 태도 척도 연구는 가설과 결과가 뒤집힌 예 중의 하나로 꼽힌다.

22장 — 자기 찾기와 주장하기

16 여기서 상실이란 의존했던 사람과 이별하거나 사별하는 것이나(관계상실), 익숙한 역할을 그만두는 것(역할상실) 등을 말한다.

17 이 책의 6장과 13장 참고.

18 이 책의 3장 참고.

19 맥락으로서의 자기(self as context), 혹은 관찰자 자기(self as observer).

20 스티븐 C. 헤이스·스펜서 스미스 지음, 문현미·민병배 공역(2010), 『마음에서 빠져나와 삶 속으로 들어가라 : 새로운 수용전념치료』, 학지사(221쪽).

21 이러한 방식은 인지치료(cognitive therapy)의 문제 개념화 방법이다.

22 자기주장훈련(self assertive training)에 대한 책들을 참고하라. 국내에 여러 종류의 책이 출판되어 있다.

23 Overholser, J.C., "Facilitating autonomy in passive-dependent persons: An integrative model, Journal of Contemporary Psychotherapy"(1987), 17, p. 250~269. 이 논문에서 인용된 부분의 내용은 다음과 같다. 의존적 성격이 문제가 될 때의 자기통제기술(self-control skill)훈련의 3가지 구성 요소 : 첫째, 자기감찰(self-monitoring)은 특정 행동의 선행 요인과 결과를 포함하여 행동의 빈도, 강도, 지속 시간을 기록해서 스스로 변화와

개선을 확인하는 훈련이다. 둘째, 자기평가(self-evaluation)는 자신의 실제 수행과 자기가 기대하는 수행의 기준을 비교해서, 자기 평가 기준이 다른 사람의 기준에 초점을 맞추고 있다는 것에 대한 명확한 심상을 갖게 하는 훈련이다. 셋째, 자기강화(self-reinforcement)는 자기 수행에 대해서 스스로 적절한 보상을 제공하는 훈련으로 자기통제 훈련의 가장 중요한 측면이다. 왜냐하면 의존적인 사람들은 모든 강화를 다른 사람에게 의존하려 하기 때문에 자기 강화로서 자신이 좋아하는 일을 보상으로 사용하거나 자기 칭찬을 보상으로 사용할 수 있다.

24 강화란 특정행동의 반응 횟수와 강도를 증가시키거나 감소시키는 자극이다.
25 의식과 무의식을 아우르는 가장 포괄적이고 광활한 자기 개념은 칼 구스타프 융이 제안했다.
26 이 책의 9장 참고.
27 '자신을 토대로 삼기'는 변증법적 행동치료에서 활용하는 'grounding yourself' 기법이다. '자기를 토대로 삼기' 방법을 눈치 조절과 문제 해결에 어떻게 활용할지는 24장과 26장에서 다룬다(출처 : Lene Pederson, *The Expended Dialectical Behavior Therapy Skills Training Manual*(Premier Publishing&Media, 2012), p. 68.
28 수동 의존적인 눈치가 심한 경우가 아니라면 또 다른 방법을 권할 것이다.

23장 ― 피하지 말고 감정에 머무르기

29 이 책의 7장 참고.
30 KBS드라마 〈착한남자〉.
31 대인관계 동심원 그리기(interpersonal circle)는 대인관계 심리치료(interpersonal psychotherapy)에서 대인관계 평가를 할 때 사용하는 방법 중의 하나다. 해보기 쉽고 활용도도 높다. 이 책에 사용한 대인관계 동심원은 다음 책의 내용을 활용했다. Scott Stuart and Michel Roberson, *Interpersonal Psychotherapy: a clinician's guide 2nd ed*(HodderArnold UK, 2012). p. 76.
32 대인관계 동심원에 써넣을 사람이 별로 없는 경우도 있을 수 있는데, 이 경우는 대인관계가 부족하거나 결핍되어 있는 사람이다. 이런 유형의 대인관계 문제는 여기에 쓴 것과는 다르게 접근해야 한다.
33 다음 책의 내용을 활용했다. Lene Pederson, *The Expended Dialectical*

Behavior Therapy : Skill Training Manual(Premier Publishing&Media, 2012). p. 40.

34 고통 감내(distress tolerance)

35 고통 정도나 감정의 강도는 1~10, 혹은 1~100 같은 식의 숫자로 표시할 수도 있고 상, 중, 하로 분류할 수도 있다.

24장 — 중간지대를 만들어서 균형 잡기

36 변증법적 행동치료에서는 '각각의 것은 이유가 있어서 존재한다.'를 타당화(verify)라고 표현한다. 이러한 타당화 작업은 자신의 경험을 수용(accept)하도록 도와준다(모두가 다 그만한 이유가 있다는 것은 참이 여럿일 수 있다는 의미다. '참 아니면 거짓(true or false)'을 따지는 사고를 토대로 해서는 나올 수 없는 생각이다. 이것은 삶이 수많은 모순으로 이루어져 있다는 것을 받아들이는 태도다).

37 이 방법은 우유부단한 사람에게는 해당되지 않는다. 우유부단한 사람은 극단적인 이분법적 사고를 하는 사람과 반대의 습관을 들일 것을 권한다.

38 마음속의 변증법적 저울의 균형 잡기는 변증법적 행동치료에서 사용하는 DEAR MAN·GIVE·FAST의 기술을 응용한 것이다. 여기에 나오는 저울 그림은 다음의 책에 나온 그림을 토대로 했다. Lene Pederson, *The Expended Dialectical Behavior Therapy: Skill Training Manual*(Premier Publishing&Media, 2012). p. 28.

39 양극으로 이루어진 변증법적 갈등의 예는 다음 책에 자세히 나와 있다. 토마스 마라 지음, 신민섭 등 공역(2006), 『변증법적 행동치료 : 개인 치료 현장에서 실제적이고 포괄적인 안내서』, 시그마프레스.

40 현재 마음 상태를 인정하고 마음의 균형을 잡고 변화를 시도하는 과정은 변증법적 행동치료의 기본적인 전략이다.

41 여태천 지음(2013), 『저렇게 오렌지는 익어가고』, 민음사.

42 프랭크 모스 지음, 박미용 옮김(2013), 『디지털 시대의 마법사들』, RHK(170쪽).

43 마셜 매클루언 지음, 테런스 고든 편집, 김상호 옮김(2011), 『미디어의 이해 : 인간의 확장』, 커뮤니케이션북스(98~99쪽).

25장 — 인생의 불확실성 수용하기

44 흔히 인지치료에서 사고의 오류로 알려진 것들이다. 다음 책에 도표로 잘 정리되

어 있다. 쥬디스 벡 지음, 최영희·이정흠 옮김(1997), 『인지치료의 이론과 실제』, 하나의학사(134~135쪽). (이 책의 저자인 쥬디스 벡 박사는 작고한 아론 T. 벡의 딸이다. 그녀의 책에서 눈치를 왜곡시킬만한 사고오류를 인용했고, 원래의 용어나 개념 등을 본 저작물의 맥락에 맞게 변화시켰다.)
45 마음읽기에 대한 실험과 경험적 연구 결과를 보고 싶다면 다음의 책을 보라. 윌리엄 이케스 지음, 권석만 옮김(2008), 『마음 읽기』, 푸른숲.
46 영화 〈엑스맨 : 퍼스트 클래스〉에 나오는 초능력자 프로페서 엑스, 혹은 〈브레이킹 던〉에 나오는 뱀파이어 에드워드와 같이 남의 마음을 읽는 능력은 공상과학이나 판타지 등에나 등장하는 능력이다.

26장 — 삶의 가치에 따라 행동하기

47 가치에 대한 질문 1과 질문 2는 수용전념치료(Acceptance and Commitment Therapy)에서 많이 사용하는 질문들이며, 일부 질문은 모레노의 심리극적(psychodrama) 기법을 사용한 것도 있다.
48 하손 B. 루오마·스티븐 C. 헤이스·로빈 D. 왈서 공저, 최영희·유은승·최지환 공역(2012), 『수용전념치료 배우기』, 학지사(241~284쪽).
49 조셉 V. 키아로치·안 베일리 공저, 인경스님·김수인 공역(2011), 『수용전념치료 임상 가이드 : 인지행동치료와의 통합을 위한』, 명상상담연구원(169쪽).

27장 — 눈치의 비밀을 풀어내는 3가지 질문

50 토마스 마라 지음, 신민섭 등 공역(2006), 『변증법적 행동치료』, 시그마프레스.
51 로버트 스턴버그 등 공저, 최호영 옮김(2010), 『지혜의 탄생 : 심리학으로 풀어낸 지혜에 대한 거의 모든 것』, 21세기북스.

『왜 나는 늘 눈치를 보는 걸까』
저자와의 인터뷰

Q 『왜 나는 늘 눈치를 보는 걸까』는 어떤 책입니까? 이 책을 통해 독자에게 어떤 이야기를 하고 싶으셨나요?

A 눈치에 대해서 말하려면, 일단 눈치가 보이는데요. '눈치 보기'가 떳떳하지 않다고 여기기 때문입니다. 대개 눈치라고 하면 수치심이나 부끄러움을 떠올립니다. 비겁한 거, 창피한 거, 말하기 싫잖아요. 그래서 눈치에 대한 이야기는 대부분 음성적입니다. 눈치는 모르는 채로 남아 있는 때가 많습니다.

예를 들어서요, 제가 이 책을 쓰는 동안 주변 사람들하고 이런 농담을 했습니다. "이 책 열심히 써도 누구한테 선물하기는 어렵겠다. 선물 받는 사람이 '이거 내가 눈치가 없다는 소린가?' 혹은 '내가 눈치를 많이 본다는 건가?' 뭐, 이런 식으로 생각을 해서 꺼림칙해 할 거다."라는 이야기를 하고 웃었습니다. 이처럼 눈치는 꺼내놓지 않으려는 주제입니다.

하지만 "평생 한 번도 눈치를 본 적이 없다."라고 자신 있게 말할 수 있는 사람은 없을 겁니다. 다른 사람들하고 어울려 살아가는 한 많든 적든 눈치를 보지요. '사회적 존재는 눈치를 타고난다.'라고 말을 해도 과언이 아닙니다. 타인이 없다면 눈치는 애초에 생기지 않았을 테니까요. 그래서 이왕 없앨 수 없는 거라면 눈치를 잘 알고, 잘 사용하자고 이 책을 썼습니다. 엉뚱하게 쓰면 고약한 게 눈치입니다.

Q 평소에 눈치라는 말을 많이 쓰지요. 그런데 막상 눈치가 뭐냐고 물어보면 대답하기 어렵습니다. 눈치란 무엇인가요?

A 딱 잘라서 말하기 어려운 것이 바로 눈치의 속성입니다. 말로 정확하게 표현되면 이미 눈치가 아닐 겁니다. 눈치는 텍스트 밖에 있습니다. 어투나 몸짓, 맥락 등을 알아야 의사소통이 됩니다. 이러한 비문자적인 의사소통을 알아차리는 데 눈치가 중요합니다. 그래서 사람들이 눈치를 뭐라고 생각하든 상관없이 의사소통과 사회생활에서 눈치가 이미 강력하게 작동되고 있습니다. 눈치는 '미분화된 인지적 에너지'라고 할 수 있습니다. 눈치에는 '직관, 감성, 이성'이 한꺼번에 얽혀 있습니다.

이런 가정을 한번 해보지요. 어느 날 우연히 아무런 준비 없이 현재 사는 곳과 아주 다른 곳에 떨어졌어요. 말, 관습, 표현방식을 전혀 모르는 곳이라면 이곳에서 어떻게 살아남을 수 있을까요? 운이 아니라면 눈치 덕분일 겁니다. 합리적 정보가 없거나 부족할 때 적응과 생존을 위해 가장 빨리 움직이는 것이 눈치입니다.

또한 익숙하고 규칙적인 것이 깨질 때, 처음에 변화를 감지하는 것도 눈치입니다. 그러니까 눈치는 필요해서 있습니다. 다만 이상하게 작동하면 문제가 됩니다.

Q '소인배와 대인배'라는 유행어가 있습니다. 정말 눈치를 보면 초라한 소인배고, 눈치를 안 보면 거침없는 대인배일까요? 어떻습니까?

A 이런 구분은 오해일 가능성이 높습니다. 눈치는 타고납니다만, 무엇에 어떻게 사용할지는 문화의 영향이 큽니다. 그래서 문화에 대해서 잠깐 이야기하겠습니다. 관계 문화와 고맥락 사회에서는 눈치를 강조합니다. 반면 개인과 절대적 이성을 강조하면 눈치를 폄하합니다. 눈치라는 말은 한국, 중국, 일본에서 많이 사용합니다. 고맥락 사회지요. 이 세 나라에서 눈치는 긍정적 의미와 부정적 의미가 섞여 있습니다.

반면 미국 문화에서 눈치는 부정적입니다. 저맥락 사회지요. '합리성을 통해서 문화가 직선적으로 발전한다.'라고 믿는 사회입니다. 그러나 동양적 사고와 서양적 사고의 구분이 명확하기만 한 것은 아닙니다. 지금 하는 말을 들어보십시오.

"때와 장소를 가려서 각각의 사람은 각자에게 어울리는 것이 있다." 맥락과 눈치가 없이는 이렇게 행동할 수가 없는데요, 누가 한 말일까요? 키케로가 『의무론』에서 자기 아들한테 한 말입니다. 키케로는 서구문명의 아버지라고도 불립니다. 눈치가 굴종과 밀접한 경우도 있지만, 이것은 잘못된 눈치의 한 부분일 뿐입니다.

중국에 이런 표현이 있습니다. "이 사람은 눈은 멀었지만 마음은 멀지 않아서 눈치가 빠릅니다." 한편 우리도 "총명하고 눈치가 빠르다."라는 말을 씁니다. 이런 표현은 부정적인 의미가 아닙니다. 그래서 눈치 자체를 두고 '좋다, 나쁘다.'라거나 혹은 눈치를 '봐야 한다, 안 봐야 한다.'라고 나누기 보다는 어떻게 눈치를 보느냐가 중요합니다. 눈치는 강조해도 탈이 나고, 무시해도 탈이 납니다.

Q 눈치가 넘쳐도 탈, 없어도 탈이라고 하셨는데요. 그렇다면 건강한 눈치란 뭘까요?

A 몸과 마음에 탈이 없는 상태를 건강이라고 합니다. 그래서 건강한 눈치란 몸과 마음을 병들지 않게 하는 눈치입니다. 예를 들어 '눈치를 봤더니 우울하고 불안하다.'라면 마음을 해쳤으니 건강한 눈치가 아닙니다. 또 '눈치를 봤더니 기운이 빠지고 아프다.'라면 몸을 해쳤으니 건강한 눈치가 아닙니다. 또한 어떤 경우든 눈치는 수단입니다. 뭔가를 이루기 위해서 눈치를 사용하는 거지요. 그래서 건강한 목적에 써야 건강한 눈치입니다.

예를 들어 '남을 속이려고 슬슬 눈치를 본다.'라면 건강한 목적이 아니지요. 이건 당연히 건강한 눈치가 아닙니다. 즉 건강한 사회적 관계를 위해서 사용해야 건강한 눈치입니다. 만약 '내가 건강하게 눈치를 보는 걸까?'라고 궁금하다면 다음의 2가지를 확인해보십시오. 첫째는 '자기 조절 능력'입니다. 내 몸과 마음에 탈이 났는데도 조절할 수 없으면 건강하지 않은 눈치입니다.

둘째는 '가치 지향성'입니다. 눈치를 본 결과가 '나와 타인의 가치를 해친다.'면 건강한 눈치가 아닙니다. '조절력'과 '가치'가 있어야 소모적인 눈치가 아닌 성장에 도움이 되는 눈치를 발휘할 수 있습니다.

Q 적응적 눈치와 부적응적 눈치를 어떻게 구별할 수 있을까요?

A 바로 앞에서 말했듯이 '조절 능력'과 '가치 지향'이 있어야 건강한 눈치입니다. 여기에 맞게 작동해야 적응적인 눈치입니다.

그러나 이러한 목표에서 점점 멀어지게 하는 눈치도 있습니다. 그것이 부적응적 눈치입니다. 부적응적 눈치에는 7가지 특징이 있습니다. 폐쇄성, 변덕, 자기소진, 자기부재, 불균형, 착취, 집착 이 7가지가 대표적인 부적응적 눈치입니다.

폐쇄적인 눈치가 많으면 인식이 왜곡되고 고정됩니다. 변덕스럽게 눈치를 보면 주변 사람과 관계를 해칩니다. 자신을 지치게 하는 눈치는 자신을 무기력하게 합니다. 남의 인정에만 급급한 눈치는 자기에 대한 불신을 낳습니다. 극단적이거나 이분법적이어서 균형이 깨진 눈치는 과장됩니다. 남을 착취하려고만 하는 눈치는 자기 자신마저도 수단화합니다. 집착적인 눈치에는 공존과 존중이 없습니다.

Q 왜 어떤 사람은 다른 사람의 눈치를 많이 보나요? 눈치를 심하게 보는 원인이 뭘까요?

A 눈치를 개인적 특성으로만 말하기는 어렵습니다. 사회와 타인이 없다면 눈치가 없었을 테니까요. 개인의 생존이나 사회조직과 서열이 눈치에 영향을 끼칩니다.

그러나 비슷한 조건에서도 더 많이 눈치를 보는 사람이 있습니다. 이런 사람들은 타인과의 관계에 신경을 많이 쓰지요. 이 중에서도 눈치로 인해 스스로가 특히 괴로운 사람들은 대개 불안이 높고, 예민하고 소심하며, 자신감이 낮고 우유부단합니다. 의존적이면서 '자기'가 없는 사람이지요.

그러나 이 외에도 눈치를 보는 다양한 개인적인 이유가 있습니다. 자신을 괴롭히는 눈치가 있는가 하면, 남을 괴롭히는 눈치도 있거든요.

Q 눈치가 지나쳐서 몸과 마음에 문제가 생기는 '눈치증후군'에는 어떤 것이 있습니까?

A 지나친 눈치와 관련된 부적응적 특징을 눈치증후군으로 묶었습니다. 잘못된 눈치가 원인이거나 결과, 혹은 증상 자체일 수도 있습니다. 이상異常 눈치와 관련된 대표적인 증상은 '사회적 불안'과 '우울'입니다. '남이 나를 어떻게 볼까.' 걱정될 때 눈치를 봅니다. 사회적 불안이지요. 남과 나를 비교하고, 내가 못난 것 같으면 눈치를 봅니다. 우울이지요. 또한 눈치는 각 개인의 성격을 형성하고 유지하는 데 영향을 끼칩니다.

문제와 상황이 달라졌을 때 다른 해결책을 고려하는 능력이 융통성인데요. 보통은 눈치가 융통성을 발휘하는 데 사용됩니다. 반면 문제와 상황이 달라져도 항상 자기 관점과 방식만을 고집하는 분이 있습니다. 이게 지나쳐서 대인관계와 일까지 방해하면 성격장애입니다. 이분들의 눈치는 융통성이 없습니다. 누구나 약간은 가지고 있을 법한 면이 경직되고 과장되게 나타납니다. 여기에 속하는 대표적인 성격 특징은 의존성, 연극성, 편집성, 경계성, 반사회성입니다. 그 외에 '눈치 보기'는 각성 상태이기 때문에 긴장이 계속될 때 나타나는 신체적 증상은 모두 나타날 수 있습니다. 불면증이 대표적입니다. 또 이유 없이 몸이 여기저기 아프기도 합니다. 끝으로 눈치를 많이 보는 사람은 책임을 무서워합니다. 그래서 남 탓을 많이 하고 핑계가 많습니다. 이상과 같은 일련의 특징들이 '눈치증후군'입니다.

Q   눈치를 조절하려면 '마음챙김'이 기본이라고 하셨는데요. 왜 마음챙김이 눈치를 조절하는 데 도움이 됩니까?

A   마음을 챙긴 상태는 마음을 놓친 상태의 반대말입니다. 마음을 챙기면 순간순간의 자기 마음을 알아차릴 수 있습니다. 반면 마음을 놓치면 아무 자각 없이 습관적인 반응을 반복합니다. 이렇게 보면 모든 심리적 자기 조절과 통제는 마음 챙기기에서 출발합니다. 눈치 또한 마찬가지입니다. 또 다른 이유도 있습니다. 눈치는 맥락적이고, 비문자적인 경우가 대부분입니다. 언어화하기 어려운 것을 다룰 때 언어적인 방법만 고집하면 이상해

집니다. 특성상 마음챙김은 반드시 말을 통하지 않고도 심리적 문제를 조절할 수 있도록 도와줍니다. 게다가 마음챙김은 원리가 간단합니다. 누구나 연습하면 할 수 있습니다. 마음챙김은 눈치를 다루는 여러 방법의 주춧돌에 해당합니다.

Q 눈치를 제대로 쓰고 조절하려면 마음챙김 외에 또 어떤 방법이 필요할까요?
A 책에서 여러 가지 방법을 소개했습니다. 간략한 예를 들어보겠습니다.
개방적으로 현재를 경험하기, 비교를 멈추고 휴식을 취하기, 나를 토대로 해서 자기를 찾고 자기를 주장하기, 감정에 머물러서 감정의 깊이를 만들기, 관계를 정리해서 효율적으로 관계에 집중하기, 극단을 벗어나서 마음의 중간지대를 회복하기, 세상살이가 불확실하다는 것을 인정하고 집착을 버리기. 이와 같은 방법이 눈치를 조절하는 데 도움이 됩니다.
'무엇을 위해서 이런 방법을 활용할 것인가.'를 결정하는 기준은 단연, 개인이 가지고 있는 가치입니다. 자세한 설명은 책의 본문을 참고하십시오.

Q 부정적인 기분과 감정이 강렬할 때 생기는 눈치는 일단 지나치라고 했습니다. 지나친다는 것은 어떤 의미인가요?
A 기분과 감정 자체가 하나의 맥락이기 때문입니다. 그런데 강렬할 때는 압도적이고 극단적인 맥락이 됩니다. 모든 극단은 발전도 퇴로도 없습니다. 개인도 마찬가지입니다. 흔히 기쁠 땐

기뻤던 일이 기억나고, 슬플 땐 슬펐던 일이 기억나는 경험을 하셨을 겁니다. 자기 바깥뿐만 아니라, 자기 내면의 상태도 인식에 영향을 끼칩니다. 그래서 강력한 슬픔이나 강력한 분노 같은 감정이 일면 폭발하거나 곱씹어서, 눈치도 그쪽으로 왜곡되고 극단적이 됩니다. 이렇게 되면 현실에서 멀어지거나, 현실을 무시한 반응을 하게 됩니다. 이 사실을 알고, 자기 감정을 자각한다면, 강력한 감정 자체가 '일단 기다림 신호'가 됩니다. 감정은 오르내리고 들락거립니다. 호흡과 생리적 상태 등을 통해 자기 마음 상태가 어떤지 스스로 확인할 수 있습니다. 앞에 말한 마음챙김입니다. 그리고 나서 '해결할 문제인지 견뎌야 할 문제인지' 구별해서 행동하길 권합니다. 구별 방법은 책을 참고하십시오.

**스마트폰에서 이 QR코드를 읽으시면
저자 인터뷰 동영상을 보실 수 있습니다.**

* 소울메이트(www.1n1books.com)에서 상단의 '미디어북스'를 클릭하시면 이 책에 대한 더욱 심층적인 내용을 담은 '저자 동영상'과 '원앤원스터디'를 무료로 보실 수 있습니다.
* 이 인터뷰 동영상 대본 내용을 다운로드받고 싶으시다면 소울메이트 홈페이지에 회원으로 가입하시면 됩니다. 홈페이지 상단의 '자료실-저자 동영상 대본'을 클릭하셔서 다운받으시면 됩니다.

One Concept, One Book

인생 최고의 힐링은 가족입니다
그래도 가족입니다
설기문 지음 | 값 15,000원

21세기는 마음의 시대라 말하는 저자는 상처받은 마음을 보듬어줄 수 있는 존재가 바로 가족이라는 생각에서 이 책을 썼다. 이 책은 가족 문제만을 다루는 일반적인 책과 달리 상처받은 사람들을 위해 그 상처를 보듬어줄 수 있는 연고와 같은 역할을 한다. 또한 가족의 애틋함을 느낄 수 있는 글과 함께 보기만 해도 마음이 따뜻해지는 사진을 실어, 조용하고 여유로운 힐링의 시간을 선사한다.

불멸의 명상록, 21세기에 다시 태어나다!
아우렐리우스의 명상록
마르쿠스 아우렐리우스 지음 | 이현우·이현준 편역 | 값 13,000원

이 책은 또 한 권의 명상록이 아닌, 21세기에 완전히 다시 태어난 고전이다. 아우렐리우스의 인생철학을 보다 명확히 이해할 수 있도록 기존 『명상록』의 12개 테마를 6개 주요 테마로 재분류하고, 77개 칼럼으로 완전히 재정리했다. 딱딱한 철학적 사고에 익숙지 않은 일반인들은 이 책을 통해 철인왕의 위대한 정신에 흠뻑 빠질 수 있도록 해준다.

허전하고 외로운 이들을 위한 위로와 공감
왜 나는 늘 허전한 걸까
조영은 지음 | 값 15,000원

내면의 허전함이 정신적 상처와 연결될 때 혹은 건강한 충만감을 찾는 방법을 모를 때, 마음속에 자리 잡은 결핍감은 우울증, 열등감 등 마음의 병으로 드러난다. 상담심리가인 저자는 마음의 병을 앓는 사람들을 치유했던 사례를 재구성해 소개한다. 공허한 이들과 진심으로 공감했던 치유과정을 흥미로운 이야기로 전하는 동시에 유용한 정보와 치료방법을 알려준다.

권력과 인간의 진실을 해부하다!
마키아벨리의 군주론
니콜로 마키아벨리 지음 | 김경준 해제 | 값 13,000원

불멸의 고전인 『군주론』이 리더십의 정수를 꿰뚫는 인문서로 태어났다. 완독과 의미 파악이 쉽지 않았던 원문을 5개의 테마로 나누어 재편집했으며, 딜로이트 컨설팅 김경준 대표가 성실한 해제를 더해 완성도를 높였다있는 그대로의 세상을 이해할 자세가 마련되어 있는 사람에게 인간이 살아가는 현실에 대한 귀중한 통찰력을 주고자 한다.

★ 소울메이트는 독자의 꿈을 사랑합니다.

인상적인 인상파 풍경을 걷다
인상파 그림여행
최상운 지음 | 값 17,000원

인상파 작품이 그려진 프랑스 각지의 매혹적인 장소를 찾아가서 그림을 되짚어보는 낭만 여행을 떠난다. 19세기를 살았던 인상파 화가들이 그린 매혹적인 프랑스 풍경은 지금 어떤 모습을 하고 있을까? 저자는 인상파 문화의 산실이었던 장소를 생생하게 묘사한다. 인상파 화가가 그림을 그렸을 19세기를 상상하며 글을 읽다 보면 마치 프랑스 도시를 직접 다녀온 것 같은 기분 좋은 착각에 빠져들 것이다.

남자의 내면을 이해하는 최고의 바이블!
그 남자는 도대체 왜 그럴까
런디 밴크로프트 지음 | 정미우 옮김 | 값 19,000원

이 책은 전 세계에서 100만 부 이상 판매되었고 독일, 일본, 중국, 태국 등 30여 개국에서 번역 출간되었다. 이 책은 학대하는 남자들의 내면으로 들어가는 문을 열어주었으며, 가학적인 남녀관계를 벗어날 수 있는 출구를 제시한 기념비적인 저작이다. 17년 동안 가정폭력과 학대하는 남자의 행동을 연구해온 미국 최고의 전문가인 저자는 정신적·육체적으로 여자를 학대하는 남자의 내면세계를 파헤치고 명쾌한 해결책을 제시한다.

엄마가 행복해야 아이도 행복하다!
엄마의 상처 떠나보내기
재스민 리 코리 지음 | 김세영 옮김 | 값 15,000원

늘 피곤해하고 화만 내는 엄마, 필요할 때 곁에 없는 엄마를 두었는가? 이 책은 어릴 때 충분한 사랑을 받지 못한 어른 아이들과 아이에게 충만한 사랑을 주고 싶은 엄마들을 위한 최고의 심리 지침서다. 저자는 엄마의 자리가 부족했던 사람들이 엄마에게 어떤 영향을 받았으며, 어떻게 해야 상처를 회복할 수 있는지 상세하고 친절하게 해법을 제시한다.

마음챙김으로 수줍음과 불안 치유하기
더 강해지지 않아도 괜찮아
스티브 플라워즈 지음 | 값 15,000원

적당한 수줍음은 신중함으로 받아들여지지만 지나친 수줍음은 타인과의 친밀한 관계 형성을 가로막기 때문에 문제가 되기도 한다. 미국의 저명한 심리치료사인 저자는 지나친 수줍음의 문제를 극복할 수 있는 마음챙김의 기술과 지혜를 소개한다. 이 책은 열린 마음으로 행복한 인생을 살고자 하는 사람들에게 도움이 되는 메시지와 훈련법들도 가득하다.

One Concept, One Book

중독으로부터 회복에 이르는 길
어떻게 나쁜 습관을 멈출 수 있을까
프레드릭 울버튼 · 수잔 샤피로 지음 | 값 16,000원

나쁜 습관은 아무리 사소해보이는 것일지라도 삶을 황폐하게 만들 수 있다. 우리는 마약이나 술, 담배뿐만 아니라 쇼핑, 스마트폰, 온라인게임, 운동, 일, 성형, 종교 등 일상에서 즐겨하는 활동에도 중독될 수 있다. 이 책은 당신 삶이 중독으로 인해 서서히 병들어 가는 것을 막고 건강한 삶으로 돌아갈 수 있는 길을 제시한다. 풍부한 사례와 현실적인 조언, 전문적인 지식을 제시하는 해독제와 같은 책이다.

우리 문화와 자화상을 있는 그대로 보자!
정신분석으로 본 한국인과 한국문화
이병욱 지음 | 값 17,000원

이 책은 인간심리를 이해하는 유용한 도구인 정신분석으로 한국인과 한국문화를 분석한 역작이다. 저자는 우리의 역사 및 사회적 현상과 관련된 내용들을 분석적으로 탐색해 개인적?집단적 현상을 심리적으로 재해석하고, 그것에서 비롯된 다양한 문화적 코드를 읽어내고 있다. 이 책을 통해 왜곡된 우리문화와 자화상을 똑바로 볼 수 있게 될 것이다.

외상 후 스트레스 장애(PTSD)에서 벗어나는 법
내 인생을 힘들게 하는 트라우마
바빗 로스차일드 지음 | 김좌준 옮김 | 값 16,000원

신체가 외상 사건을 어떻게 처리하고 기억하며 지속시키는지부터 상처를 진실되게 마주하고 기억해내는 상세한 치유 과정에 이르기까지 트라우마 이론과 치유에 관한 모든 것을 담았다. 이론과 치유 현장 사이의 괴리를 좁히며 미국뿐만 아니라 전 세계에서 트라우마 치유의 대표적 베스트셀러로 자리매김한 책이다.

자기 자신과의 화해를 위한 철학카운슬링
진짜 나로 살 때 행복하다
박은미 지음 | 값 15,000원

인생은 자신이 깊이 빠져 있는 문제에 대해 어떤 태도를 취해야 할지 배우는 영혼의 진화학교다. 이 영혼의 진화학교에서는 자신의 마음을 들여다보고 진정한 마음의 주인이 되어야 비로소 '진짜 나로 사는 행복'을 누릴 수 있다. 이 책에서 저자는 심리학적 설명을 바탕으로 두고 철학적 성찰력을 통해 삶의 방향을 잡도록 조언해주고 있다.

★ 소울메이트는 독자의 꿈을 사랑합니다.

새로운 풍경사진의 세계를 상상하고 담는다!
춘우 송승진의 풍경사진 잘 찍는 법
송승진 지음 | 값 18,000원

이제 풍경사진은 카메라가 있고, 인터넷으로 출사지를 검색하기만 하면 누구나 찍을 수 있다. 하지만 흔해진 만큼 아주 특별한 사진도, 풍경도 없어졌다. 이 책의 저자는 아름다운 곳을 찾아 찍는 것이 풍경사진이라는 생각에서 벗어나 자신만의 느낌과 개성과 이야기를 담는 노하우를 알려준다. 또한 생각과 상상을 달리하는 법을 알려줘 같은 곳을 찍어도 전혀 다른 사진을 담을 수 있도록 도와준다.

예술감상의 진입장벽을 허물어주는 가장 쉬운 입문서
예술감상 초보자가 가장 알고 싶은 67가지
김소영 지음 | 값 18,000원

저자는 단순히 문화예술계를 취재하면서 느낀 여러 단상을 늘어놓기보다는 어떻게 하면 관객이 더 생각의 가지를 뻗어 공연을 즐기도록 할 수 있을까를 고심하며 이 책을 집필했다. 장르별로 전문서적은 넘쳐나지만 예술 전반에 대한 책은 거의 없는 상황에서 이 책은 예술감상 초보자들에게 예술장르를 아우르는 가장 쉽고 재미있는 가이드북 역할을 할 것이다.

죽기 전에 한 번은 유럽의 미술관들을 찾아 떠나라!
잊지 못할 30일간의 유럽 예술기행
최상운 글 · 사진 | 값 16,000원

이 책에 나오는 미술관들은 감히 유럽의 수많은 미술관들 중에 가장 알찬 곳들이라고 말하고 싶다. 최고 수준을 자랑하는 미술관들은 거의 모두 다루고 있다고 해도 과언이 아니기 때문이다. 독자들이 책을 보면서 발걸음이 가볍고 여유 있게 즐거운 여행을 했으면 한다. 사진작가인 저자의 빼어난 사진을 감상하는 것도 이 책의 또 다른 별미다.

발칸반도와 동유럽으로 떠나는 다크 투어리즘!
낭만의 길 야만의 길, 발칸 동유럽 역사기행
이종헌 지음 | 값 19,500원

저자는 발칸반도와 동유럽으로 다크 투어리즘이라는 새로운 차원의 여행을 떠난다. 다크 투어리즘은 역사적 비극 및 재난의 현장을 찾아 자기성찰과 교훈을 얻는 여행이다. 세계의 대표적인 분쟁지역인 발칸과 동유럽으로 여행하는 사람들이 이 책을 통해 그곳의 아름다운 경치와 더불어 아픈 역사까지 함께 알고 가면 여행의 재미와 감동이 훨씬 더 커질 것이다.

One Concept, One Book

보석처럼 빛나는 유럽의 변방 도시들을 찾아서!
유럽의 변방을 걷다
최상운 지음 | 값 17,000원

이 책은 고도의 발전으로 빽빽한 중앙부가 아닌 낯선 변방의 매력을 찾아보고 느껴보는 색다른 유럽 여행기다. 유럽의 변방 도시 19곳을 통해 유럽의 숨은 매력, 진정한 유럽의 모습을 비로소 만날 수 있을 것이다. 이 책에서는 한 나라의 수도나 중심도시가 아닌 이른바 지방, 주류가 아닌 비주류에 속하고 특유의 문화를 발달시킨 도시를 소개한다.

마음을 다스리면 행복은 저절로 온다!
내 마음이 도대체 왜 이럴까
이현주 지음 | 값 14,000원

우리는 마음이 편치 않을 때 술을 마시거나 운동을 하지만, 그럼에도 불구하고 여전히 마음이 편치 않을 때가 있다. 이럴 때 이 마음을 어떻게 다스려야 할까? 심리학박사인 저자는 이 책에서 많은 사람들에게 고통을 안겨주는 대인관계, 감정의 다스림, 내면적 갈등, 일과 개인생활의 균형에 대해 아낌없이 조언하고 있다.

좋은 여자 콤플렉스의 굴레에서 벗어나라!
내 인생을 힘들게 하는 좋은 여자 콤플렉스
데비 포드 지음 | 최규은 옮김 | 값 14,000원

<뉴욕타임스>가 선정한 세계적인 베스트셀러 작가인 데비 포드는 여자 스스로 자신을 얽어매는 자학 패턴 너머의 세상으로 우리를 인도해준다. 두려움을 이기고 자신감 넘치는 인생을 살고 싶은 여성들, 자존감을 높이고 싶은 여성들에게 이 책은 변화의 촉매제가 될 것이다.

스마트폰에서 이 QR코드를 읽으면
'소울메이트 도서목록'과 바로 연결됩니다.

독자 여러분의
소중한 원고를 기다립니다

소울메이트는 독자 여러분의 소중한 원고를 기다리고 있습니다. 집필을 끝냈거나 혹은 집필 중인 원고가 있으신 분은 khg0109@hanmail.net으로 원고의 간단한 기획의도와 개요, 연락처 등과 함께 보내주시면 최대한 빨리 검토한 후에 연락드리겠습니다. 머뭇거리지 마시고 언제라도 소울메이트의 문을 두드리시면 반갑게 맞이하겠습니다.